中国幼儿教师
专业发展手册

中国（0–6岁）儿童成长指标体系

8＋1儿童成长模式

北京师范大学教育学部·芝兰玉树教育研究院
《中国（0–6岁）儿童成长指标体系》科研项目组 编著
杨 威 总策划 朱文英 主编

四川教育出版社

图书在版编目（CIP）数据

中国幼儿教师专业发展手册 / 北京师范大学教育学部 · 芝兰玉树教育研究院，《中国（0-6岁）儿童成长指标体系》科研项目组编著. —成都：四川教育出版社，2014. 3

ISBN 978-7-5408-6418-7

Ⅰ. ①中… Ⅱ. ①北… ②中… Ⅲ. ①幼教人员—教师培养—手册 Ⅳ. ①G615-62

中国版本图书馆CIP数据核字（2014）第039699号

责任编辑 吴 婷
封面设计 魏雨曦
内文设计 武 韵
插画设计 贝瓦糖果工作室
出版发行 四川教育出版社
地 址 成都市槐树街2号
邮政编码 610031
网 址 www.chuanjiaoshe.com
印 刷 四川大学印刷厂
制 作 四川胜翔数码印务设计有限公司
版 次 2014年5月第1版
印 次 2014年5月第1次印刷
成品规格 170mm × 235mm
印 张 21 插 页 10
定 价 67.00元

如发现印装质量问题，请与本社调换。电话：（028）86259359
营销电话：（028）86259477 邮购电话：（028）86259694
编辑部电话：（028）86259381

芝兰玉树教育研究院 www.zlysedu.org
贝瓦网 www.beva.com
北京芝兰玉树科技有限公司 www.slanissue.com

芝兰玉树
Slanissue

总策划 杨威（Alvin）

芝兰玉树集团 董事长、首席执行官
芝兰玉树教育研究院 总院长
"贝瓦"品牌创始人

"中国梦"的实现，中华民族的伟大复兴，需要依靠一代又一代的人，而人的进步来自于教育，教育的起点在于学前。

主编 朱文英（Judy）

芝兰玉树教育研究院 执行院长

人生百年，立于幼学。
植树要植松柏，育人要育英才。

儿童造梦师

杨威　Alvin

小时候，
有一位白发老爷爷，
送给我一颗种子。
他告诉我，
这是一颗梦的种子，
只要和伙伴一起，
用爱种下，
用心呵护，
就能收获一个梦。

于是，
我和伙伴们，
共同将这颗种子种下，
并将梦与爱埋在土中，
用心呵护。
我们都在憧憬与猜想：
也许，它会变成典雅的兰花，
也许，它能长成参天的翠树。

随着种子的成长，
伙伴们也在长大。
品尝了苦乐酸甜，
读懂了离合悲欢。
而我们，却一直在守望，
守望着那份希望，那份梦想。

这一刻，它将破土，
去享受阳光雨露，
去迎接狂风暴雨。
也或者，我们等不来什么……
但你我都知道，
无论是否有丰硕的果实，
这份付出，这些回忆，
才是弥足珍贵。

我们共同守望：
有一天，
这里生长出的不仅是芝兰玉树，
更是无尽的思想、创造力，
以及五颜六色的梦。
我们要把数不尽的，蜂蜜般味道的种子……
传遍世界每个角落，
播种在每个孩子的心田。

在这里，
我们共同见证这个时代，
一个属于儿童造梦师的时代。

《中国儿童全效成长攻略》丛书

科研项目策划

顾定倩

北京师范大学教育学部副部长，教授、硕士生导师

张京彬

北京师范大学教育学部部长助理，博士、硕士生导师

杨　威

芝兰玉树集团　董事长、首席执行官

芝兰玉树教育研究院　总院长

“贝瓦”品牌创始人

主　编

朱文英

芝兰玉树教育研究院　执行院长

学术顾问委员会

霍力岩

北京师范大学教育学部　教授、博士生导师
学前教育研究所　所长

程方平

中国人民大学　教授、博士生导师
中国民主促进会中央教育委员会副主任
中国书法家协会会员

刘美凤

北京师范大学教育学部　教授、博士生导师
中国人工智能学会计算机教育专业委员会（全国CBE专业委员会）副理事长
英国杂志 *British Journal of Educational Technology* 中国地区通讯主编

朱莉琪

中国科学院心理研究所　研究员、博士生导师
中国心理学会发展心理专业委员会副主任
国际行为发展研究会（ISSBD）中国地区协调员

吴安春

中国教育科学研究院　研究员
全国教师教育学会学术委员
中国孔子学会理事

感谢曾李青先生和甘剑平先生，

对学龄前儿童教育伟大事业的热心支持与倾力帮助！

目 录

序 文

制定说明与使用建议

儿童成长阶段性特征

让中国的学前教育更为理性地发展

——评《中国（0—6岁）儿童成长指标体系》的编制与出版

程方平　中国人民大学教授、博士生导师

近年来，随着人们生活水平的提高和综合国力的增强，学前教育受到了全社会前所未有的关注。不仅呼吁学前教育进入“义务教育”范围的呼声巨大，社会上与学前教育相关的机构迅速增长，早教产品五花八门、千姿百态、良莠不齐，有关幼儿教育的各种商业化误导此起彼伏、乘风造势，使广大儿童的家长越来越迷茫和紧张，不少学前教育机构也难有清晰的发展思路和原则坚守。

为了使中国的幼儿教育能从市场的乱象、目标的迷失、实践的困惑中理智地走出来，就必须要有对幼儿教育基本价值、目标、领域、方法的了解和判断，了解人类发展至今，对幼儿教育应有的、最基本的理性和责任。

中国是文明历史悠久且富于教育智慧的资深国家，在5000年的文明史中不乏儿童教育的思想与经验。面对当下在幼儿教育领域中的种种问题与困惑，面对外部世界的种种声音和诱惑，中国最有效的传统方式就是回归根本，认清实质问题，把握发展的关键，而不是随风飘忽、迷失自我。

记得从20世纪90年代开始，国内对幼儿教育的推动主要靠民间。一方面，占80%以上的幼儿教育机构都是民办幼儿园，在幼儿教育的实践方面有许多创新的亮点；另一方面，幼儿教育的市场化和普惠性从不同方面推动着中国学前教育的发展，与各类学前教育需求相应的产品、服务层出不穷、良莠混杂，也使得广大儿童的家长莫衷一是、满心纠结。

在这样的大背景下，我在2010年认识了芝兰玉树团队的一批有识之士，并很认同他们在探索儿童教育方面的理念、设想与实践。他们的着眼点和做法不是消极地被市场左右与裹挟，进而忽略对儿童发展最重要的责任和使命；而是试图通过自己的真诚探索，为国人的儿童教育提供理智和可行的帮助。着手研究和编制《中国（0—6岁）儿童成长指标体系》（以下简称“指标体系”），便是他们的重要基础工作之一。

在进行研讨、咨询的同时，芝兰玉树团队的领导和骨干人员还多次到我所在的人民大学教育学院借书、访谈和讨论，对推进中国的幼儿教育进行了多方面深入务实的探讨。与此同时，他们也争取到北京师范大学、中国教育科学研究院、中国科学院等院校和机构的专家从多方面支持，并密切关注国际上和联合国教科文组织的相关思想与动态，力争使编制的“指标体系”既具有中国特色，也具有世界先进水平。可见，作为一个民间的教育企业，他们志存高远、立意高远的定位，使其发展模式不同凡响，他们的团队在同行业中也明显地具有潜在的巨大优势。

应该承认，当芝兰玉树最初提出要做“指标体系”时，我感到非常惊奇。因为，在我接触过的许多教育企业中，像他们这样有意识、有胆识和有担当的企业并不多见。即便是一些财力过人、实力强大、经过风浪的教育企业，有如此自我期待和思想追求的，也不多见。

再从研究的角度看，尽管有些专家会担心，由某一公司牵头研究和编写出来的“指标体系”，内容可能不够专业，但我对此还是充满信心的。因为，在与他们接触的三年多时间里，在与他们进行的多次交往中，我能真切地感觉到，他们的这一努力是真诚的、负责的、愿意付出的和不计成本的，所以，编好“指标体系”也是够条件的。而且，事实证明，他们有兼收并蓄、市场检验、了解需求等多方面一般学者不具备的优势，也在一定程度上减少了学科或学派偏见带来的问题。我认为，一项标准是否有价值，是否有科学性和可行性，关键不在于是由谁编制的，而在于编制者是否有科学的态度，是否有对客观规律的敬畏，是否有对教育的责任与使命意识。

这次由芝兰玉树推出的“指标体系”，内容框架构建基础与内容结构设计比较合理。内容框架构建基础，主要涉及婴幼儿大脑与动作发展及其影响，儿童言语发展阶段特征，认知发展，情绪、个性和社会性发展，儿童发展关键期，了解儿童游戏、玩具与游戏材料，社会文化对儿童成长发展的影响等八大方面。“指标体系”具体内容包括：

1. 健康：全身动作与大动作、精细动作、人体认识与保护、安全意识与防护、心理健康、生活自理、食物与营养、卫生与健康行为；

2. 语言：语音声调、词汇与句子和语法、倾听和理解、说与交流、早期阅读、书面表达、文学欣赏；

3. 科学：物质科学、地球资源与环境、生物科学、宇宙的起源与演变、科学家与科学的历史、科学探究；

4. 数学：数的概念、集合与分类、几何图形、空间与时间、量的比较与自然测量、加减法运算、数据分析与概率和预测；

5. 社会：自我意识、社会认知、依恋发展、性别角色、亲社会行为、社会适应、社会行为技能；

6. 习惯：生活习惯、卫生与健康习惯、饮食习惯、运动习惯、理财习惯、文明的行为习惯、道德习惯、学习习惯；

7. 美术：色彩与形状感知、工具和材料、绘画、手工、装饰与美化、美术情绪体验与表达；

8. 音乐：听辨、歌唱、韵律、节奏、乐器、表演、音乐欣赏；

9. 综合：感知、探索、观察、问题与假设、信息组织与理解、问题解决、学习品质、媒体素养与信息技术。

从大体上的框架和内容来看，该“成长指标”不仅符合教育部曾经提出的原则和要点，与联合国教科文组织提出的一系列教育改革的重要思路相吻合，还有不少重要的补充，增加了“成长指标”的本土性、可行性、通俗性、大众性、普世性、实验性、整体的相关性与协调性。对此，在该“指标体系”的“制定说明”中，已有非常到位和明确的解释，其价值定位与方法和路径的选择，都是令人信服的，因而也容易唤起人们的共鸣，对中国当下和未来的幼儿教育产生积极和有益的影响。

当然，作为一种积极而有价值的尝试，“成长指标”的研制，还只能是重要的开端，而不是可以不用质疑的育儿“圣经”或“宝典”。它不是可以照单抓药的“验方”，却是可以参照和倚重的原则。比如，在强调学习国外的先进经验、技术、工具和思想的同时，特别强调中国传统和资源的重要性。在引导家庭、幼儿园、儿童、教师关注教育的新技术时，还要有意识地强调真实生活、社会环境、动手实践的重要作用。

可见，依据当下人类对儿童教育的基本认识和有限见解，该“成长指标”不可能十全十美、无懈可击，但以此为基础的各类探索，很可能会有超越前人和同行的潜质。加上芝兰玉树公司以及他们的团队还有反思、检验、修订的很多机会，有不断创新、务实求真的原则精神，相信这一努力尝试会对他们的事业，以及当代中外幼儿教育的发展，都产生巨大的推动作用。

“成长指标”的编制与出版，在某种程度上说明中国的幼儿教育已经从盲目、混乱的状态逐渐走向务实与理智，而且作为非专门从事研究的企业，北京芝兰玉树科技有限公司在制定“成长指标”方面，不仅有着专业的敏感，也确实走在了前面。这说明，在未来的学习型社会的发展进程中，最能够把握行业标准、专业精神和时代需求的一方，不一定只局限于正规的教育与科研机构，也不一定只局限于政府的主管机构，很可能就是企业或非政府组织。

鉴于以上种种理由，我认为北京芝兰玉树科技有限公司所做的这一幼儿教育“成长指标”，以及该指标的精心研制和及时出版，在当下的中国幼儿教育领域，是很值得关注与借鉴的。我也希望这一“成长指标”的研制与推广能与中国的幼儿教育事业、与人们不断增长和变化的幼儿教育需求息息相关、相得益彰、与时俱进、不断完善。

拥抱朝阳，爱在用心中演绎

杨威

芝兰玉树集团　董事长、首席执行官

芝兰玉树教育研究院　总院长

“贝瓦”品牌创始人

朱文英

芝兰玉树教育研究院　执行院长

儿童是早晨的太阳，注定要冉冉升起，温暖世界。儿童是希望，儿童是未来，儿童是几十年后我们赖以生存的这个世界的中流砥柱。因此，当前我们以什么样的理念培养儿童，以什么样的方式教育儿童，就决定了几十年后这个世界发展的方向、模式与结果。从这个逻辑来讲，为儿童的学习与成长提供服务的任何事情，都具有影响未来社会发展走向的重要意义，都承担着无比重要的责任。

当我们决定投身于为儿童的学习与成长提供服务的事业时，我们开始承担起那份无比重要的责任——对儿童的责任、对家庭的责任、对社会的责任。清晰地认识那份责任，勇敢地承担起责任，以智慧的方式履行责任，是我们对自己坚定不移的要求，也是我们快速行动的方向指针，更是我们检验自己行动是否有效的重要标准之一。在这个过程中，“有爱”“用心”自然而然成为我们的信念，指引我们每一个行动，激励我们去迎接一个又一个挑战。

服务于儿童学习与成长的事业，是朝阳般绚烂的，是能够深度激发人们的激情与希望的。我们理想的蓝图是宏大的，愿景是无比美好的。当然，我们也清晰地认识到，理想与愿景的实现，需要靠脚踏实地一步一个脚印的努力。我们要做的事情很多，首要让自己在所提供的服务领域中，变得越来越专业，变得越来越有能力，越来越有担当。那么，对我们来说，了解儿童与家长的需求、深刻认识儿童发展阶段特征、科学把握各个不同年龄段儿童的成长目标，就成为非常必要而且重要的基础性工作。

在当前的中国，家长越来越重视儿童的早期教育和智力投资，期待高品质的、适用的儿童学习产品与服务。在广泛、深入地调研儿童与家长需求以及市场现状的过程中，我们了解到，学龄前儿童学习产品，虽然种类繁多，但质量水平却良莠不齐。家长和教育工作者面对琳琅满目的商品和名目繁多的服务种类，常常感觉困惑、迷茫、难以取舍、无所适从。

我们自身发展的刚性需求，服务对象的多样困惑，以及市场非理性发展竞争的残酷现状，让我们深刻地认识到，中国需要一个科学、合理，具有公信力的有关儿童成长与发展的规范（标准），并用以指导学前教育产品与服务的提供者、实践者，科学地进行儿童学习产品研发、服务系统设计；支持家长和教育工作者，理性地为儿童选择适用的学习产品与服务；促进家庭、学校与社会，协同构建有利于儿童健康成长的学习与发展环境。

为了给中国儿童早期教育事业发展提供一个具有一定专业视野的参照，帮助那些爱孩子、关注孩子成长与教育的家长和教育工作者了解和掌握儿童发展阶段性特征、各个阶段的成长目标、实现目标的方法与策略，我们汇聚北京师范大学、中国教育科学研究院、中国科学院心理研究所、中国人民大学、华东师范大学、南京师范大学等知名高校、科研机构的专业力量，以及众多学前教育一线实践型专家，着手编著《中国（0—6岁）儿童成长指标体系》。

在专家学者、合作伙伴、团队战友等多方力量的支持与努力下，历经三年多时间的艰苦磨砺，我们幸运地完成了这套作品的编著工作。因为客观条件的限制，这套“指标体系”还不足以成为一份没有任何缺陷或瑕疵的著述，但这确是一份非常有系统、有价值的宝贵参照资料。亦是在各方力量的共同努力下，这套内容得以顺利出版，继而普惠中国的家长、幼儿教育工作者与儿童。在这套作品形成与出版过程中，我们经历了很多的挑战与挫折，所幸，众志成城，在各方友人的关爱下，在多种力量的支持下，我们克服了一个又一个困难，跨越了一个又一个挑战，最终将这份承载着梦想、责任、爱心与希望的作品呈现在世人面前。

感恩，德迅投资的曾李青先生、启明创投的甘剑平先生作为投资人，一直以来对学龄前儿童教育伟大事业的热心支持与倾力帮助，使得我们能够在学龄前教育领域潜心基础性、引领性研究，并能聚焦关键资源安心研发优秀的内容和产品。

感恩，我们有爱的、用心的朝气蓬勃的团队。集团高管团队的战略性支持、教育科研团队的全心奉献、设计团队的爱心付出、技术团队的果断支撑、市场营销团队的合力传播，让这一套凝聚无数专业力量与爱心的作品，得以问世，并在广袤的中国大地上迅速传播。一盏盏青春的心灯，点亮爱的前程！

爱护树木

小小树变大树，风雨无阻成长。

圈圈年轮可数，需要人类保护。

“中国（0—6 岁）儿童成长指标体系”

制定说明

为了更好地理解“中国（0—6 岁）儿童成长指标体系”在制定过程中所遵循的指导思想、依据、原则，方便使用者对体系构成、功能与作用、指标体系与教育体系的关系有更加清晰的认识，特编写本说明。

○指导思想

联合国《儿童权利公约》指出儿童教育的目的是：“最充分地发展儿童的个性、才智和身心能力；培养儿童对父母的认同、对自身的文化认同、语言和价值观、儿童所居住国家的民族价值观、对其原籍国以及不同于其本国的文明的尊重；培养儿童对自然环境的尊重。”联合国教科文组织在《教育——财富蕴藏其中》的报告中指出未来教育的四大支柱——学会做人、学会做事、学会学习和学会与他人共同生活。融合中华民族优秀教育传统中“童蒙养正”的教育哲学与思想，我们致力于培养传承中华民族优秀传统文化的、具有国际视野和思维方式的、适应全球化背景下未来社会发展需要的全面和谐发展的儿童。

○制定依据

☆理论依据

理论的价值在于为人们思考、解决问题提供一个思维模式或者框架。对不同的理念的信奉，必然导致产生不同的价值追求和不同的行为方式。“中国（0—6岁）儿童成长指标体系”以皮亚杰儿童发展阶段论、维果茨基最近发展区理论、建构主义学习理论、因材施教与个性化学习理论，以及生命教育理论为基础理论支撑，吸收和借鉴中西方儿童教育思想与实践的精华，在此基础上，思考和构建儿童成长与发展目标、实现目标的路径与方式，以及对目标本身与实现目标的相关因素进行测量与评估。

☆实践依据

“纸上得来终觉浅，绝知此事要躬行。”实践出真知，儿童教育实践是构建“中国（0—6岁）儿童成长指标体系”的出发点和归宿。在构建该体系的过程中，我们搜集了古今中外大量0—6岁儿童教育实践案例，包括家庭儿童教育案例和幼儿园教育案例，并对这些案例进行了细致、周密、科学的分析，总结、提炼、吸收、借鉴纵观古今、横览中外的儿童教育智慧，以此为基础，构建出适合中国儿童成长与发展需要的指标体系。

○制定原则

☆理论与实践相结合

重视理论与实践的有机统一是制定“中国（0—6岁）儿童成长指标体系”坚持的基本原则之一。理论表征着看待问题的思维方式，是思维高度与宽度的源泉。实践研究是构建理论体系的坚实基础。我们吸收、借鉴了中国文化传统中关于儿童教育的优秀教育思想、皮亚杰儿童发展阶段论、维果茨基最近发展区理论等国内外先进的教育理论，搜集、整理了基于《幼儿园快乐与发展课程》《幼儿园渗透式领域课程》的大量典型幼儿园教育案例，以及数量庞大的家庭教育案例，在此基础上进行研究、提炼，总结出适用于中国儿童的成长与发展指标。

☆促进儿童发展与满足家长需求相统一

儿童产品的使用者虽然是儿童，但是购买者是家长。人性化的儿童产品设计不仅要满足儿童的生理和心理需求，还要满足家长的需求。因此，在制定该指标体系的过程中，我们既高度重视了儿童发展阶段性特征以及学习、成长的需要，也关照到了中国式家长对儿童早期教育的热切需求；在为儿童设计每个阶段的成长发展指标的同时，也充分考虑了家长对孩子成长的愿景和期待。

☆国内外前沿科研成果相融合

我们生活在全球化高速发展的时代，在这样的背景下，我们要培养什么样的儿童？用什么样的理念和方式培养儿童？对这些问题的理性思考，让我们认识到未来的儿童要具有世界眼光、国际化思维方式，要具有中华民族优秀传统文化涵养的优秀品质。我们广泛借鉴了美国、英国、澳大利亚等国家儿童早期教育发展指标，同时也对中华传统文化的精华进行了深入挖掘，融汇国内外的研究成果，制定具有中国特色的“中国（0—6岁）儿童成长指标体系”。

◯体系构成

“中国（0—6岁）儿童成长指标体系”由“健康”“语言”“科学”“数学”“社会”“习惯”“美术”“音乐”和“综合”九大模块构成。前八个模块，以学科逻辑为基础参考原则划分，统称为“八大能力培养”；第九个模块为“综合”，代表意义为“综合素质提升”。“综合”模块与前八个专项模块之间是既相互独立又相互包容，我中有你、你中有我的关系。这一指标体系设计的基础出发点为既注重儿童专项能力的培养，又注重综合素质的提升。我们将以指标体系为基础指导，设计研发学习产品，应用此类学习产品的儿童教育实践称为“8+1儿童成长模式”。

○功能与作用

“为儿童提供高品质服务”，并不是用于市场宣传的标签，也不是用于空谈的标语口号。高品质服务，铸造于我们的一思一念一行一动之中；成就于我们每个人对于责任的理解与实践，对专业能力的不懈追求；外显于我们提供给儿童和家长的富有竞争力的高品质产品，以及能够让人感受到温暖和爱的支持。

“中国（0—6岁）儿童成长指标体系”提供了科学理解儿童的视角和尺度，提供了与儿童学习、成长和发展相关的一些理论成果，提供了一个衡量优质儿童产品的参照指标，提供了一个理解儿童学习、成长方式的模式（即8＋1儿童成长模式）。这个指标体系存在的价值在于，为产品研发提供具有科学合理性特征的教育基础支持，服务于研发适合当代中国儿童与家长需要的教育产品；为市场宣传提供一个有关儿童成长与教育的框架，理解和传播与儿童发展特征、学习、成长、教育相关的信息；为广大家长和幼儿教育工作者科学、理性地认识和支持儿童成长与发展提供一个思考的出发点与思维模式，提供一个实践的切入点。

“中国（0—6 岁）儿童成长指标体系”

使用建议

“中国（0—6 岁）儿童成长指标体系”（以下简称“指标体系”）从多个维度、多个层次呈现了与儿童学习、成长和发展密切相关的一些理论、知识、技能等方面的结构框架信息。全面、深入、系统、融会贯通地理解这些内容，并智慧地将其应用于日常工作实践之中，对于个人和团队专业知识积累与能力提升，对于我们倾心投入的这份为儿童提供学习产品与服务的事业的快速发展，都具有十分重要的意义。

认识儿童是“指标体系”应用的基础

18 世纪中叶以后，具有现代特征的儿童观念出现了：与孩子有关的一切事情和家庭生活都成了值得注意的事情，不仅孩子的将来，而且他的现状都需要关注，孩子成了家庭的中心。儿童是处在不断地生长和发展变化之中的，而且主要在于内在的自然发展。这种发展包括生理和心理两方面的发展。儿童期是人一生发展的重要时期。以儿童为中心，尊重儿童，教育要依照儿童内在的自然发展规律促进其自然和谐地发展。

○尊重儿童发展阶段性特征和发展规律

儿童，是自然人与社会人的统一体，不能将其割裂开来。儿童既不是成人的“准备阶段”，也不是小大人，而是有着特殊生理和心理特点、有无限潜能可以开发、有无限发展可能性的独立个体。儿童的身心发展状况，是其各个方面实现发展的基础，具有阶段性、顺序性特征。我们不能按照对待大人的方式对待儿童，必须科学认识儿童身心发展阶段性特征，尊重儿童成长和发展的规律，在此基础上，考虑儿童的生活、学习、成长和发展问题。教育要尊重儿童的天性与兴趣，让其依据兴趣自由发展，同时又要给予他们适合社会发展需要的以及自身成长和发展规律的指导，从而使他们获得充分而和谐的发展。

○如何看待儿童的学习、成长和发展

从出生开始，儿童就在与自己、成人和环境的互动中认识周围的世界，丰富自己的知识和能力结构，提升自己的生存适应能力。换句话说，儿童时时刻刻都处在学习、成长的过程之中。那么，我们需要考虑的就不再是是否让儿童学习的问题，而是选择让儿童接触、学习什么内容，选择什么样的学习方式进行学习能够更有效率的问题。以促进儿童学习、成长和发展为价值追求而存在的教育活动，关注的是如何将人的潜力最大限度地开发出来并加以实现，以及支持人的内部灵性与可能性的充分生成。适宜的教育活动，能够塑造全新、积极的儿童，并通过建构一种崭新的儿童成长方式，让儿童在幸福快乐中健康成长，获得全面和谐的发展。

○理解儿童独特的存在方式：故事与游戏

故事与游戏，构成了儿童的存在方式。心理学研究显示，每个儿童都有“故事情结”。学龄前儿童的思维方式以直观形象思维为主，这种思维方式使得儿童容易喜爱上故

事，因为故事中有生动的情节、丰富的情感和可爱的小伙伴。游戏也是大多数儿童所钟爱的一种活动。英国思想家洛克认为儿童是天生的游戏者。游戏不仅是儿童的存在方式，还是儿童认识世界的工具和手段，是儿童对待世界的基本方式。儿童的学习、生活等一切方面都渗透着游戏的精神和态度。现在，游戏已经被看做幸福童年的象征和儿童应有的权利。如何让学龄前儿童拥有“童年”的同时也能够拥有“教育”，就成为现代社会人们关注和思考的问题。

如何理解“指标体系”中呈现的信息

首先，儿童的成长是全面的、立体的、具有发展性特征的，因此，对儿童相关信息的理解也是系统的、多维度的、多层次的、相继不断的。在“指标体系”中，包含了对儿童基本认识的论述，关于儿童发展阶段性特征的内容，关于儿童各年龄段、各个学习模块成长与发展指标的梳理，关于儿童游戏与玩具的理解。对上述内容全面、系统地理解，有助于我们较为深刻地认识和把握儿童的真实需求，有助于我们科学引导家长在儿童学习与成长方面的关注焦点与重点。

其次，在对各个模块内容的关注中，要力求将认识的深度与宽度有机结合起来。中国人常说“意在言外”，语言的真正用意并不总是能够非常直白地表达出来，需要细细体会才能有更深刻的理解。我们要能够将具有高度概括意义的内容具象到可操作层面，要能够将描述具体意义的内容进行高层次的概括，并进行适度的扩展。例如，当某一指标中提出“学会初步选择、使用与实验、探究有关的材料”时，要能够考虑到具体材料，例如放大镜、尺子等；当某一指标中提出“知道银杏树的名称、外形特征及作用”时，要能够延展到杨树、桃树等植物。

再次，“指标体系”并不是儿童学习、成长、发展全部信息的百科全书式的手册，它更像是偏重于发挥向导、指引作用的线索地图。它告诉我们需要关注哪些方面的信息，并对该方面信息有一个基本的描述和解释，但是，若需要对某些方面的信息有较为深入的理解，则需要查阅相关资料。例如在基础理论部分，有的内容仅仅是一个基础性的说明，如若某些工作岗位或角色承担上需要更详细的相关方面的知识，可以此为线索，铺陈开来查阅资料，进行更广泛的、更有深度的总结。

○让理论、专业知识牵手儿童工作与教育实践

理论高度与实践宽度是相辅相成的统一体。我们不赞同只能够束之高阁的花瓶式理论，也不赞同缺乏有高度、有建设性意义理论指导的工作实践活动，更不赞同理论指导与工作实践活动相互冲突、相互诋毁的悖理式合作关系的存在。理论来源于一线实践经验的总结，理论指导直接影响着个人和团队的思维模式，思维的高度、宽度与深度，以及解决问题的效益与效率。在某个专业领域内，专家与新手的区别就在于，前者获得了更高层次的理论支撑，有更广阔的实践经验的积累可供借鉴。因此，当面临领域内需要调动专业性质的高层次思维和专业技能解决的问题时，前者的思维方式和经验更有利于使问题得到圆满解决。无论是在方法和策略上，前者都占有优势地位。

○对于为儿童提供学习产品和服务的机构

任何一个工作岗位或者角色技能，都有其特有的专业性特点，都需要多个维度的专业知识和技能作支撑。在以为儿童提供学习产品和服务为价值追求的公司里面，很多岗位的工作都涉及对儿童发展特征与规律的把握，都需要对儿童和家长的真实需求有较为准确的定位。这个指标体系为理解儿童特征与需求提供了一个较为全面、系统的有关学习与教育层面的基础性支撑，同时也能在一定程度上辅助理解家长的需求。

产品研发岗位在融会贯通地理解指标体系涉及的诸多模块内容的基础上进行设计与研发，让产品更适合儿童的需要，更受儿童和家长青睐。市场传播岗位、销售培训支持岗位既可以以此指标体系为线索支持团队理解儿童与家长的需求，也可将其部分内容设计为市场传播信息或培训支持课程。客户服务岗位可以此指标体系为支撑，在儿童学习与发展领域内快速成长，成为家长信赖的教育顾问。艺术设计岗位、技术研发岗位可以参考此指标体系，更系统地理解儿童的认知特点与偏好，理解家长的偏好与需求，让艺

术与技术支撑下呈现出的产品，不但能够满足儿童与家长的需要，而且能够引领时代潮流。

○对于广大家长

社会组织结构的进化，生命的自然孕育与传承法则，让男人可以成为父亲，让女人可以成为母亲。然而，在今天这样一个高度发展的时代，自然和社会赋予你父亲或母亲的角色使命，并不等同于你必然胜任这个角色的责任，也不等同于你天生就是一个优秀的父亲或母亲。在各级各类学校里，有各种学科、各种门类的课程，但是基本上没有专门的系列课程告诉你如何承担作为父亲或母亲的角色。

爱自己的孩子，希望自己的孩子有幸福的人生，是为人父母者的天性。那么，如何实现这个目标呢？要知道，爱不仅仅是信念，更重要的在于行为。要成为一个拥有“爱孩子”的能力的父亲或母亲，首先需要让自己拥有爱孩子的智慧和能力，这是真正爱孩子的基础和前提。什么是爱孩子的智慧和能力？了解孩子每个阶段的发展特征，了解不同年龄段的孩子在各个方面发展应该实现的标准和水平，了解帮助孩子实现发展目标的策略和方法……这一切就构成了关于爱的博大精深的智慧与能力。

无论你的孩子在学龄前的哪一个年龄段，一两岁、三四岁，还是五六岁，整体了解和把握0—6岁孩子发展的阶段性特征和每个年龄段的成长指标，让自己成为专家型家长，对于为自己的孩子规划合理的学习与成长计划、因材施教地帮助孩子实现成长目标，都具有非常重要的现实意义。

省电妙招是什么？
家家使用节能灯！
小河狸贝瓦·爱·公益
创意：苏鹤琦
插画：乔瀚慧

儿童成长阶段性特征

婴幼儿大脑与动作发展及其影响

婴幼儿大脑机能的发展

就像人体的其他器官一样，脑这个器官的基本构成单位也是细胞。构成人脑的细胞可以分成两大类：一类是构建我们的大脑并使其产生神奇作用的功能性细胞，由这些细胞进行信息处理，我们称它们为神经细胞；另一类是维系神经细胞活动并为其提供营养和支持作用的细胞，我们称它们为胶质细胞。人们给神经细胞设定了一个专有名称——神经元。人脑有 130 亿个神经元。

从大量的研究来看，对于大脑可以完成复杂任务来说，神经细胞本身的复杂性并不那么重要，换句话说，神经细胞本身并没有那么复杂，最重要的是神经细胞之间的联系，这种联系才是大脑能够完成那么多不可思议的复杂任务的根源。

神经细胞与神经细胞之间是以一种电化学的方式，通过一个极细微的空隙相互联结到一起的。神经元之间这种特殊的联系方式，我们称为突触。一个神经细胞可以从其他细胞接受多达上千个突触的输入。神经细胞之间借助突触可以形成各式各样的复杂神经网络，因此神经网络的变数极大，这正是大脑可塑性的基础。

神经细胞是人体细胞的一种，同其他细胞一样，它也有一个从小到大、生老病死的过程。但是，它还有一个与其他细胞不同的地方，就是不能再生。神经细胞不能再生，但是它上面的突触却可以再生，这是突触在进行相互连接的活动，这种活动使神经细胞之间建立起联系。

脑的机能并不取决于脑细胞的绝对数量，而是与脑细胞之间建立起来的网络的复杂性密切相关。遗传决定了脑的硬件，但更重要的则是由环境决定脑的软件。对于大多数人来说，由遗传造成的人的智能上的差异很小，而这个很小的差异与人们能够达到的成就水平相比，基本可以忽略不计。人们能力上的差异正是教育顺应脑的发展的自然结果，是教育和个人能力的结果，是大脑可塑性的表现。

新生儿在睡眠或向睡眠过渡时表现出6次/秒的节律波群，这种波被称为α波的原型。同步节律波α波的出现标志着婴儿脑成熟。出生后5个月，是婴儿脑电波活动的重要阶段。5－12个月，外部刺激引起的诱发电位发生变化，如视觉诱发电位构型变得复杂化，潜伏期缩短。

婴儿脑的大小和功能都受其后天经验的影响和制约，在突触形成处于高峰的时期，婴儿大脑所受到的恰如其分的刺激对这一过程至关重要。典型影响来自于早期营养不良和早期经验剥夺。

营养状况的好坏对胎儿和婴儿脑细胞的发育有重要的影响。如果怀孕期母亲营养严重不良，婴儿出生时脑神经细胞的数目比正常的数目少15%。婴儿出生后的最初6个月，如果严重影响不良，脑神经胶质细胞的数目也要比正常数目大大减少。

早期经验剥夺实验研究结果显示，让人类或动物在婴幼儿时期处于一种丰富的环境刺激之中，往往有利于个体获得各种相应的经验，心理发展和身体发育成熟度高。例如，在人类实验中，选择一些婴幼儿作为实验组，让他们反复观看各种彩色图片、图形；另外选择一些婴幼儿作为对照组，不施加上述变量。实验结果发现，实验组在图形识别能力和学习能力方面明显优于对照组。

苏联神经心理学家鲁利亚博士根据大脑与机能之间的联系，通过大量的临床研究和实验室实验，将人的大脑分为三个主要的系统，或者基本功能区。第一个基本功能区指大脑中心的部分，它提供了认识和心理活动的操作背景，负责人的注意活动。第二个基本功能区指人类大脑皮层上的中央沟和外侧裂之后的部分，包括顶叶、颞叶和枕叶，是形成人的感知觉的场所，并在感知觉的基础上，完成对事物的认识。第三个基本功能区是位于中央沟和外侧裂以前的部分，即额叶，负责人的反映活动，并对脑的各部分活动进行统和，依据第二基本功能区的信息处理结果，进行规划和组织，完成人对于各种事物的反应活动。三大基本功能区的成熟期是不一样的，开发大脑也要与脑发育的阶段相一致。

婴幼儿动作的发展，及其对生理和心理发展的影响

婴幼儿动作的发展

◇在有目的的动作形成阶段（4、5 个月至 9、10 个月），婴幼儿开始对自己的动作所导致的结果感兴趣，并会为自己感兴趣的结果而重复相应的动作。这表明个体行为的“手段”与“目的”开始分化，感知运动智力初显端倪。

◇在手段与目的之间的协调阶段（9、10 个月至 11、12 个月），动作作为个体实现目的之手段的功用性进一步明确．动作目的与方法之间开始协调，开始将已有的动作范型组合起来使用，以达到新的目的。

◇11、12 个月—18 个月，婴幼儿能够通过偶然的尝试，发现新的动作方式，在实施动作的过程中，获得对客观世界的最初认识。在个体思维、智力发展的过程中，动作起着决定性的作用。

◇18—24 个月，婴幼儿开始形成心理表征能力。他们可以对自己的动作及客观事物进行内部表征，开始了心理的内化过程。此时，婴幼儿可以通过在头脑中组合动作范型来构成达到目的的新动作，而不需要外显的试误动作。

◇尽管此时婴幼儿在解决问题时，不需要完全依赖外显的试误动作，但是动作仍然具有不可替代的重要性。婴幼儿内部能力活动得以进行的工具是动作性再现表象，即婴幼儿是通过动作组织、再现外界事物的特征和过去的经验的；另一方面，在很长一段时间内，当面临新问题时，婴幼儿仍然需要求助于外显动作，通过与客体的直接的相互作用解决问题、扩展认知。触摸在婴幼儿的感知活动中有重要作用。在保证安全的前提下，应鼓励婴幼儿触摸行为的发生和发展。

◇婴幼儿动作发展的规律性

婴幼儿动作发展受生物预置程序化的制

约，遵循一定的规律性，表现为：

1. 从整体动作向分化动作发展；

2. 从不随意动作向随意动作发展；

3. 具有一定的方向性和顺序性。

（1）头尾原则：从上到下，即从头部开始向脚部发展。

（2）近远原则：从中心到外周，即从身体的中轴部位向周边部位转移。

（3）大小原则：粗细指向，即从粗的动作向精细的活动发展，从大肌肉动作向小肌肉动作发展。

动作发展对婴幼儿成长的影响

◇婴幼儿运用已有的动作模式和感知觉对外界刺激作出反应，获得对环境的最初的知识。没有动作，婴幼儿心理就无从发展。动作是个体心理不断内化的基础，并为个体内化的心理活动提供丰富的素材，使个体心理的内化过程得以持续地进行。

◇动作对大脑的发育具有促进作用。不断练习各种动作，可以促进大脑在结构上的完善，从而为个体早期心理的发展奠定良好的基础。

◇运动经验在空间认知发展中具有重要影响。手的抓握动作和独立行走等动作的发展可以促进婴幼儿空间认知的发展。动作使个体对外部世界的各种刺激及其变化更加警觉，并使感知觉精确化。

◇动作使得婴幼儿的认知结构不断改组和重建。动作既可以促进个体认知结构内化不断充实，还可以通过提供新经验来引起个体原有认知结构与新的环境刺激之间的冲突、不协调，为打破原有认知结构，并促进其向新认知结构转换提供了现实的可能性。

◇随着动作能力的发展，婴幼儿与周围人的交往从依赖、被动逐渐向具有主动性转化。动作改变着个体与物理环境、社会环境的互动模式，使个体从被动接受环境信息变为主动获取各种经验，这既促进了个体自主性、独立性的发展，同时也深刻影响着个体的社会交往特点，进而对个体的情绪、社会知觉、自我意识等产生重要影响。

儿童语言发展阶段性特征

0—1岁

言语知觉的前语言发展

一般都把婴儿出生到第一个具有真正意义的词产生之间的这一时期（0—12个月）划分为前言语阶段。在汉语系统中，婴儿的前语言阶段，是在语言获得的过程中的语音敏感期。

◇婴儿在出生后一周内，就能区分人的语音和其他的声音，这种区分是类别性的。

◇0—1个月的婴儿已能对声音进行空间定位，并能根据声音的物理特征来辨别各种声音的细微差别，表现出对语音（尤其是母亲语音）的明显偏爱。

◇3—4个月的婴儿已经对辅音进行范畴性知觉，区别出清浊辅音的不同。

◇2个月至3、4个月为发音游戏期。婴儿已开始理解言语活动中的某些交往信息，能和成人进行“互相模仿”式的“发音游戏”，能够辨别、区分并模仿成人的语音，并能辨别清浊辅音，获得语音范畴性的知觉能力。

◇5个月至8、9个月为语音修正期。婴儿已能辨别言语的节奏和语调特征，并开始根据其周围的语音环境改造、修正自己的语音体系。

◇9—12个月为学话萌芽期。婴儿已能辨别母语中的各种音素，能把听到的语音转换为音素，并认识到这些语音所代表的意义。这使他们能够经常地、系统地模仿和学习语音，为言语的发生作好了准备。

◇10－12 个月，婴儿区分、辨别各种语音的能力已基本成熟，能辨别出各自母语中的各种因素。

前语言交流的发展

◇婴儿出生后 9 周就出现了类似于指示动作的姿势。

◇婴儿主要通过模仿和仪式化这两个途径来学习，掌握语言系统中的约定性指代关系。出生后半年里，婴儿就可以通过操作条件反射逐渐实现其交流行为的仪式化过程；9 个月时，能真正通过模仿来学习掌握各种约定性的动作或关系。

◇婴儿 9 个月时即能有目的地进行交流，其标志是原始祈使和原始陈述行为的产生。

言语的发生发展

◇婴儿言语发生的时间是在 10－14 个月。言语发生过程中，婴儿之间也存在着较大的个体差异，婴儿最早可以在 9 个月时说出第一个有特定意义的词语。

◇4－6 个月，为宝宝开口说话作准备。在开口说话前，父母要教孩子认识人或者物。例如：认识爸爸、妈妈，可以问："爸爸在哪里?""妈妈在哪里?"

◇出生后 6 个月至 1 岁左右为喃语阶段。这个阶段，婴儿能自言自语地发出声音，但不知表示什么意思，就是咿呀学语阶段。婴儿能理解成人的一些面部表情和语调，例如：成人板着脸呵斥他，他就会哭；也能对成人的某些手势和简单指令作出相应的反应，例如：成人说"笑一笑"，他就会笑。

◇8 个月左右至 1 岁多，宝宝常常使用动作跟父母交流，出现了手势语。例如：向父母张开双手，要求父母抱一抱他；指着某件物品并看着父母，示意爸爸妈妈也看。（有些幼儿说话较为迟缓。若经检查不存在医学上的病变情况，则家长无需过度担心。）

◇对第一批词进行生态学研究发现，它们具有很强的场合约定性，即它们只能用来指代很有限的某个特定情境（场合）下发生（或出现）的某一特定之物，还不具备概括性意义，只具备原始的指代性、对应式的象征性和一定的交流意义，就好像是某一特定场合下特定事物的伴随物一样。

1—2 岁

◇19 个月时，幼儿已能说出约 50 个词。此后，幼儿掌握新词的速度进一步加快。平均每月掌握 25 个新词，这就导致了 19—21 个月时“词语爆炸”现象的出现。在此后 2 个月内，幼儿说出第一批有一定声调的双语句，从而结束了单词句阶段，进入词的联合与语法生成时期。

◇大量研究表明，20—30 个月，是幼儿基本掌握语法的关键期。

◇1—1.5 岁，幼儿的语言表达比较明确，标着着幼儿语音的正式发展。

◇从大约 1.5 岁开始，儿童的语言快速发展，到 3、4 岁时基本上已经掌握了本民族中的全部语音和音调，发不准的语音虽然有一些，但那都是受幼儿生理发育和环境影响的条件限制造成的。

◇单词句，指儿童用一个单词来表达成人用一个句子才能表达的意思。单词句，一般出现在 1 岁以后，1 岁半以后用得最多。例如：“球球”表达的意思可能是“球是我的”。儿童单词句所用的词主要是名词或动词，表达的内容一般是与儿童生活有关的描述、请求、提问和要求等。

◇2 岁前，婴幼儿与成人的交流主要以非语言交流为主，因此，养育者不要因为孩子不会说规范的语言而忽视他们的言语发展，而要充分运用手势、体态语言与他们交流。

◇1 岁半到 2 岁的儿童言语中开始逐渐出现电报句。电报句，指儿童将两个词或三个词组合在一起的句子。电报句所表达的意思较单词句明确，但表达形式断续简略、结构不完整，有类似成人发电报时的语言。布朗（Brown）的研究认为，儿童的电报局有 11 种形式。

◇2 岁左右，儿童开始出现简单句。简单句，指最简单的完整句。有统计表明，2 岁时，儿童使用完整句占使用句子的 63.78%。

◇我国儿童在 2 岁时就有并列复合句出现。

◇儿童对语言的模仿在 1—2 岁时比较多。

◇1—1.5 岁时，婴幼儿理解的名词和动词很多。名词主要是周围生活中所熟悉的家用物品、人物的称谓、动物的名称和特征较明显的身体器官。动词主要是表身体动作的，其次是事件和活动的能愿动词（如“想要”等）和判断动词（如“是、不是”等）。

2—3岁

◇2—3岁是幼儿基本掌握口语的阶段，这一阶段将持续到入学前。因此，2—3岁是个体口头语言发展的关键期。

◇大约2岁半以后，进入实词句阶段。

◇大约2岁半以后，开始出现语言的概括现象。例如：“妈妈买，妈妈买”，至于买什么，谁也搞不清楚。

◇2—3岁，幼儿的发音器官逐渐成熟，在发音方面的困难日渐减少。唇音基本没有困难，但是舌头发音还比较困难。例如：“zh ch sh r”等，少数幼儿“g k h u e”发音也有困难。

◇2—3岁是幼儿词汇量迅速增长的时期，也是对语言理解能力迅速提高的时期；能理解的词汇达900多个，对词义的理解也日益接近成人用词的含义。

◇2—3岁，在所使用的句子中，简单句占大多数，主要有主谓结构和主谓补结构。复合句是省略连词的简单句的组合。

◇3岁左右，幼儿能说完整的句子，说话方式基本和成人差不多，能用完整的句子与人交往，表达个人的要求及愿望。

3—4岁

◇3岁时，幼儿能够使用描述人的外貌特征、情感和个性品质的形容词。

◇幼儿掌握的词类与概念的发展密切相关。幼儿容易掌握名词、动词、形容词、反映事物及属性的词。副词比较抽象，幼儿掌握起来难。虚词反映事物之间关系，幼儿掌握起来更难。

◇3—4岁，幼儿的言语器官尚未得到充分发展，存在发音不清、词汇贫乏的问题。语言和词汇方面的教育应是这个阶段语言发展的重点。

◇3岁左右的幼儿还不善于有意识地听成人讲话。这个阶段要培养幼儿听成人和同伴讲话的能力和习惯。

◇3—4岁为儿童语音发展的飞跃时期，语音发展速度最快，到4岁时基本上已经掌握了母语的全部语音。

◇3—4岁是儿童词汇量增长最快的一年，

以后每年的增长速度逐渐减慢。

◇3—4 岁儿童所讲的句子中，以 4—6 个词组成的句子居多。

◇儿童看图说话的内容随年龄的增长而递增，3 岁半时可讲 56.9%，4 岁时能讲 61.9%。3 岁的儿童出现部分主动讲述，3 岁半的儿童大多能进行主动讲述，其人数占总人数的 72.9%。

◇幼儿动作表达以发展核心动作并进行拓展为主，4 岁是动作表达的转折期。

◇幼儿使用的联合复合句，多数为并列复合句，反映两个简单句子的并列关系，常用“还”“也”“又”等连接词。

◇因果复句。3—4 岁时，幼儿使用这种句式还比较困难，即使出现这种复句也没有连接词。如：“我不吃饭，我在幼儿园吃了。”

◇3 岁时，使用行动状语多，如：“他们蹦蹦跳跳地玩。”

◇3—3.5 岁，幼儿句子中修饰语的数量迅速增长；4 岁以后，有修饰语的句子开始占优势。

◇中国 3 岁儿童词汇量 1000 个，4 岁时达 1730 个，增长率为 73%，其中名词 935 个（54.1%）、动词 431 个（24.9%）、形容词 204 个（11.8%）、代词 18 个（1.0%）、量词 28 个（1.7%）、数词 53 个（3.1%）、副词 24 个（1.3%）、助词 14 个（0.8%）、介词 10 个（0.5%）、连词 6 个（0.34%）、叹词 7 个（0.4%）。

◇3—5 岁是幼儿语言表达能力发展的快速期。

4—5 岁

◇4 岁以后，是儿童形容词快速发展时期。4.5 岁时，开始使用描述事件情景的形容词。

◇中国儿童 4 岁时词汇量 1730 个，5 岁时词汇量 2583 个，增长率为 49.3%。

◇4—5 岁是幼儿大量积累词汇的阶段，不仅词的数量大量增加，词的质量也明显提高。引导幼儿将消极词汇转变为积极词汇，提高口语表达能力应是这个阶段语言发展的重点。

◇对 4 岁以后的幼儿，要逐渐培养他们良好的倾听习惯，即要求幼儿能安静地、有目的地、耐心地倾听，不弄错别人的意思，并能记住讲话的内容。

◇中国 4—5 岁儿童词汇量 2583 个。其中名词 1446 个（56.00%）、动词 579 个（22.40%）、形容词 308 个（11.92%）、代词 22 个（0.89%）、量词 46 个（1.78%）、数词 114 个（4.40%）、副词 28 个（1.10%）、助词 14 个（0.50%）、介词 12 个（0.47%）、连词 7 个（0.27%）、叹词 7 个（0.27%）。

◈4—5 岁，儿童掌握形容词的速度最快。据研究，学龄前儿童运用最多的形容词有 30 个，主要用来表示事物的外形特征、颜色特征和感觉特征。如："红""白""圆""烂""干净""大""小""高""长""胖"等。

◈4—5 岁儿童说的句子中，以含 7—10 个词的句子占多数。

◈儿童看图说话的内容随着年龄的增长而递增，5 岁时为 77.8%。

◈4 岁儿童能主动讲述的人数已达到 78%。

◈4 岁儿童会使用一些地点状语。如："我在动物园里看见了长颈鹿。"

◈转折复句都带连词，在幼儿语言中，数量很少，4 岁前几乎没有，此后开始有一定数量的发展。

5—6 岁

◈中国儿童 5 岁时词汇量 2583 个，6 岁时词汇量 3562 个，增长率为 37.9%。

◈5—6 岁，幼儿发音已基本没有问题，亦积累了相当的词汇。连贯性言语的培养，应是这个阶段语言发展的特点。

◈对 5 岁以后的幼儿，要重点培养他们良好的倾听习惯——能主动、专注地倾听别人谈话，迅速掌握别人谈话的主要内容；能听出有错误或不完全的部分，能进行修正或补充；不中途插嘴，能有礼貌地听别人讲话。

◈5—6 岁儿童使用的句子中，多数句子含 7—10 个词，有不少句子含 11—16 个词，平均句子含 8.39 个词。

◈儿童看图说话的内容随着年龄的增长而递增。6 岁时能讲述的内容达 80.6%，6 岁儿童全部能主动讲述故事内容。（可有意发展幼儿简单的逻辑思维，理解因果、转折等逻辑关系。）

◈5—6 岁的儿童使用"如果……就……"的条件复句已经比较好。条件复句反映假设关系（如果……就……）和条件关系（只有……就……）。

◇5－6 岁，出现用“因为”“为了”“结果”“要不然”等词表示因果关系的句子。

◇5－6 岁，除行动状语和地点状语外，儿童还会使用一定数量的时间状语。如：“妈妈昨天带我去动物园看长颈鹿了。”

◇5－6 岁儿童词汇量 3562 个。其中名词 2049 个（57.50%）、动词 725 个（20.40%）、形容词 382 个（10.70%）、代词 25 个（0.70%）、量词 70 个（1.96%）、数词 225 个（6.34%）、副词 40 个（1.10%）、助词 14 个（0.40%）、介词 16 个（0.45%）、连词 9 个（0.24%）、叹词 7 个（0.21%）。

插画：宋雪

儿童认知发展

感知觉的发生发展

◇0—1个月的婴儿，已具备一定的视觉能力，获得了基本的视觉过程，视敏度达20/200—20/400，并具备了原始颜色视觉。

◇2—4个月，婴儿的颜色知觉已经发展得很好。4个月时，已具有正确的颜色范畴性知觉，其颜色视觉的基本功能已接近成人水平。有研究显示，国外儿童在4个月后，就有了某种程度的颜色偏好。我国儿童在1.5岁时还看不出明显的颜色偏好，但到2岁时就有了较明显的偏好，其顺序是红、黄、绿、橙、蓝、白、黑、紫，共同的倾向是更喜欢暖色调的颜色。

◇2岁的幼儿有30%左右能正确识别红色、白色、黄色。2.5岁的幼儿有95.8%能正确识别红、白、黄、黑、绿、紫、蓝、橙等8种颜色。但正确命名的比例不高，2岁时为7.9%，3岁时为25%。教育可以改变这种状况。

◇早期对儿童进行颜色识别的教育，效果是明显的（李忠忱的研究）。儿童对颜色的辨别能力，一般来说，女孩强于男孩，即儿童的颜色视觉有性别差异。

◇听觉的发生发展。正常健康的婴儿一生下来就有听觉（至少可以肯定是在出生后24小时以内），听觉可以说是与生俱来的。1个月的婴儿能鉴别200赫兹与500赫兹纯音之间的差异。5—8个月的婴儿在1000—3000赫兹范围内能察觉出声频的2%的变化（成人是1%），在4000—8000赫兹内的差别阈限与成人相同。

◇视听协调能力的发生发展。刚出生的婴儿就有最基本的视听协调能力。3—6个月婴儿的视听协调能力已发展到能使他辨别视听是否一致的水平。据研究，6个月以前婴儿已能辨别音乐中旋律、音色、音高、调性及其转换模式的不同，并初步具备了协调听觉与身体运动的能力。

◇味觉的发生发展。味觉感受器在胚胎3个月时开始发育，15周时已初步成熟且能发挥作用。4个月的胎儿已能感受到足够的味觉刺激。新生儿的味觉发育已经相当好了，并在其防御反射机制中占有相当重要的地位。新生儿已明显"偏爱"甜食，且对甜、酸、苦和白开水的表情已明显不同。味觉在婴儿期和儿童期最发达，以后就逐渐衰退了。

◇嗅觉的发生发展。胎儿7—8个月时嗅觉感受器已相当成熟且具有初步的嗅觉反应能力，已能大致区别几种不同的气味。新生儿已能对各种气味作出相应的典型反应，如"喜爱"好闻的气味等，还能够由嗅觉建立食物条件反射，并有初步的嗅觉空间定位能力。

◇触觉的发生发展。胎儿49天时就已经具有初步的触觉反应，2个月时能对细而尖的刺激产生反应活动。新生儿已能凭口腔触觉辨别软硬不同的乳头，4个月时则能同时辨别不同形状和软硬程度的乳头。手的本能性触觉反应在婴儿刚出生时便可表现出来。4个月以后的婴儿具有成熟的够物行为，视触协调能力已经发展起来。

◇空间知觉的发生发展。方位知觉的发生发展。婴儿对外界事物的方位知觉是以自身为中心进行定位的。新生儿已具有基本的听觉定向能力，并成为婴儿早期空间定向的主导形式。距离知觉的发生发展。新生儿已能对逼近物体有某种初步反应，并具备原始的深度知觉。2—3个月时，婴儿已有了对来物的保护性闭眼反应。6个月以前，婴儿已具备立体视觉。也有研究显示，3.5个月的婴儿就已有明显的立体视觉。儿童的方位感知觉的发展具有年龄特征，3岁儿童能辨别上下方位，4岁儿童能辨别前后方位。

◇物体知觉的发生发展。形状知觉的发生发展。婴儿在3个月时具有了分辨简单形状的能力，在8—9个月以前就获得了形状恒常性，而且事实上比这可能还要早。大小知觉的发生发展。4个月以前的婴儿就已具有了大小知觉的恒常性，6个月以前的婴儿已经能辨别大小。婴儿大约在3个月时开始对物体具有整体知觉，能初步将物体与背景区分开来，但不能区别两个紧密联系的物体；4个月以后，这种能力快速发展。

注意的发生发展

◇新生儿已经具有了注意的选择性，并具备了对外界进行扫视的能力。

◇1—3个月婴儿的注意力已经明显地偏向曲线、不规则的图形，对称的、集中的或复杂的刺激物以及所有轮廓密度大的图形。

◇3—6个月婴儿的视觉注意能力在原有基础上进一步发展，平均注意时间缩短，探索活动更加主动积极，而且偏爱更加复杂和有意义的视觉对象。可看见和可操作的物体更能让他们特别持久地注意和关注。

◇6个月以后，婴儿的注意不再像以前那样只表现在视觉方面，而是以更广泛和复杂的形式表现在吮吸、抓握、够物、操作和运动等日常感知活动中。这时的选择性注意越来越受到知识和经验的支配，受到当前事物（或人）在其社会认识体系中的地位以及婴儿所知的自己与它们之间的关系的支配或影响。

◇婴儿的共同注意随着年龄的增长而逐步提高，在9个月左右有了显著的变化，但在1岁以前，该能力的发展水平都较低。共同注意是一种较复杂的社会认知能力，它的发生包含了一系列分化与协调的过程。婴儿既要关注他人，又要关注目标，还要将空间上完全分离的他人与目标联系起来，利用从他人那里获得的信息来调整自己的行为，将注意指向第三个物体。

◇1岁以后，言语的产生和发展使幼儿的注意又增加了一个非常重要而广阔的领域，使其注意活动进入了更高的层次——第二信号系统。这个时期，幼儿的注意活动的一个非常显著的特点是听到成人说出某个物体的名称时，便会相应地注意那个物体。

◇3—4 岁前，幼儿的无意注意占主导地位，集中性比较差，易变幻注意对象，注意的持久性也比较差。

◇3—4 岁开始，幼儿能按照要求调动自己的心理活动指向，集中于应该注意的对象，这时的注意称为有意注意。3—4 岁的幼儿很难维持自己的有意注意活动，一般为 3—5 分钟。在这一阶段，动手操作活动对幼儿注意力的发展有重要影响。

◇4—5 岁，幼儿有意注意一般在 5—10 分钟。

◇5—6 岁，儿童的无意注意倾向于比较稳定，特别是在儿童感兴趣的活动上，其心理活动能十分稳定地进行。学前儿童在游戏中的注意可以达到很长时间。

◇5 岁以后，幼儿能够按成人的要求主动自觉地把注意集中于那种他们并不感兴趣的活动中，并且能做到仔细观察。5—6 岁的幼儿能够做到尽力保持自己的注意，以完成活动。5—6 岁儿童的有意注意一般为 10—15 分钟。

记忆的发生发展

◇新生儿末期已具备特定的长时记忆能力。

◇3 个月，婴儿对操作条件反射的记忆保持达 4 周之久。

◇9 个月左右，婴儿开始出现了延迟模仿现象，即刺激物消失一段时间之后婴儿所进行的模仿。如：成人按压一个键使玩具发出声音，24 小时之后，当小玩具再次出现时，婴儿会按键使声响也出现。

◇12 个月以后，婴儿语言的产生和发展为他带来了很多重要的变化，如符号表征能力的产生、再现和模仿能力的迅速发展、延迟模仿能力的产生等。其中，符号表征的出现，使婴儿词语逻辑记忆能力的产生成为可能，而延迟模仿能力的产生则标志着婴儿表象记忆力及再现能力的初步成熟。

◇18—24 个月，婴儿开始形成心理表征能力，可以对自己的动作及客观事物进行内部表征，开始了心理的内化过程。

◇2 岁时，幼儿已有了比较稳定的延迟模仿能力。这种模仿表明幼儿已有了表象和表征的活动。

◇3 岁儿童在一个时间只能处理一个信息单位。

◇幼儿初期无意识记忆占优势。凡是儿童感兴趣的、印象鲜明、强烈的事物就容易记住。3 岁幼儿并未真正接受记忆任务，基本上只有无意识记忆，让记忆服从一定的目的还有困难。

◇关于视觉通道记忆容量的研究显示（再认测量），3—4 岁幼儿保持量为 7.47；有关听觉通道记忆容量的研究显示，3—4 岁幼儿再认保持量为 8.92，再现保持量为 3.45。

◇在儿童成长早期，脑不断地完善和成熟，脑的各区域活动分工，脑的成熟部位也有先后不同，先发育成熟的脑区域负责接受 3 岁前儿童获取的信息，比较晚成熟的脑区域主管 4 岁以后获得的信息，而后，晚成熟区域的活动完全控制了大脑的活动，压抑了早成熟脑部分的活动，原来的信息便无法提取。

◇记忆潜伏期。再现，3 岁儿童能再现几个星期前的事物；4 岁儿童可再现几个月以前的事物。再认，4 岁儿童能再认 1 年以前的事。

◇有关视觉通道记忆容量的研究显示（再认测量），4—5 岁幼儿再认的保持量为 11.38；有关听觉通道记忆容量的研究显示，4—5 岁幼儿再认的保持量为 11.80，再现的保持量为 4.06。

◇5 岁儿童能处理 7 个信息单位（同一时间）。

◇3—7 岁的儿童，无论哪个年龄段，形象记忆效果都优于语词记忆效果。儿童两种记忆效果都随年龄增长而提高，而语词记忆效果的发展速率要高于形象记忆。

◇4—12 岁的儿童关于记忆的知识显著增长，大脑逐渐成为一个主动的建构性的单位，它存储的不仅仅是对现实的复制，还有对现实的解释。

◇记忆潜伏期。4—7 岁的儿童，往往能再认两年以前的事。4 岁以后，儿童一般可再现很长时间（半年、1 年、几年）的事物。

◇有关视觉通道记忆容量的研究显示（再认测量），5—6 岁幼儿的保持量为 13.57；有关听觉通道记忆容量的研究显示，5—6 岁幼儿再认的保持量为 13.38，再现的保持量为 5.29。

◇3 岁幼儿的短时记忆广度均数为 3.91 个

组块，4 岁幼儿的短时记忆广度均数为 5.14 个组块，5 岁幼儿的短时记忆广度均数为 5.69 个组块，6 岁幼儿的短时记忆广度均数为 6.10 个组块。

◇幼儿中期和晚期的记忆效果都是无意识记忆优于有意识记忆。在教育的影响下，幼儿晚期的有意识记忆和追忆的能力才逐步发展起来。

◇儿童如何学会对材料进行组织？根据维果茨基关于“社会因素在新技能形成中的调解作用”的观点可以推论，组织策略是儿童在经历中演变而来的。一般来说，儿童 5 岁以前没有记忆策略，5—7 岁处于过渡期，10 岁以后记忆策略逐步稳定发展起来。年幼儿童自发运用记忆策略有困难，但训练可以有效地改善儿童运用记忆策略的能力。

◇复述是一种非常重要的存储策略。如果让儿童记忆呈现给他们的一组单词，5—8 岁的儿童通常会按原来的顺序再次复述一个单词，而 12 岁的儿童则会成组复述单词。

◇弗拉维尔以绘图单词作为学习材料让儿童记忆的研究显示：6—8 岁的儿童开始会利用语言为中介进行记忆。

学习的发生发展

◇学习是指婴儿在与客体相互作用的过程中，获得经验或由此引起个体倾向与能力变化的过程。人类个体在胎儿期已能进行颇有成效的学习，学习活动最早发生在胎儿末期。婴儿一生下来就有学习能力，这种能力表现的最根本特点就是明显地倾向于认识环境中的某些特定的联系。

◇3 个月时，婴儿已能顺利进行各种学习活动，学习的范围和种类越来越广泛，学习的技能越来越多样，并且能对社会性刺激和非社会性刺激进行记忆和学习。例如：3 个月的婴儿可以进行操作性条件作用的学习，而且经过适当复习后，这种学习效果可保持 4 周之久。

◇6 个月以后，婴儿的学习能力又有了新的发展，表现为：再认能力的继续加强（长时记忆能力继续发展）；社会性认知和社会性学习长足进步（出现了“认生”现象）；分类能力也获得了显著的发展，使婴儿的学习更接近于概念学习。

◇10—12 个月的婴儿开始进行基本的数

概念学习，已经能够进行高级的、对现实事物的分类。

◇婴幼儿的学习可以划分为三个不同的层次：A. 习惯化；B. 经典或工具性条件反射；C. 语言的掌握、概念的学习等各种复杂类型的学习。

◇中国心理学家认为，游戏是适合幼儿特点的一种独特的活动形式，也是促进幼儿心理发展的一种最好的活动形式。桑代克认为，游戏也是一种学习，遵循效果律和练习律，受到社会文化和教育要求的影响。通常来说，不同文化背景下的儿童游戏，反映了各种文化和亚文化对不同类型行为的重视和奖励。

思维的发生发展

◇新生儿自发胳膊运动中有32%的行为不但具有明确目的，而且运用了启发式搜索策略，具有问题解决的性质。

◇大量研究证实，3个月的婴儿就已具备了比较明显的问题解决能力。

◇对婴儿用支持物够物行为进行的研究表明，7—8个月的婴儿能根据不同情况调整自己的够物行为。9个月的婴儿在用支持物够物时已经很少犯“A、B错误”。

◇6个月时，婴儿已经能够进行模仿，12个月以前已能利用工具解决问题，并获得了手段——目的的分析策略。实验也证明：材料的变化和对材料的熟悉程度都会影响10个月以上的婴儿问题解决行为的成功。

◇12个月前，婴儿的表征能力就已经产生。

◇3岁前，幼儿典型的思维形式是直觉行动思维，即个体在直接感知和行动中所进行的思维活动。幼儿的思维过程是在直接感知的过程中进行的，是和感知过程混合在一起的，而且离不开感知过程，边感知，边思考，而后解决问题。幼儿的思维过程是离不开动作和活动的。没有动作和活动，幼儿的思维过程就无法进行、不能表现，既不能预先设计动作的顺序，也不能预想动作的结果。感知对象和活动对象一旦转移，思维活动也随之转移。

◇婴儿期的直觉行动思维到幼儿初期（3—4岁）时仍然保留，但其表现却大不相同，在儿童解决问题的过程中，表现出更明显的目的性和计划性。3—4岁儿童动作的概括性也更为准确。3 岁以后，儿童开始理解相似情景实际上是有差异的，这种差异带来解决问题时动作的差异。

◎在直觉行动思维发展的同时，儿童逐渐产生了具体形象思维，即依靠具体形象来理解事物和解决问题的思维。在幼儿期甚至小学初期的儿童，这种思维是占主导地位的。儿童这种类型的思维具有两大特点：具体性和形象性。具体性是指，儿童思维的内容是具体的，是抽象概括性差的，即儿童头脑中内化了的形象是具体的形象。这种具体性使幼儿在理解和解决问题时带有机械的性质。如：理解“父亲”概念时，认为父亲是像我爸爸那样年龄的男性。这种具体性使儿童掌握一些具体的概念相对容易，掌握类概念则比较困难。如：他们可以掌握“苹果”和“椅子”的概念，却不能掌握“水果”和“家具”的概念。形象性是指儿童用于思维的头脑中的素材基本都是形象的，较少或不存在其他的心理表征，语言和其他符号表征还没有发展起来。这种思维方式的局限性：A. 不能运用概念通过判断推理的形式来反映事物特征及其关系，对较抽象的问题感到困惑，当头脑中缺乏某一具体形象时，思维便寸步难行，具体形象思维只能解决一些具体的简单的问题。B. 由于形象的概括性有限，过于具体的形象会干扰问题的解决。

◎随着动作能力的发展，随着主体与客体的不断相互作用，积累了大量知识经验，3—4 岁的儿童思维由动作思维发展为表征思维，认识上有了大的飞跃。但由于表象思维的局限性和儿童自我意识的发展，儿童只注意到或只注重自己对客体的认识，不能意识到对事物还存在别人的观点，别人和自己的观念还会有不同，更不能站在别人的角度或客体角度去思考和认识事物的特征，自己的态度、需要、观点是衡量事物的唯一标准。

◎对 3—4 岁的儿童测试发现，他们能意识到数的一一对应关系和数的守恒。守恒是指物质从一种形态转变为另一种形态时，物质含量保持不变。皮亚杰认为，前运算阶段的儿童的思维只能集中于问题的一个维度，注意的是事物表面的、明显的特征，具有中心化的特点。

◇3岁左右，是对数量的动作感知阶段。3—4岁儿童掌握的实物概念基本上代表儿童所熟悉的某一个或某一些事物。

◇数概念和实物概念比较起来，是一种更加抽象的概念，因而，儿童发展过程中，掌握数概念比掌握实物概念晚些，也比较难些。

◇掌握数概念包括理解“数”的实际意义（如3指三个物体）、数的顺序（如2在3之前，2比3小）、数的组成（如3是由1＋1＋1、1＋2、2＋1组成的）。

◇关于推理过程的研究显示，3岁儿童基本不能进行推理活动。3岁儿童还不会类比推理，4岁儿童开始发展类比推理。

◇幼儿中期（4—5岁）开始出现抽象逻辑思维的萌芽。

◇博克的“农场景观”模型试验（类似三山实验）发现3岁儿童已能很好地完成任务。当场景是儿童熟悉的、问题也是儿童容易理解的时，幼儿是能够考虑到别人观点的。在休斯的实验中，30名3.5—5岁的儿童，90％能够指出自己站在什么位置，可以使警察看不到他，显示了儿童的非自我中心。

◇在数的守恒实验中，只有少数（16％）4—6岁的儿童理解了数的守恒。

◇4—5岁的儿童已能在概括水平上指出某些实物比较突出的特征，特别是功用上的特征。这个阶段儿童的实物概念获得了较为快速的发展。

◇对4—6岁幼儿数概念的发展进行研究发现，幼儿对基数和数序的认知发展存在先后顺序，即幼儿在4—5岁时对基数的认知成绩明显优于对数序的认知，而到了6岁，两者的发展趋于同步。

◇4—5岁，是幼儿在数词和物体数量间建立联系的关键阶段。

◇幼儿分类的发展顺序是：不能分类——依感知特点分类——依生活情景分类——依功能分类——依概念分类。4岁以下的儿童82.3％不能分类，6—7岁的儿童逐渐能按事物的功用和本质特点来分类。

◇关于推理过程的研究显示，3岁儿童基本不能进行推理活动，4岁儿童的推理能力开始发展。4—7岁儿童类比推理的发展水平随年龄的增长而逐步提高。4岁儿童类比推理开始发展，但水平很低。4岁儿童大多数只能根据一种表面属性完成操作任务。

◇5—6岁，幼儿抽象逻辑思维迅速发展。抽象逻辑思维，是指以抽象的概念或符号来判断、推理、解决问题的思维形式。幼儿期是由直觉行动思维发展为具体形象思维，再发展到抽象逻辑思维的过渡阶段。

◇幼儿末期（5—6岁）虽然已经产生了抽象逻辑思维，但它只是萌芽状态，水平很低。抽象概括性差，逻辑性差，发展不平衡。

◇5—6岁，儿童处于守恒的转折阶段。在“杯子”实验中，他们似乎意识到必须同时考虑杯子的高度和粗细，但在比较时，同时考虑两个维度还比较困难。

◇5—6岁，儿童开始能指出某一实物若干特征的总和，但是，还只限于所熟悉的事物的某些外部和内部的特征，而不能将本质特征很好地加以区分。

◇2—3岁和5—6岁是儿童数概念形成和发展的关键年龄。5—7岁是数运算的初期阶段。关于数概念发展的转折点，一般认为在5岁左右。幼儿在形成数概念和发展运算能力中，思维水平可分为四级：A. 行动感知概括；B. 直观表象笼统概括；C. 直观言语概括；D. 表象言语概括。

◇5岁幼儿有近半数能依据两种或三种属性完成操作任务。而绝大多数6岁幼儿都能根据三种属性完成操作任务。

◇关于幼儿推理过程的研究显示，5岁儿童大部分（62%以上，平均为75%）可以进行推理活动。6岁和7岁儿童全部可以进行推理活动。

◇6—7岁的儿童逐渐能接受按事物的功用和本质特点来分类。

想象的发生发展

◇1.5—2岁，是儿童想象的萌芽阶段。

◇3岁前，儿童常常是边知觉边展开想象的翅膀。比如：一个儿童看见一片纸转起来了，说“转椅”，另一个儿童则说“飞机”。他们感知到什么，便和过去的经验联系起来，边感知边想象，常常是视、听等各种分析器一起活动。

◇3岁前，儿童的想象与记忆十分接近，有时就是记忆形象在新情况下的重新出现。比如：拍娃娃睡觉，主要是重复模仿成人照顾孩子时的动作。

◇3岁前，儿童缺乏经验，对事物的正常

联系缺乏认识，使想象时表象可以任意组合，完全不管是否符合逻辑，是否违背客观规律。

◇3岁前，儿童的整个心理活动都离不开动作。通过活动，儿童才能认识事物和进行心理活动。这是由其心理水平所决定的，想象也不例外。比如：一块胶泥被捏成圆球形时，儿童想象成“球”或“汤圆”等；把胶泥打扁成圆形时，儿童又想象成“饼干”。

◇3岁前，儿童的想象完全无目的性。因为想象完全是随心所欲的，想象的内容和结果自己事先没有确定，别人也无法预想，完全由自己、事物本身的特性和动作的情况所决定，大部分的想象还接受成人的提示、引导。

◇3—4岁，儿童的想象活动没有明确的目的，没有前后一致的主题，想象内容零碎、贫乏，数量少而相对单调。

◇4—5岁，儿童的想象活动仍以无意性为主，同时出现了有意的成分，想象的目的计划非常简单，想象内容较以前丰富。

◇5—6岁，儿童的想象活动有意性非常明显，内容进一步丰富，内容新颖程度持续增加，更符合逻辑。

◇观摩自然景物有助于幼儿想象力的发展。

情绪、个性和社会性发展

气质

◇第 1 年，婴儿气质稳定性呈一个连续增长的模式，前后气质类型的相关系数分别为 0.23（3—6 个月）、0.59（6—9 个月）和 0.69（9—12 个月）。综合采用几种评定法（包括问卷、访谈等）研究证实，婴儿气质具有一定的稳定性。

◇气质虽然是比较稳定的个性心理特征，但其在后天生活环境和教育影响的作用下，一定程度上也是可以改变的。研究显示，非抑制型气质的婴儿在四年里很少发生变化，而抑制型婴儿有一半减少了抑制性。刚出生时比较急躁的婴儿在随后的两三年里比不急躁的婴儿更易转变为抑制型。

◇气质对儿童认知发展、情绪控制和行为调节方面的发展均具有有效的预测作用。婴儿气质对于早期教养的影响主要体现为不同气质类型的婴儿对早期教养的适应性和要求不尽相同。关键在于父母的教养方式要与婴儿气质的特点相符合。

◇容易型婴儿对各种教养方式都容易适应。困难型婴儿的父母从一开始就面临早期教养和亲子关系的问题，他们必须处理很多棘手的问题（例如：生活无规律、适应慢、烦躁、易哭闹等）。

社会性微笑

◇出生 3 周左右，在婴儿清醒时，轻轻地抚摸其面颊、腹部，能引起婴儿微笑。4—5 周时，使婴儿双手对拍，让他看转动的纸板，或听各种熟悉的说话声等，都能引起他微笑。从第 5 周至 3.5 个月时，婴儿对人的社会性微笑是不加区分的，对主要抚养者或家庭成员、陌生人的微笑都是一样的。

◎从 3.5 个月尤其从 4 个月开始，随着婴儿处理刺激内容能力的增加，能够分辨出熟悉的脸和其他人的脸，婴儿开始对不同的人报以不同的微笑，出现有差别的有选择性的微笑。

◎5—6 个月时，婴儿出现对人的特别的兴趣和微笑，即社会性微笑。

分离焦虑

◎6—8 个月时，婴儿出现对最熟悉亲近者的依恋，并随之产生对陌生人的焦虑和分离焦虑等。

◎陌生人焦虑一般在婴儿 6—8 个月时发生。4 个月时，婴儿开始区分陌生人和熟人，对陌生人还笑，但是明显减少。5—6 个月时，婴儿见到陌生人往往会表现出一种严肃的表情，笑得更少，但是仍然不害怕。而到 6—7 个月时，婴儿见到陌生人就开始感到害怕了。到 8 个月时，婴儿明显怕陌生人。

◎分离焦虑是在婴儿 6—7 个月时产生的，随着母—婴依恋的建立而同时发生。分离焦虑的产生与三个方面重要的认知能力的发展有关，即提取记忆的能力、比较过去和现在的能力、预期可能在最近发生的事情的能力。其次，婴儿分离焦虑的产生也与婴儿应付情景的能力有关。在儿童开始上幼儿园时，也会出现分离焦虑现象。

情绪

◎婴儿出生后，不仅有情绪，而且已经初步分化。新生儿便已有兴趣、痛苦、厌恶和微笑四种表情。

◎3—4 个月时，婴儿出现愤怒和悲伤情绪。

◎情绪的社会性参照，是指婴儿发展的特定时期发生的人际情绪的交流和他人情绪信息的利用，是在一种特定情景中发生的特定情绪交流模式。它包含婴儿对他人情绪的分辨和如何利用这些情绪信息来指导自己的行为。情绪的社会性参照对婴儿的发展具有极其重要的意义，特别是对 0.5—1.5 岁的婴儿。情绪的社会性参照，在很大程度上决定了婴儿的生活质量和发展机会。

◇婴儿的情绪社会性参照能力包括了四个相互联结、逐步递进发展的水平：水平一，无面部知觉（0—2 个月）；水平二，不具备情绪理解的面部知觉（2—5 个月）；水平三，对表情意义的情绪反应（5—7 个月）；水平四，在因果关系的社会性参照中运用表情信号（7、8 个月—10 个月）。

◇要注意避免消极的社会性参照。因为不适应的参照信息与条件同样会对婴儿起作用，导致婴儿不良的情绪、行为体验，形成消极、懦弱的性格，限制婴儿的探索和操作，阻碍其智力发展等。

依恋的发展

◇依恋使婴儿与主要抚养者（通常是母亲）之间实现最初的社会性联结，也是情感社会化的重要标志。

◇从出生到 3 个月，为无差别的社会反应阶段。这时期婴儿对人反应的最大特点是不加区分、无差别地反应。

◇3—6 个月，为有差别的社会反应阶段。这时期婴儿对人的反应有了区别，对母亲更为偏爱，对母亲和他所熟悉的人以及陌生人的反应是不同的。

◇6 个月至 2 岁，为特殊的情感联结阶段。从 6—7 个月起，婴儿对母亲的存在更加关切，特别愿意与母亲在一起，与她在一起时特别高兴，而当她离开时则哭闹，不让她离开，别人不能替代母亲使婴儿快活。与此同时，婴儿对陌生人的态度变化很大，见到陌生人大多不再微笑，而是紧张、恐惧甚至哭泣、大喊大叫。

同伴交往

◇婴儿从出生后的后半年起，即开始出现真正意义的同伴交往行为。

A. 以客体为中心的阶段，婴儿的交往更多地集中在玩具和物品上，而不是对方（同伴）本身。

B. 简单交往阶段，婴儿已经对同伴的行为作出反应，经常企图去控制对方的行为。

C. 互补性交往阶段，婴儿、同伴之间的行为趋于互补，出现了更多、更复杂的社交行为，相互间的模仿已较普遍。

◎婴儿很早就对伙伴发生兴趣，最初的行为是注视和触摸，大约出现在婴儿 3—4 个月的时候。6 个月之前的婴儿对同伴的反应还不具有真正的社会意义。

◎6 个月的时候，婴儿会对同伴微笑，向同伴发出“牙牙”的声音。这个时期，婴儿还不能主动追求或期待从同伴那里得到相应的社会反应。

◎1 岁时，婴幼儿之间出现了较多的交流行为。如：微笑、打手势、模仿等相互影响、相互交流的行为。

◎2 岁左右，婴幼儿开始使用语言来影响和谈论同伴的行为。

◎2—6 岁，游戏是幼儿与同伴互动的主要方式。儿童游戏的发展经历三个步骤，对应三种游戏类型：

A. 非社会化的活动阶段。这一阶段的主要行为包括旁观他人游戏、单独游戏（自己一个人玩，根本不关注别人做什么）等。

B. 平行游戏阶段。在其他儿童附近，以相近的方式进行游戏，但并不试图去影响对方，彼此之间没有真正的互动和合作。

C. 联合游戏和合作游戏阶段。联合游戏，指儿童在一起玩游戏，但彼此之间没有明确的分工或没有一个共同的目的。合作游戏，指幼儿为了共同的目标而组织起来的游戏。

自我发展

◎婴儿初期，儿童的心理带有自我中心的特点。表现为：儿童分不清自我和客体的界限，吸吮自己的手指就像吸吮别的客体一样，而后以自我的动作来认识客体，组织客体的特征，看见的便存在，没看见的便不存在；直到 1 岁左右，儿童才发展出客体永久性的概念；大约 1 岁半左右，儿童才认识到自我独立的存在，将自己作为主体来认识。

◎5—8 个月，婴儿显示对镜像的兴趣，注视它，接近它，抚摸它，对它微笑，但对自己的镜像与对其他婴儿形象的反应没有区别。这说明他们并未认识到镜像是自己的像，自己与他人的差别，以及自己是独立存在的个体。这时，婴儿还没有萌生自我认知。

◎9—12 个月，婴幼儿表现出对自己作为活动主体的认知，表现出他们认识自己的动作引起镜像中的动作。这个阶段产生了初步的主体我。13—24个月的婴幼儿开始对镜像表现出一种小心翼翼的行为，20—24个月的婴幼儿显示出比较稳定的对自我特征的认知，他们面对镜子触摸自己的鼻子和观看自己的行为。

◇9个月至2岁为认知生理自我的时期。幼儿最早注意到自己身体的各个部位，如脸、头、眼睛、鼻子、耳朵、手、脚、肚子等，并知道这些部位是属于自己的而不是别人的。这个时期，对于自己的所属物，如属于自己的衣服、玩具、器皿、食物等，也会有比较深刻的认识。

◇12—15个月，婴幼儿已能区分自己的动作与他人的动作，对自己的镜像与动作之间的联系有了清楚的觉知。这说明婴幼儿已会把自己与他人分开，主体我获得明确的发展。

◇15—18个月，婴幼儿开始把自己作为客体来认识，表现在对客体特征（如红鼻头）的联系上，认识到客体特征来自主体特征，对主体特征有了稳定的认识。这反映了婴幼儿在客体我水平上的自我认知的发展。

◇18—24个月，幼儿已具有了用语言标示自我的能力，如使用代词（“我”“你”）标示自我与他人。幼儿在此年龄已经能意识到自己的独特特征。能从客体中认识自己，用语言表示自己，表明幼儿已具有明确的客体我。

◇2—3岁是儿童认识社会自我的时期。这一阶段的儿童对自己的认识不仅表现在身体上，而且表现为逐渐地体验到了自我的需要。这种需要不仅有生理的需要，更有社会的需要，除了吃喝拉撒睡的需要外，还有游戏、交往、说话、唱歌、跳舞等各种需要。

◇7岁前，儿童对自己的描绘反应仅限于身体特征、年龄、性别和喜爱的运动等，还不会描述内部心理特征。

◇自我控制能力在3—4岁的儿童中还不明显，利用外部语言进行自动调节，中介变量为社会互动与交流、言语的发展，及其指导作用。从缺乏自我控制到能够自我控制的转折平均年龄是4—5岁。5—6岁的儿童绝大多数都有一定的自我控制能力。总体来说，幼儿的自控能力还是比较弱的。

◇儿童对自我评价的能力发展得比较晚，

一般认为在 2—3 岁。3 岁儿童中出现自我评价的人数仅占总数的 22.5%。40%的 3 岁儿童即使进行自我评价，也是完全以他人（主要是成人）的评价作为自己的评价。例如：当问及儿童为什么是好孩子时，儿童回答："老师说我是好孩子。"

◇儿童自我评价开始发生的年龄的转变期是 3—4 岁。3—4 岁，儿童的自我意识发展速度很快。4 岁时，大约 63.33%的幼儿可进行自我评价。5—6 岁的儿童绝大多数已能进行自我评价（人数达到 90%）。5 岁儿童的自我评价开始脱离成人的评价，有了一些自己的独立性。

◇2—3 岁，儿童对引起事情的原因只有模糊的了解，他们的行为直接受行为的结果所支配，因而这个年龄段的儿童既不是道德的，也不是不道德的。从 4 岁开始，有 71.67%的儿童能够运用一定的道德行为规范来评价自己和他人关系的好坏。4 岁以后的儿童，还能根据一定的道德行为规范来对待长者；但是 4 岁的儿童还不能自觉模仿成人从社会意义上来评价道德行为的好坏。5—6 岁，儿童能够在一定程度上模仿成人从社会意义上评价道德行为的好坏。

◇3—6 岁，儿童的侵犯行为随着年龄的增长而增加，身体攻击在 4 岁时达到顶点。对受到的攻击有生气的报复倾向，3 岁时明显增加。进攻的挑起者和侵犯形式也随年龄变化，身体攻击减少，言语攻击增多。3—4 岁，儿童攻击的个别差异已具有明显的稳定性。

自尊的发展

◇1.5 岁以后，儿童产生羞愧、自豪、骄傲、焦虑、内疚、同情等情绪。惊奇（1 岁），诱因为新异事物的出现；害羞（1—1.5 岁），诱因为熟悉环境中陌生人的出现；轻蔑（1—1.5 岁），诱因为欢快情况下显示自己的成功；自罪感（1—1.5 岁），诱因为抢夺别人的玩具。

◇幼儿早期的体验主要表现为与生理有关的愉快和愤怒，是较为低级的自我体验；而委屈、自尊、羞愧感等较为高级的社会性体验还很少。但随着年龄的增长，儿童的各种体验都在发展，社会性体验也在逐渐增强。

◇儿童在 3 岁左右出现自尊的萌芽。如犯了错误感到羞愧，怕别人讥笑，不愿意当众被训斥等。不同年龄体验到自尊的人数比例是不同的，3—3.5 岁为 10%，5—5.5 岁为 83.33%，6—6.5 岁为 93.33%。

◇幼儿对情感体验的自我感觉是需要暗示、逐渐培养的。3—3.5 岁幼儿的自我体验：愉快（23.33%）、愤怒（20.00%）、委屈（10.00%）、自尊（10.00%）、羞愧感（3.33%）。4—4.5 岁儿童的自我体验：愉快（56.67%）、愤怒（66.67%）、委屈（60.00%）、自尊（63.33%）、羞愧感（43.33%）。5—5.5 岁儿童的自我体验：愉快（100%）、愤怒（100%）、委屈（100%）、自尊（83.33%）、羞愧感（90%）。

◇4 岁左右，儿童自我情绪体验由心理需要相关联的情绪体验（愉快、愤怒）向社会性情感体验（委屈、自尊、羞愧感）不断深化发展，同时又表现出易受暗示性。5—6 岁，儿童大多数已表现出有自我情绪体验。动手做事有利于幼儿情绪情感体验的发展。

◇幼儿晚期，道德认知开始向自律阶段转化，但真正达到他律道德或道德相对论阶段，则是儿童在上小学以后。

社会交往

◇16—24 个月，幼儿社会性游戏明显多于单独游戏。幼儿更喜欢与同伴玩，与同伴游戏的频率明显多于与妈妈玩游戏，而且没有一个幼儿愿意与陌生人玩游戏。

◇16—18 个月，是幼儿交往能力发展的转折点，此后，幼儿参与社交性游戏的频率迅速增长。

◇23 个月，幼儿愿意参加游戏活动，发展语言能力和记忆力。这时期的幼儿能理解成人的一些指令。让幼儿完成简单的记忆任务，可发展他们的有意记忆。

◇2 岁左右，幼儿的社会性游戏在数量上超过单独游戏，而其社会性伙伴则更经常是同伴，与母亲的交往表现出明显下降的趋势。

◇从 3 岁起，儿童偏爱同性伙伴，经常与同性伙伴在一起游戏、活动。

◇3 岁以后，儿童的交往频率更高，交往的时间更长，交往活动的种类更多，交往的积极性和主动性增强，合作性游戏随着年龄的增长而增多。3—4 岁，依恋同伴的程度和与同伴建立友谊的愿望有显著增长。

◇从 4—5 岁儿童的亲社会行为能够预测他们 19 岁时的亲社会关系。

◇儿童在与同伴的交往中学习如何与他人建立良好的关系、保持友谊和解决冲突，怎样对待领导与被领导的关系，怎样对待敌意与专横，怎样对待竞争与合作，怎样处理个人与小团体的关系。

性别认知

◇2.5—3 岁，儿童获得了基本的性别认同，并开始形成性别图式。

◇大多数 2.5—3 岁的儿童能正确说出自己是男孩或女孩，但不能认识到性别是不变的属性。3—5 岁的儿童还不能理解性别的坚定性。3—7 岁的孩子将性别角色标准看成是不容侵犯的、所有人都必须遵守的准则。5—7 岁，儿童才开始理解性别的坚定性。儿童先是理解自我的性别坚定性，继而理解同性别他人的性别坚定性，最后理解异性别他人的性别坚定性。

◇从 3 岁起，儿童偏爱同性伙伴，经常与同性伙伴游戏、活动。3—4 岁，依恋同伴的程度和与同伴建立友谊的愿望有显著增长。

◇4—6 岁是男女儿童认知和个性发展的一个转折期。

◇4 岁时，女孩在独立、自控、关心人与物等三方面优于男孩。

◇6 岁时，男孩在好奇心、情绪稳定、观察力等三方面优于女孩。

性格

◇3—4 岁的儿童尚未形成稳定的性格。在这个年龄段，性格发展的年龄特征尚未处于优势，即这一阶段的儿童性格中共同特征占主要地位。

◇5 岁左右，儿童才开始形成初步的性格，幼儿的性格出现明显的差异。

了解儿童游戏

游戏在儿童成长中的价值

维果茨基认为游戏是影响 2—6 岁幼儿发展的重要的或“主导的”因素，学前期是典型的游戏期。游戏大多是通过各种各样的动作进行的，在游戏中孩子身体的各个器官都处于活动状态，因此游戏成为锻炼孩子身体的有效手段。在游戏活动中，孩子的感知觉、注意、记忆、思维、想象都在积极地活动着，因此游戏能够促进孩子智力和语言的发展。各种角色扮演游戏，在帮助儿童理解和认识社会的同时，也涵养了儿童相应的美德品质。此外，游戏环境本身就是一种美的教育，在潜移默化中可以起到培养幼儿审美能力的作用。总之，游戏是孩子快乐的源泉，孩子是在游戏中学习和成长的。

儿童游戏的种类与特点

动作游戏

婴儿的身体运动游戏可以分为三个阶段：有规律的重复动作、练习性游戏、追逐打闹游戏。

◇有规律的重复动作是指婴儿没有目的的、重复进行的大肌肉动作，例如踢脚、摇动身体等。这种有规律的重复动作在很早就出现，在婴儿 6 个月时达到高峰。

◇婴儿的练习性游戏往往以亲子游戏的形式出现，同时往往与玩物游戏结合在一起。

◇追逐打闹游戏指幼儿奔跑、跳跃、互相追逐，伴随着高声大叫、大笑或扮鬼脸的行为。追逐打闹游戏是以身体和动作为“材料”的游戏，在这种游戏中，幼儿对同伴身体所做的攻击性动作，是假装的而不是真实的，所以这种游戏也是一种假装游戏。

玩物游戏

◇在出生后的最初两年里，婴儿探索物体的游戏动作表现出以下发展规律：

从最初的、未分化的、重复的动作，逐渐地发展为有组织、有顺序的动作模式。

从最初受物体的支配和控制逐渐发展到能够控制物体，并进一步概括化地把它运用到其他物体上。

从对物体的物理性质的探索和物理关系的掌握过渡到对物体的社会性特征和象征性关系的探索和掌握。

婴儿玩物动作的发展

类别	定义	发生月龄
敲打		7，9，13
关联动作	简单的关联动作：能够把两个物体关联起来，但没有找到物体之间的正确关系。	9，13，20
	顺应性关联动作：发现物体之间的关系。如：把杯子放在茶碟上，把勺子放在杯子里。	9，13，20
	归类动作：把两个相似物体放在一起。如：把杯子和杯子、勺子和勺子放在一起。	20
象征性动作	假装的动作。	13，20
序列性动作	连贯的平行动作。如：把一个杯子放在一个茶碟上，然后把另一个杯子放到另一个茶碟上。	20
	主题变化的连贯动作。如：用勺子在水壶里搅了一下，又在杯子里搅。	

亲子游戏

◇亲子游戏是最初两年儿童游戏的主要形式，成人是婴儿与物质世界之间的中介。在婴儿出生后的最初两年里，亲子游戏是婴儿游戏的主要形式。

◇早期亲子游戏的发展趋势是婴儿从被动到主动。刚开始，婴儿在游戏中扮演被动角色，他们非常喜欢与成人的共同游戏。大约8个月的时候，婴儿开始成为主动的角色；12个月时，婴儿可以带着大人玩，主动地发起游戏。这种趋势表明，成人应尽早开始和孩子玩。

社会性游戏

社会性角色扮演游戏是角色扮演游戏的成熟形式，也是象征性游戏发展的最高水平。

◇3.5岁的幼儿能够区分游戏与非游戏行为。

◇3—4岁的幼儿能够提出自己个人的游戏目的，但是不能提出共同活动的目的。

◇4—5岁的幼儿能够提出自己个人的游戏目的，而且相当多的（大约为80.4%）幼儿能够提出共同游戏的目的。

◇5岁的幼儿能够了解游戏的组织规则并促进游戏主题的发挥。

◇5—6岁的幼儿大部分（大约为92.2%）能够提出共同游戏的目的，游戏目的的稳定性有明显提高（平均可达30分钟左右）。

语言游戏

◇语言游戏是早期亲子游戏的一种表现形式。在嬉戏性的“对话”中，婴儿可以模仿母亲的姿势、表情、语言，获得许多特定的人类经验，包括轮流、等待、重复等社会性活动的基本因素。

◇在出生后第二年的游戏中，幼儿相互之间已经会交换微笑并用语言交流。婴儿在游戏中的交往意图包括：争夺物体的拥有权，模仿彼此的动作，交换物体，模仿彼此的声音，互相攻击，对伙伴作出积极的情感反应，对伙伴作出积极的言语反应，跑进跑出，跑和追，玩躲猫猫，协商，追逐打闹。

◇对2—5岁幼儿游戏中的语言的特点和功能的研究发现，幼儿游戏中的语言具有标记、确证、表明自己动作状态等43项功能。

象征性游戏

◇象征性游戏的重要特征是“以物代物”，

即用一物去假装当作或代替另一个不在眼前的物体。正是通过“以物代物”，幼儿为自己创造了特殊的游戏条件。

◇象征物和被象征物之间的替代关系是建构式象征性游戏的认知发展基础。

◇象征性游戏的出现，标志着婴儿思维的进步。

◇“代替物”和“被代替物”之间的代替关系的建立，标志着象征性功能的出现，即理解符号或象征物与它所代表的物体之间的关系的能力。

◇“以物代物”的出现标志着思维的概括化，它包括两种概括与迁移：物的概括与迁移；动作的概括与迁移。

象征性游戏是2—6岁幼儿典型的游戏形式。在这一时期，象征性游戏进入了发展高峰期和成熟期。

象征性游戏的基本机构要素：动作的去情景化，以物代物和角色扮演是象征性游戏的基本结构因素，也代表着象征性游戏发展的不同水平。

◇动作的去情景化是指动作与原有的情景分离而使动作具有象征意义。例如：婴儿靠在成人身上，闭上眼睛，笑嘻嘻地假装睡觉。

◇“以物代物”是用当前物体代替不在眼前的或想象中的物体。“以物代物”的出现标志着物体和动作的双重概括和迁移。以物代物的发展经历三个阶段：即情景转变（1—1.5岁）、动作象征（1.5—2岁）、以改变物体名称为特征的真正的以物代物。

◇角色扮演是假装把自己当作别人（例如医生），并通过自己的动作、姿势、表情、语气、语调等把自己所扮演的这个“他人”（包括社会身份、职责、态度和动作特征等）表现出来。

婴幼儿的象征性行为

象征性动作	例子
动作假装	用玩具杯喝水。
假装的人	用玩具勺子喂布娃娃。
想象的替代物	用贝壳喝水。

象征性动作	例子
假装做出一系列有顺序的动作	吃饭、去商店、上床睡觉。
假装对物体做出一系列有顺序的动作	给布娃娃喂饭、穿衣。
双重的代替	把衣服夹当成娃娃，把衣服当成床。

儿童游戏的主要内容

动作游戏

◇0—3 个月，成人与幼儿一起玩交互的模仿性游戏。如：脸对脸的接触、微笑、吐舌头、摇头、模仿婴儿的声音、和婴儿说话、让婴儿拉成人的小手指等。

◇3—6 个月，成人与婴儿一起玩逗婴儿笑、胳肢婴儿、和婴儿做鬼脸等游戏。

◇6—12 个月，成人与婴儿一起玩交互的动作模仿游戏：如：玩伸胳膊、蹬腿、爬的游戏，玩“骑大马”或“摇啊摇，摇到外婆桥”等民间游戏。

◇12—24 个月，成人与幼儿一起玩爬或走、追与被追、藏和找的游戏。

◇2 岁以后，由于身体运动能力的发展，幼儿的动作游戏非常明显地发展为身体运动游戏。

◇3—4 岁，幼儿不但可以很好地走和跑，而且可以用脚尖走路，用单脚站立，非常喜欢骑三轮车。

◇4—5 岁，幼儿可以双脚跳跃、攀爬、单脚跳跃和快跑。因此，幼儿非常喜欢玩追逐打闹的游戏以及一些运动游戏或球类游戏。

◇5—6 岁，幼儿的动作技能更为成熟，可以学会跳绳、做健美操、走平衡木等。

玩物游戏

1. 区分自己和物体

◇1—4 个月，婴儿的游戏主要是注视和练习身体动作。他们玩弄自己的身体，享受着亮丽的颜色和有趣的声音。

2. 探索和摆弄物体

◇4 个月时，婴儿表现出对物体的兴趣。婴儿对周围的物体感到新奇，他们开始探索和玩弄物体。咬和看往往是探索的第一步。

◇婴儿摆弄物体的方法随年龄增长而变化。最初婴儿对待物体的方式是笼统不分化的，他们用同样的方式（咬、摇、敲打、看、听等）对待所有的玩具或物体。以后婴儿的动作逐渐分化，他们能够对不同的物体做出不同的动作，动作也更适合于物体本身的特性。

◇7个月左右，婴儿可以用拇指和食指拿捏较小的东西。

◇8个月时，婴儿可用手拿玩物。

◇15个月大的学步儿喜欢不停地走动，看到物品就一个一个地拿起来，然后又一个一个地丢下。

◇18个月时，学步儿的大肌肉动作比较成熟，活动力比较旺盛，摆弄物体的行为也更有目的性。他们能够拉着玩具，抱着娃娃、玩具熊，模仿成人阅读或打扫卫生。

◇24个月时，学步儿能够拿着物品敲敲打打，能够穿珠子，将珠子反复装入或倒出盒子。

◇不满1岁的婴儿通常一次只能玩一个玩具，而且玩法很不固定。他们按照自己的方式来对待物体，而不是按成人所期望的或社会约定俗成的方式来操作和使用物体。

◇1—2岁，幼儿摆弄单一物品的行为频率逐渐减少，他们逐渐能够两手同时拿不同的东西。1岁以上的学步儿，通常能够同时摆弄几个玩具，能够按社会约定俗成的方法来使用物品。

3. 关联物体

◇能够把两个物体关联起来，标志着婴儿认知发展到新的阶段。象征性游戏的关键特征——以物代物，就是在眼前物体和不在眼前物体之间建立起某种联系。

◇1岁以后，幼儿可以根据过去的经验重组已经掌握的动作以产生新的动作图式。

◇2岁以后，幼儿可以按照成人所期望的社会化方式来对待物体，能够注意到物体的物理特性，知道物体在日常生活中的用途和使用方法。以摆弄和操作物体为特征的玩物游戏在2岁以后的发展方向是结构性游戏。研究显示，结构性游戏在2—3岁占25.5%，3—4岁占26.8%，4—5岁占29.2%。结构性游戏虽然在不同年龄比例没有显著差异，但在发展的成熟程度上有差异。

◇2岁以后，幼儿在无意识地使用物体的过程中，往往偶然地将物体结合起来组成了某种形状。以后这种无意识的建构逐渐转变为目的性较强的建构性活动。

◇3岁幼儿有一定的建构意图但目的性不明确，往往是先做后想，不能按一定的目的坚持下去。3岁以后的幼儿经过多次练习，建构的计划性、目的性逐渐增强。

◇4—5岁幼儿的建构活动不仅具有模仿的因素，而且表现出创造性。

亲子游戏

◇在共同游戏中，婴儿开始学习游戏的基本技能。如：等待、轮流、共同参与、假装、重复等，并很快学会自己玩。

◇以"躲猫猫"游戏为例，说明婴儿如何从被动的游戏者转变为游戏的主动发起者。

◇由于记忆的发展和物体恒常性知觉的出现，使婴儿能够从"躲猫猫"游戏的物体"消失—再现—消失"中获得乐趣。大约在婴儿8、9个月时，可以和婴儿玩"躲猫猫"游戏。

◇刚开始时，成人（母亲）用手或者手绢把自己的脸遮盖住，过一会儿把手拿开，同时说"闷儿"。这种动作配合着声音，使婴儿感到惊奇和快乐。在婴儿有一定经验的基础上，才可以遮住婴儿的脸，当遮盖物从他的脸上拿开时，他也会模仿说"闷儿"。

◇12个月以后，幼儿开始把手绢从自己的脸上或母亲的脸上拿开。

◇15个月时，这种一开始由成人发起的游戏演变为由幼儿发起的游戏。幼儿模仿先前成人示范过的动作与声音，使"有趣的情景"再度发生。15个月时，幼儿已能行走，他开始自发地表演这个游戏，以引起成人的注意。幼儿躲在门边、椅子后面或者桌子下面，一会儿出现，一会儿消失，重新出现时就发出"闷儿"的声音。

◇在"躲猫猫"游戏中，婴幼儿从一开始作为成人发起游戏的参与者到后来能够发起并维持游戏，大约需要6个月时间。

社会性游戏

◇2岁以后，幼儿逐渐从与成人的协同游戏转向自己独立游戏。与此同时，同龄幼儿开始成为幼儿重要的游戏伙伴，幼儿逐渐学会与其他幼儿 起游戏。他们的游戏经历了从独自游戏向合作游戏的转变过程。

◇3岁以前的幼儿倾向于自己单独玩。他们的游戏情节简单，往往长时间重复一个动作。幼儿在游戏中的模仿、想象和语言往往都是以自我为中心的。他们的目的稳定性较差。

◇从3岁开始，幼儿游戏的社会性水平逐渐提高。

◇4岁左右的幼儿与同伴交往的愿望变得强烈，他们对多角色的集体游戏表现出特殊的兴趣，并努力地去理解和表现自己所扮演的角色。4岁是幼儿游戏的社会性水平发展的转折点。4岁时，平行游戏、协同游戏、合作游戏的水平都有相对较大的提高。

◇柏顿的研究发现，以同伴交往为特征的幼儿社会性游戏行为因年龄而不同：2—3岁幼儿的游戏中出现较多的是无所事事的或旁观的行为，独自游戏和平行游戏也较多；3.5—4.5岁的幼儿以协同游戏居多；4.5岁以上的幼儿以合作游戏居多。2—4.5岁时，独自游戏和平行游戏逐渐减少，合作性的小组游戏逐渐增多。

◇平行游戏在2—5岁基本呈增长趋势，3岁左右无显著变化，4岁时发展很快。在2—3岁、3—4岁、4—5岁幼儿的游戏行为中，平行游戏所占的比例分别为4%、5.1%、12.6%。

◇协同游戏在2—5岁随年龄增长而增长，3岁左右无显著变化，4—5岁时发展很快，在2—3岁、3—4岁、4—5岁幼儿的游戏行为中，协同游戏所占的比例分别为3%、4.2%、28.8%。

◇合作游戏随年龄的增长而发展，到4岁左右才出现。4—5岁逐渐以协同、合作游戏为主。

◇独自游戏在2—5岁的三个年龄并无显著差异。在2—3岁、3—4岁、4—5岁幼儿的游戏行为中，独自游戏所占的比例分别为45%、53.3%、44.5%。

◇规则游戏是伙伴游戏的特殊形式，一般认为规则游戏代表游戏发展的高级阶段。如果以游戏者对于游戏规则意义的理解和掌握作为规则游戏成熟的标志，那么规则游戏大约要到6岁左右才可能出现。规则游戏虽然是通过“传递”获得的，但是儿童对于游戏的规则或者玩法的理解却具有个人的和年龄的认知特征。

语言游戏

◇2—3 岁，幼儿在独处的时候往往反复地发出有规律而无意义的声音（如“嘀嘀嗒”“嘀嗒嗒”“嗒嗒嘀”），并伴随着一些动作，仿佛是在进行语言的探索，这是练习性游戏的表现形式。

◇3 岁以后，同伴游戏增多，同伴之间的交谈也随之增加。

◇3 岁半左右，幼儿的社会性游戏出现了各种结构和形态复杂的语言，同时也出现了以对语言的嬉戏性运用为特征的自发性的韵律游戏和单字游戏、幻想和无意义的玩弄词语的游戏。猜谜语、说笑话、念儿歌等，都是幼儿喜爱的语言游戏。

◇4—5 岁时，各种不同结构的语言（如儿歌、歌谣、说反话、颠倒歌）被使用在各种游戏中，使游戏更富有意义和乐趣。

象征性游戏

◇最初的象征性游戏主要是婴儿自己“日常生活”动作的再现，具有“我向”的特点；同时，婴儿自己既是动作的主体，也是动作的受体。例如：假装从空杯子里喝水。

◇婴儿的象征性动作的主要特点是“动作的迁移”。由于婴儿还不能辨别和分析物体的特征和功能，他们一般不注意物体的细节。一个东西只要能够帮助他们做出他们想要做的动作，都可以成为“代替物”，而不管“代替物”与“被代替物”之间是否相像。

◇约 1 岁半以后，幼儿常常出现对他人（洋娃娃、动物或母亲）的假装动作。例如：喂洋娃娃。

◇象征性游戏的发展表现为象征性动作的扩展和联合：婴儿最初的象征性动作是单个动作，而且往往在同一对象上重复多次；以后逐渐地能够有顺序、连贯地做出几种不同的动作。在 2 岁末，象征性动作和语言等因素在游戏中被整合起来，从而使游戏的内容更加丰富。

◇约在 2 岁的时候，婴儿开始能让洋娃娃成为独立的行动者，而不是受他照顾的接受者。如让洋娃娃自己吃、走、开车。这种“导演游戏”的出现表明婴儿已开始能够把别人看作独立的、具有行动能力的个体。

◇一直到第 2 年年末，儿童游戏中的象征性游戏的数量还比较少，数量的多少往往与成人或伙伴的影响有关。

◇幼儿角色扮演能力的形成需要经历一个发展过程。幼儿的角色扮演循着“角色行为—扮演意识—角色认知”的路径发展。

◇3 岁前，儿童角色扮演的特点是，他所扮演的成人的角色是具体的，角色还不具有概括性。

◇最先出现的是模仿性的角色行为。2—3 岁，幼儿常常模仿成人的动作，但是却没有角色扮演的意识。例如：幼儿双手转动着方向盘，嘴里发出“嘀嘀”的声音假装开汽车，但是他还没有角色扮演的意识。

◇幼儿开始扮演角色时更多关注的是“物”而不是“人”。例如：幼儿之所以要当“警察”是因为对警察叔叔的指挥棒感兴趣，满足于用指挥棒“指挥”的动作。

◇2 岁以后，“以物代物”的行为有新的发展，表现在幼儿对于“物”的逼真性的依赖降低，他们可以用也可以不用玩具，就可以做出想象的行为，甚至可以用语言来塑造想象的情境。

◇真正的角色扮演行为出现在 3 岁末 4 岁初，角色扮演开始成为幼儿游戏的目的，角色引导着幼儿的游戏行为：幼儿以自己确定要扮演的角色为依据选择适宜的物品，计划和组织自己的行动。幼儿表现出明显的角色认知。

◇幼儿在角色扮演中能够建立不同角色之间的关系。一个人能够扮演多种不同的角色，可以根据情节的变化产生适宜的角色行为。角色的转换具有顺序性和逻辑性，能够准确逼真地反映角色与角色之间的关系。

◇3—4 岁的幼儿的象征性动作主要是由“物”引起的，他们的象征性动作还需要依靠形象相似的物体作为支柱，要求代替物与被代替物在外形方面有一定的相似性。

◇5—6 岁的幼儿已不在乎代替物的形象是否逼真。他们对于“物”的逼真性的依赖降低，他们可以用也可以不用玩具就做出象征性动作，还可以对玩具或材料加以改造来构成一个新的代替物。

儿童游戏性别风格差异

◇儿童在游戏行为上表现出与性别相适应

的风格。一般来说，男孩喜欢跑、跳等运动量较大的游戏，女孩则喜欢运动量较小、安静的、坐着玩的游戏。这种性别差异表现在各种不同类型的游戏中。

◇在象征性游戏中，女孩比男孩表现出更强的、不依赖于逼真的游戏材料玩游戏的能力。

◇在角色扮演上，女孩扮演的角色以家庭生活为定向（例如母亲等），表现出更多养育行为。而男孩往往很快越过家庭、医生和学校等熟悉的或与日常生活相近的主题，选择诸如航天员、超人等不熟悉或偏离日常生活的主题，扮演超人、宇航员等幻想性的角色。男孩也倾向于冒险主题，并扮演反面角色和英雄角色，他们经常使用汽车和枪，他们的活动量也较大。

◇在规则游戏中，这种性别差异的表现比较明显。男孩往往分成团队进行游戏。他们的游戏规则较为复杂，包含更多的角色，有更强的竞争性，所需要的技能尤其是动作技能更为复杂。而女孩的游戏则竞争性较少，游戏规则的结构较简单。

◇产生性别差异的原因：

1. 生物学方面因素的影响。如果在胎儿期受到人工雌性激素的影响，则不论其性别如何，都会减少以后参与追逐打闹游戏的频率。
2. 社会文化传统的影响。游戏行为风格的性别差异，与父母的教养方式、社会文化传统有密切的关系。例如，研究发现，13—14 个月幼儿所表现出的攻击性行为在数量上并没有显著的性别差异。但是，成人对待男女婴儿的攻击性行为的态度是不同的。对于女孩的攻击性行为，成人表现出忽视的态度，往往不加注意，不给予任何反应。但对于男孩的攻击性行为，成人往往表现得很在意，总是试图去纠正或转移这种行为倾向。这样，结果是强化了男孩的攻击性行为倾向（这使男孩了解到如何才能获得成人的注意）。
3. 伙伴的影响。相同性别的儿童在一起游戏，其平行游戏和合作游戏的频率，分别是异性儿童平行游戏和合作游戏的 2 倍和 4 倍。儿童倾向于和同性别伙伴游戏，可能是能力、性别角色刻板化、有共同的兴趣等因素混合而成的结果。

成人在儿童游戏中的角色承担与作用

基本原则：在与婴幼儿进行游戏时，应以婴幼儿的反应为引导而不是以成人的刺激为引导。这是成人在和婴幼儿的游戏中需要遵循的一个重要原则。

出生后第1个月

◇提供无活动限制的服装、摇篮和在婴儿醒着时能够引起婴儿注意的环境。

1—4个月

◇在婴儿的环境中提供变化的因素。

◇抱着婴儿四处走走。

◇把婴儿举起来。

◇把婴儿放在摇篮里。

◇观察、讨论、记录婴儿的变化。

◇把音乐玩具打开，放在婴儿看得见的地方。

◇把玩具放在婴儿的手里或他可以够得着的地方。

◇给婴儿穿可以自由活动的服装。

◇为婴儿的重复活动提供时间和空间。

4—8个月

◇观察婴儿的重复性动作，提供能够支持这种重复性动作的材料。

◇把积木、娃娃、球和其他玩具放在婴儿够得着的地方，想方设法吸引他去看、够、拿物品或玩具。

◇做一个动作并等待婴儿的模仿，然后再一次重复这个动作。例如：笑、张开嘴。

◇为婴儿提供安全无限制的环境、实际的动作和语言支持，鼓励婴儿练习滚、坐和爬。

◇提供软而牢固的物体供婴儿站立，并加以鼓励。

8—12个月

◇把玩具放在婴儿的身边。

◇和婴儿用手绢玩“躲猫猫”游戏。

◇面对婴儿，把积木放在自己身后，并用语言描述自己的动作。例如：“我把球放在自己的身后。”

◇为婴儿游戏提供时间和空间。

◇用学步车等作为支持物，伴之以表扬，鼓励婴儿独立行走。

12—18 个月

◇和幼儿玩“藏和找”的游戏。在幼儿注视的时候，当着幼儿的面把东西藏在枕头或毯子底下，并问：“它在哪里呀?”“你能找到它吗?”观察幼儿的反应，鼓励幼儿去找，表扬幼儿的注意和思考。

◇允许幼儿玩水，赞赏幼儿发现物体放在水里后的各种表现。

◇刺激幼儿思考和尝试新的主意。

◇提问，但不要直接告诉幼儿答案。

◇鼓励幼儿“假装”。

◇允许幼儿重复自己的游戏，发展自己的爱好。

18—24 个月

◇给学步儿时间，让他们自己去思考，寻找物体，观察他们在游戏中表现出来的对于事物的认知，允许他们在游戏中发生与玩具和材料相关的冲突。

◇观察和辨认学步儿游戏的连续性的主题，为他们提供服装和材料，支持他们扮演角色。

2—6 岁

◇鼓励幼儿进行伙伴交往和适宜的游戏行为，引导幼儿的亲社会性行为，干预幼儿的攻击性行为，并为之提供适宜的示范。

◇为幼儿开展游戏提供适宜的玩具和游戏材料，尤其是提供有益于促进幼儿学习和解决问题的开放性材料。

◇利用各种途径和方法（包括讲故事、看图书、参观访问、谈话等）来丰富幼儿的生活经验，为幼儿开展游戏奠定经验和基础。

◇为幼儿开展合作的和协商性的角色扮演游戏创造条件和机会，建议或示范适宜的角色行为。

◇为幼儿提供丰富的美工活动材料，鼓励幼儿通过建构来表达自己的想象和生活经验。

◇向幼儿介绍和提供规则简单的规则游戏，以便他们以后能够自己独立游戏。概率性的规则游戏比策略性的规则游戏更适宜，同时不宜过于强调规则游戏的输赢。

◇注意在游戏中观察和了解不同性格和发展特点的幼儿的游戏情况，进行适宜的个别化指导。

◇各种类型的游戏无显著的性别差异。因

此，在看待和指导幼儿的游戏时，成人不应该有性别定式，而应为男孩、女孩提供均等机会，让他们去接触各种不同类型的游戏，使他们的身心得到平衡协调的发展。

插画：宋雪

玩具与游戏材料

玩具的价值与选择原则

◇玩具一开始就被人们用作教育和训练的工具。人们创造玩具，不仅仅为了“娱乐”儿童，更重要的是为了帮助他们掌握学习和生活的实用技能、技巧。玩具承载着社会和成人的教育目的以及对于儿童的期望。

◇美国一项关于学龄前儿童教育计划的研究显示：给儿童过多的玩具或不适当的玩具会损害儿童的认知能力，因为儿童在如此多的玩具面前会显得无所适从，无法集中注意力玩一件玩具。

对玩具的性别认同倾向

◇18－24 个月时，幼儿就在玩具的选择上表现出反映社会期望的性别认同倾向。女孩喜欢选择娃娃和家事活动方面的玩具，男孩喜欢选择交通工具、士兵之类的玩具。这种性别偏向是普遍存在的跨文化现象，在美国、欧洲与亚洲幼儿身上都发现了这种对性别化玩具的性别认同倾向。

◇性别认同倾向不同的原因：

1. 生物学方面的因素影响。如果幼儿在出生前或出生后几个月内受到高度的雄性激素的影响，那么，3－8 岁时，这些幼儿不论男女，都会对传统的男孩玩具表现出较大的偏爱。
2. 来自社会文化的影响。父母在与子女的相互作用过程中，加入了大量的文化期望与行为的规定性，他们用各种标准、价值、风俗与习惯来要求子女。子女从父母的各种反应中，逐渐懂得父母所期望的东西，并不断修改与调整自己的行为，以符合父母的期望。除了父母以外，同性别的伙伴也对儿童玩具选择上的性向形成有一定的影响。儿童，尤其是男孩，如果没有按照伙伴团队的标准来选择和使用玩具，并产生适宜的游戏行为，就会有被伙伴团队排斥的危险。

3. 大众媒介的影响。大众媒介对儿童玩具选择中的性向形成也有不可忽视的作用。电视广告是展示定型化的性别角色的重要渠道。广告中，儿童大都以传统的性别角色出现。在玩具广告中，很少看到男孩和女孩在一起玩的情境。研究发现，经常看电视的3岁幼儿比电视看得少的同伴有更多的性别角色定型观念。

不同年龄段儿童玩具与游戏材料

3岁及3岁以下婴幼儿使用的玩具，最重要的是应该考虑与小零件有关的潜在的噎塞和窒息危险，以及与玩具材料可燃性及可迁移元素含量有关的潜在危险。

3岁以后，幼儿从过去主要和成人协同游戏，到逐渐学会自己独立游戏和与伙伴共同游戏；从最初的依赖实物、要求玩具的逼真性发展到对实物依赖逐渐减少、可以使用象征性的动作、物和言语游戏。此阶段玩具与游戏的选择，更倾向于游戏学习和成长的需要。

适合0—1岁婴儿的玩具和游戏材料

1. 发展视觉和听觉的玩具：能缓慢移动、声音柔和、色彩明亮、设计简单、线条和造型清楚的玩具。玩具应置于婴儿的右边（在80%的时间里，婴儿的眼睛是看右方的，因此玩具放在右边比较能引起其注意）。

2. 发展手的动作的抓握玩具：摇铃、拨浪鼓等或大小适宜、安全的玩具。玩具质地柔软、有弹性、耐咬、耐洗，造型简单，色彩明亮，适宜于婴儿手的操作能力。例如：套叠玩具、推拉玩具、球、软塑料玩具等。

3. 发展婴儿自我意识的玩具或材料。如：镜子。

适合1—2岁幼儿的玩具和游戏材料

1. 能发出声响、增进感知觉发展和

大肌肉动作发展的玩具或材料。如：推拉玩具、木马、球等。

2. 建构玩具：积木、拼图。积木以小而轻为宜，数量不必多，因为学步期间的婴幼儿只是堆积木而不会建构模型。一般一个学步儿以 20—30 块积木为宜，拼图以 2—3 块为宜，18 个月以后可以增至 3—5 块。

3. 塑料桶、塑料盆等玩水的材料是幼儿喜爱的玩具。

4. 蜡笔等可以引起幼儿涂鸦的兴趣。

5. 促进认知和培养探索兴趣的玩具。大小适宜、安全的家庭生活用品、空盒子、罐子等是学步儿感兴趣的游戏材料。

6. 录音带、简单的图画书等。开始亲子共读的活动，激发和培养幼儿对阅读的兴趣。

7. 促进幼儿的象征性游戏和相关能力发展的玩具。例如：电话、杯、盘，造型简单、重量较轻的玩偶、填充玩具等。

适合 2—3 岁幼儿的玩具和游戏材料

1. 能促进大肌肉动作技能发展的推拉玩具（如婴儿车、四轮车）、球（以直径 25—30 厘米为宜）、骑乘玩具（如小三轮车，在幼儿 30 个月大的时候提供为宜）、让幼儿钻进爬出的空纸箱等；玩沙、玩水的材料（如桶、铲子、筛子、船等）。

2. 促进幼儿思维发展的玩具。可以让幼儿进行造型、配对、排序、计数等活动的玩具和材料。

3. 促进问题解决能力发展的玩具。软积木或单元积木，配合建构性游戏的玩具车辆、玩具动物等；拼图（30 个月以下的幼儿以 4—5 块为宜，30 个月以上的幼儿以 6—12 块为宜）。

4. 促进认知、语言和表达能力发展的玩具。逼真性程度较高的模拟实物的玩具；满足幼儿阅读、随意涂鸦、表演和创作的图画书、纸、蜡笔、黏土、手指画、安全剪刀以及简单的乐器（如鼓、铃鼓、沙铃、三角铁等）。

5. 促进自理能力和独立品质发展的玩具。幼儿练习穿、脱衣服或扣扣子、拉拉链的玩具或材料。

适合 3—6 岁幼儿的玩具和游戏材料

玩具的提供不仅要注意数量，还要注意种类，以满足幼儿日益增长的探索和创造的兴趣。

1. 促进大肌肉运动能力发展的推拉玩具（如婴儿车、吸尘器、除草机）、球、骑乘玩具（如三轮车、四轮车）。

2. 增进小肌肉动作技能发展的玩具或材料（如串珠、编织等）。

3. 可促进幼儿思维和推理能力发展的、支持幼儿进行比较、分类、配对、排序、计数、测量、实验活动的游戏材料。如：拼图（拼图的数量可增至12—50块）、磁铁、放大镜、三棱镜、温度计、罗盘、尺子、听诊器、手电筒、岩石、贝壳、水族箱等。

4. 满足幼儿建构需要的大型的空心积木、中型的单元积木等。

5. 促进感知觉和建构、创造力发展的玩具。如：玩沙、玩水用具等。

6. 促进认知和创造力发展的玩具。如：废旧物品（盒子、大纸箱、旧的衣物鞋帽）或日常生活用品等。

7. 促进动手能力和认识发展的玩具。如：各种偶类玩具（包括手偶、纸偶等）、交通工具玩具。

8. 促进语言、表达和审美能力发展的玩具。如：图书、蜡笔、彩色笔、水彩笔、画板、纸张、安全剪刀、胶水、黏土、颜料等。

9. 促进音乐技能和素养发展的玩具。如：录有富有节奏的音乐、儿歌、童谣的录音带，响板、木琴等打击乐器。

必须要关注的玩具安全

玩具带来的潜在伤害

重视玩具安全的目的是儿童在正常使用或可预见的合理滥用状态下，最大限度地避免因玩具自身的某些缺陷给儿童造成伤害。这些缺陷可能来自设计、制造工艺或制造材料。造成的伤害可能有：

1. 中毒（毒性）和其他有害物质的伤害。

2. 烧伤或烫伤。

3. 窒息，勒死。

4. 吸入或咽下异物。

5. 跌落。

6. 其他机械伤害，包括切伤、撕裂、擦伤、眼伤、头伤和听觉伤害。

7. 电击。

8. 水上偶然事故的伤害。

选择玩具时须注意的事项

安全的玩具，应该在正常使用（按玩

具的操作说明，或按传统的、习惯的、明显的玩具玩耍方式）状态下不会出现危险，在可预见的合理滥用（按非供应商推荐的方法使用玩具，但在正常情况下可能发生的使用方式，包括通过把玩具组合等儿童的自由正常行为）状态下也不会出现危险。

玩具的机械和物理性能：

材料

所有材料应清洁干净、无污染。由膨胀材料制成的能完全容入小零件试验器的玩具或玩具部件，进行浸泡测试时任何部分膨胀不应超过原尺寸的50%。

小零件

预定供36个月及以下婴幼儿使用的玩具及其可拆卸的部件或经过可预见的合理滥用测试后脱落的部件，不应完全容入小零件试验器。

预定供37—72个月婴幼儿使用的玩具或其可拆卸部件如能容入小零件试验器，应设警示说明。

某些特定玩具的形状、尺寸和强度：

供36个月及以下婴幼儿使用的玩具不应是小球或含有可拆卸的小球；供36个月及以下婴幼儿使用的玩具奶嘴的奶头长度不应超过16毫米。

供37—72个月儿童使用的玩具，如果是小球，或含有可拆卸小球，或经可预见的合理滥用测试后脱出小球，应设警示说明。

玩具弹珠、含有可分离弹珠的玩具或经可预见的合理滥用测试后会脱出弹珠的玩具，应设警示说明。

边缘

供36个月及以下婴幼儿使用的玩具不应有可触及的功能性危险锐利边缘。

供37—72个月儿童使用的玩具如果存在功能性锐利边缘，应设警示说明。

供72个月及以下儿童使用的玩具不应有可触及的危险性金属或玻璃锐利边缘。

供72个月及以下儿童使用的玩具的可触及金属边缘不应含有危险的毛刺和斜薄边；应将其做成折边、卷边或曲边，或用永久保护件或涂层予以保护。

供72个月及以下儿童使用的模塑玩具的可触及边缘、边角或分模线不应有锐利的毛边或溢边，应加以保护，使儿童不能触及。

螺栓或螺纹杆可触及的末端不应有外

露的锐利边缘或毛刺；其端部有光滑的螺帽覆盖，不可有锐利的边缘和毛刺。

尖端

供36个月及以下婴幼儿使用的玩具不应有可触及的功能性锐利尖端。

供37—72个月儿童使用的玩具，如果存在功能性锐利尖端，应设警示说明。

供72个月及以下儿童使用的玩具不应有可触及的危险锐利尖端。

玩具中木制部分的可触及表面和边缘不应有木刺。

突出物

对存在刺伤皮肤潜在危险的突出物，应用合适的方式处理，对儿童加以保护。

金属丝和杠杆

用于玩具中起增加刚性或固定外形作用的金属丝或其他金属材料，进行挠曲测试时，不应断裂而产生危险的锐利尖端、锐利边缘或突出物。

用于包装或玩具中的塑料袋和塑料薄膜

塑料薄膜可黏附于儿童的口鼻，导致他们无法呼吸。但如果厚度大于或等于0.038毫米，则危险性较小。

开口周长为360毫米或以上，深度和开口周长的总和大于或等于584毫米的软塑料袋，平均厚度应大于或等于0.038毫米。

绳索和弹性绳

1. 18个月及以下婴幼儿使用的玩具上的绳索和弹性绳的厚度应大于或等于1.5毫米。

2. 18个月及以下婴幼儿使用的玩具上的自回缩绳，自回缩绳驱动机构中可触及绳索的回缩长度不应超过6.4毫米。

3. 36个月及以下儿童使用的拖拉玩具上的绳索或弹性绳，若施以25N±2N拉力后，测量其长度大于220毫米，则不可连有可能使其缠绕形成活套或固定环的珠状物或其他附件。

4. 玩具袋上的绳索。用不透气材料制成的玩具袋，如开口周长大于360毫米，则不应采用拉线或拉绳作为封口方式。

5. 童床上的悬挂玩具、健身玩具及类似玩具，应附有安装说明和必要的危险警示说明。

折叠机构

1. 具有手柄或其他折叠机构部件的玩具推车、玩具四轮婴儿车、玩具摇篮及类似玩具，如果手柄或其他结构部件可能会折叠而压在儿童身上，则最少应有一个主要锁定装置及一个副锁定装置，二者应直接作用于折叠机构上；当玩具安装好后，至少其中一个锁定装置应能自动锁定。

2. 手柄或其他结构部件不会折叠压在儿童身上的玩具推车和玩具摇篮车，至少应有一个锁定机构或安全制动装置，锁定装置或安全制动装置不应失效。

3. 带有折叠机构的其他玩具。可承载儿童质量或相应质量的玩具中的折叠机构、支架或支撑杆，应设有安全制动或锁定装置，以防止玩具的意外突然移动或折叠。

机械装置中的孔、间隙和可触及性

选择符合国家相关标准的安全的玩具，防止60个月及以下儿童在触及玩具上的金属片和其他刚性材料上的圆孔而发生夹住手指的危险。

儿童使用的玩具上活动部件的间隙，也存在夹伤手指或其他身体部位的潜在危险。在设计和选择玩具时，要考虑是否已经做好相关安全防护。例如：乘骑玩具的驱动机构应采用封闭形式，以防止儿童的手指和身体其他部位被挤压致伤。

弹簧

要防止带有弹簧的玩具夹住或挤压儿童的手指、脚趾和身体其他部位的危险。

封闭式玩具

所有由封闭空间构成、儿童能进入的玩具，不论其是否为预定容纳儿童人数设计，都要做到有足够的通风孔，使封闭在里面的儿童能在无外人帮助的情况下，很容易逃出。

弹射玩具

硬质弹射物的端部的半径不应小于2毫米。

高速旋转翼或螺旋桨的周围应设计为圆环状，以减少可能产生的危险。

弹射物不应有锐利边缘和锐利尖端；所有弹射物均不应完全容入小零件试验器。

如果弹射机构能发射非玩具本身提供专用的弹射物，应设警示说明。

水上玩具

水上玩具上的所有气门嘴都应有止回阀及永久连接于玩具上的气门塞。当玩具充满气体时，气门塞应能塞入气门座，其留在外部的部分突出玩具表面的高度不应超过5毫米。

不应有暗示在无人监护下使用该类玩具的文字或图案。

水上玩具应有提醒该玩具是不是救生设备的警示说明。

热源玩具

在满负荷输入进行升温测试时，带热源的玩具不应被点燃；手柄、按钮和类似部件的温升不应超过相应规定值；玩具气态可触及部件的温升不应超过相应规定值。

口动玩具

要防止口动玩具或其吹嘴部件无意中被吸入而引起儿童窒息死亡。含有可移动或可脱卸吹嘴（如喇叭的吹嘴）的玩具，其吹嘴不能太小而造成儿童在无意中吞下或吸入。

玩具火药帽

玩具专用火药帽在可预见的合理使用过程中不应产生可能伤害眼睛的火花、灼热的物体及碎片。要防止因制造问题或结构缺陷而导致在正常使用情况下的危险性爆炸。

玩具火药帽的包装盒上应设警示说明。

仿制防护玩具

所有覆盖面部的刚性玩具，进行相应冲击测试时，不应产生锐利边缘、锐利尖端或可能进入眼内的松动部件。

液体填充玩具

要防止被刺穿的牙咬玩具及类似产品产生的危害，尤其防止儿童可能会接触到已被污染或因为刺穿而被污染的液体。

评价液体潜在危害应注意以下几点：

1. 水质液体

（1）渗漏发生的容易程度。

（2）液体的微生物总量（如致病菌的存在）。

（3）化学防腐剂的使用（只能是食物中允许使用的防腐剂，并要有一定数量限制）。

（4）其他可溶性物质（如颜料等）。

2. 非水质液体（一些非水质液体有国家法律规定）

（1）渗漏发生的容易程度。

（2）液体的性质和种类。

（3）液体的体积。

（4）液体的毒性。

（5）液体的易燃性。

（6）对与渗漏液体接触的其他材料的

影响。

稳定性和载重要求：

要防止容易倾倒的玩具可能引起的危险；要防止玩具、家具和玩具箱因门、抽屉或其他可移动部分被拉到最大位置而倾倒所引起的危险；要防止玩具因不能承受超载负重而可能引起的危险。

玩具的燃烧性能：

除规定的情况外，玩具不应含有易燃气体、极度易燃液体、高度易燃液体和易燃固体。

玩具材料中可迁移元素的最大限量：

玩具材料和玩具部件中可迁移元素的含量应低于或等于表中相应元素的最大限量要求。

玩具材料	元素（mg/kg）							
	锑 Sb	砷 As	钡 Ba	镉 Cd	铬 Cr	铅 Pb	汞 Hg	硒 Se
除造型黏土和指画颜料外的其他玩具材料	60	25	1000	75	60	90	60	500
造型黏土和指画颜料	60	25	250	50	25	90	25	500

玩具安全标示和使用说明：

安全标示

安全标示应醒目、易读、易懂，且不易擦掉。

安全信息应以提醒消费者注意的格式出现，且应标注在包装或产品本身上，以便消费者购买时很容易看到。

例如：“警告！内含小零件，不适合3岁及以下儿童使用。”

使用说明

对玩具的安全使用和组装的有关资料和说明，无论是在包装上还是附页内，都应该易读。

玩具年龄组提示的价值与依据准则

为了确保玩具在儿童身体和智力发育的不同阶段是合适及安全的，年龄组的划分与提示很重要。

年龄组提示向顾客提供购买玩具的指南，便于消费者根据不同年龄组儿童的平均能力和兴趣及玩具本身的安全情况选择适合的玩具。适合不同年龄组儿童使用的玩具，应该标明最低使用年龄。

年龄组显示儿童平均发育情况，然而并不一定能够反映个别特殊儿童的情况。对于特定玩具是否适合儿童发展阶段，以及是否适合儿童安全玩耍，需要家长结合儿童发展阶段性特征、自家儿童发展的具体情况，以及具体玩具的性能特点等综合信息，作出理智的判断。

确定年龄组的准则

为玩具确定适合的年龄组时应考虑以下准则，在全盘考虑所有准则时，为了作出更适当的年龄分组判断，每一个准则可有所侧重。

1. 玩具应与儿童操作和玩耍玩具的某些特性的体能相适应。这需要了解一个特定年龄组儿童通常具有的体力协调情况、细微和粗犷的动作情况、体型及力量等。

2. 玩具应与儿童了解如何使用玩具的智力相适应（指理解玩具的使用说明、操作步骤及目的）。为了能激发儿童的能力并促进其发展，考虑某特定年龄组儿童的智力是很重要的。对于儿童来说，玩耍玩具既不应该太容易，也不应该太困难。

3. 玩具应满足不同发育阶段儿童玩耍的需要和兴趣。在恰当划分年龄组时，应了解儿童的发育程度，确定游戏材料及游戏环境，以促进各个阶段儿童发育。儿童玩耍的兴趣和对玩具的喜爱变化很快，应注意儿童在某些阶段对特定玩具对象的喜爱，因此应该注意玩具的可玩性和对儿童的吸引力。总而言之，玩具必须是有趣的。

儿童成长发展关键期

什么是关键期

20 世纪 20 年代，一个英国人在印度发现了两个由狼抚养大的女孩，这两个女孩的生活习性与同她们生活在一起的野狼一样。英国人将两个女孩带离狼群，进入了人类社会。其中一个女孩在离开狼群后不到一年由于不适应而死去，另一个女孩在人们的精心哺养下成功地活了下来，一直到 17 岁。在这个狼孩回到人类环境后，人们想方设法恢复她的智力和人性。经过长达四年的教育训练后，她才只能听懂几句简单的话，总共学会了 6 个单词。又过了三年，词汇增加到 45 个，她也只会说几句不流利的话。直到她死的时候，她的智力只相当于 4 岁儿童的水平。

目前，世界上已经发现了三十多个由动物抚养长大的人类孩子，这些孩子被称为“野孩”。这些孩子没有一个在回到人类环境后变成了完全正常的人，他们的大脑功能和相应的智力水平远远落后于同龄人。

几十个“野孩”的事例说明，在人类诸多能力的发展上，存在着一个神奇的重要的时间段，如果错过了在这个时间段给予儿童适宜的教育影响，可能导致某些能力发展缓慢、不能得到充分发展，更有甚者停止发展。这个在时间上神奇而重要的阶段，被称为“关键期”。

关键期存在的一个重要依据来自脑科学的研究：大脑细胞的发育一般是在母亲

怀孕三周后就开始了，而且比身体其他部位的细胞生长得更快。在胎儿期，脑细胞不断生长并分化和迁移到脑中的不同部分，在这个阶段，大脑确定了它未来的框架和功能。一个健康和发育良好的大脑将会给孩子的未来提供重要的保障。

我们的大脑皮层是在不断地特化。所谓特化就是越来越专业化，特定的皮层区域负责特定的机能。大脑皮层的各个区域不是以同一速度完成其特化或成熟的过程，不同区域是在不同时期成熟的。这是人脑的种系演化和个体演化的共同结果，也是人类适应自然和社会发展的一种表现。大脑的不同区域有着不同的成熟时间这一现象，现在正在不断得到发育神经学的证实。

关键期存在的另一个依据来自组织学的研究：这里有一个“先多后少”的铺路原理。举例来说，有一片草地，有一些人从不同方向走过来，踩出了几条不同的路，走过来的人越多，路也变得越多。但是，最后可能只有几条主要的路得到人们的采纳而保留了下来，其他的路则由于走的人越来越少而慢慢消失了。

人类的大脑在形成信息网络通路时，也有一个类似的过程。孩子刚出生时，对外界还没有接触，大脑皮层没有形成对事物的网络。随着孩子的成长，由于生活中的大量接触，各种信息网络不断形成，到了 6 岁左右，各种信息网络形成了。有些网络由于不经常使用而慢慢地消失了，有些网络由于经常使用得到强化而保留了下来。这些保留的网络就是非常重要的学习和工作的网络。形成这些网络，正是关键期要实现的目标。

幼儿大脑功能的发展不是一条平稳的直线。在不同时期，脑的发育呈现不同的情况，有时快，有时慢。与这种情况相对应的，幼儿各种认知技能的获得，比如言语、知觉、注意等也表现出与不同的时间阶段相关联的发展模式。

美国著名心理学家布鲁姆总结有关的研究资源，得出结论：如果一个人 17 岁时的智能为 100%，那么，1 岁时的智能发展完成了 20%，4 岁时就达到了智能的 50%，8 岁时则完成了 80%，13 岁时已经到了 92%。由此可见，人的智能发展主要是在学前期完成的。一个重要的原因就是在学前期有许多关键期的存在，在关键期实现的发展，是后来成倍的努力也难以补偿的。

最先在教育领域中提出并应用关键期理念的是意大利早期教育专家蒙台梭利。蒙台梭利在自己的教育实践中证明，儿童在某一时期会对某些技能表现出特别的敏感。她把这些特异性的时期叫做敏感期。这个敏感期就是我们现在所说的关键期。

关键期不是绝对的，而是相对的。首先，对于大脑的不同机能，关键期是不一样的；其次，相对于不同的人，关键期也有不小的差别。因此，在谈论关键期时，要注意是针对哪一种机能或技能的关键期，而在应用关键期的概念指导我们对脑机能进行开发、对儿童进行教育影响时，应该因事而异、因人而异。

儿童不同机能或技能发展关键期

“感知觉发展”关键期

时间：2—5岁

知觉有很多种，在幼儿早期教育中比较容易操作的是对外界事物的形状知觉、大小知觉，以及方位知觉。

形状知觉：形状知觉与几何图形的辨别和掌握有直接的关系，而认识几何图形是学好数学的基础。2—5岁是儿童形状知觉发展的关键期。

大小知觉：大小是相对的，辨别物体的大小比辨别物体的形状难度大一些。对平面图形大小的辨别，比对三维立体体积大小的辨别发展得早一些。2—3岁是儿童对平面图形大小知觉发展的关键期，3—5岁是对体积大小知觉发展的关键期。

方位知觉：方位知觉包括上下、前后、左右等。2—3岁是儿童发展上下知觉的关键期，3—4岁是发展前后知觉的关键期，5岁左右是发展以自身为中心的左右定位的关键期。

“动作表达转折”关键期

时间：4岁

2岁前，婴儿与成人的交流主要是以非语言交流为主，因此，养育者不要因为孩子不会说规范的话而忽视他们的言语发展，而要充分运用手势、体态语言与他们交流。动作表达对于幼儿言语发展作用重大，动作不仅仅是口头言语的辅助手段。在前言语阶段，姿态与动作是幼儿参与社会交流的基本手段，具有一定的目的性、约定性和指代性，发挥着语言替代物的作用。

幼儿言语交流过程中无论是编码还是译码，都必须借助大量的非口头言语的手段。幼儿期动作表达以发展核心动作并进行扩展为主。随着年龄增长，动作表达能力逐渐提高，动作表达能力在幼儿期表现出持续发展的趋势。4 岁是动作表达的转折期。动作表达不但不会因为口头言语的发展而退居其次，而且还与口头言语的发展具有密切的关系。

“语言发展”关键期

时间：6 岁以前

从脑科学的发展看，脑子发育达到了什么程度，对哪些机能有了准备，就要开发哪些机能，这样才能事半功倍。人类的言语活动分为口头语和书面语，口头语又可分为表达和理解，书面语又可分为阅读和书写。言语活动是一个十分复杂的过程。针对不同的言语机能有不同的关键期。总体来说，6 岁以前是语言发展关键期。这个阶段，父母应经常和孩子说话、讲故事，或多用“反问”的方式，培养孩子的语言能力，为其日后的人际关系奠定良好基础。

“语音发展”关键期

时间：1 岁以前

一般都把从婴儿出生到第一个具有真正意义的词产生之前的这一时期（0—12 个月）划为前言语阶段。在汉语系统中，婴儿的前言语阶段，是语言获得过程中的语音敏感期。

0—1 个月的婴儿已能对声音进行空间定位，并能根据声音的物理特征来辨别各种声音的细微差别，表现出对语音（尤其是母亲的语音）的明显偏爱。

2 个月至 3、4 个月，婴儿已开始理解言语活动中的某些交往信息，能和成人进行“互相模仿”式的“发音游戏”，能够辨别区分并模仿成人语音，能辨别清浊辅音，获得了语音范畴性的知觉能力。

5 个月至 8、9 个月，为语音修正期。婴儿已能辨别言语的节奏和语调特征，并开始根据周围的语音环境改造、修正自己的语音体系。

9—12 个月，婴儿已能辨别母语中的各种音素，能把听到的语音转换为音素，并认识到这些语音所代表的意义，这个阶段被称为学话萌芽期。这个阶段，婴儿能够经常地、系统地模仿和学习语音，为言语的发生作好了准备。

“基本掌握语法”关键期

时间：20—30个月

2岁左右，婴幼儿的语言中出现了“三词句”，即在原有“双词句”的基础上，婴幼儿开始增加动词和其他结构成分，使说出的话具有了一般简单句的特征。到2岁4个月至2岁半时，能够说出“四词句”，这表明婴幼儿进入了完整句的形成阶段。一般来说，2岁半左右，婴幼儿的语言中出现了简单句，同时开始使用一些修饰词。因此，通常认为这个阶段是婴幼儿基本掌握语法的关键时期。

“口头语言发展”关键期

时间：2—3岁

2—3岁，幼儿发音器官逐渐成熟，在发音方面的困难日渐减少。唇音基本没有困难，但是用舌头发音还比较困难。例如“zh ch sh r”等，个别的婴幼儿“g k h u e”发音也有困难。大约2岁半以后，婴幼儿开始掌握语言的语法系统，往往出现概括现象。例如“妈妈买，妈妈买”，至于买什么，谁也搞不清楚。3岁左右，幼儿能说完整句，说话方式基本和成人差不多，能用完整的句子与人交往，表达个人的要求及愿望。

2—3岁是婴儿基本掌握口语阶段，口头语言发展将持续到入学前。因此，2—3岁是个体口头语言发展的关键期。口头语言表达能力的发展，既有利于内部言语的产生，也为幼儿进入学校接受正规教育、掌握书面语言奠定了基础。

“语言表达能力发展”关键期

时间：3—5岁

3岁前，幼儿与成人的言语交际，主要以对话为主，往往仅限于回答成人提出的问题，或者向成人提出一些问题。3岁后，在与成人的交际中，他们更渴望把自己的各种体验、印象等告诉成人，这样便促进了幼儿独白言语的发展。

幼儿初期（3—4岁），儿童语言的发展具有情境性特点，想到什么说什么，缺乏条理性、连贯性。随着年龄的增长，幼儿情景言语的比重逐渐下降，连贯言语的比重逐渐上升。在正确教育的影响下，一般到幼儿晚期，儿童就能较清楚、系统、绘声绘色地讲述看过或听过的事件或故事了。口语表述的内容以物体可视的、外在的特征为主。随着年龄增长，呈现出由物体固有属性向关系属性转变的趋势。

3—5岁是幼儿口语表达能力发展的快速时期。这是幼儿语言发展大量积累的阶段，词的数量大量增加。引导幼儿将消极词汇转变为积极词汇，提高口语表达能力，应是这个阶段语言发展的重点。

“形容词快速发展”关键期

时间：4—5岁

4岁以后，是儿童形容词快速发展时期。4.5岁，儿童开始使用描述事件情景的形容词，4—5岁，儿童掌握形容词的速度最快。据研究，学龄前儿童运用最多的形容词有30个，主要是表示事物的外形特征、颜色特征和感觉特征，如“红”“白”“圆”“烂”“干净”“大”“小”“高”“长”“胖”等。形容词的迅速增加，是儿童句子复杂化的一个标志，也是儿童对事物性质认识迅速发展的一个标志。

儿童掌握的词类与概念的发展密切相关。名词、动词、形容词反映事物及其属性，幼儿容易掌握；副词比较抽象，幼儿掌握较难。虚词反映事物之间的关系，因此，幼儿掌握起来更难。

“书面语言发展”关键期

时间：3.5—4.5岁

随着儿童精细动作的发展，3—4岁的儿童开始能够握住笔；4—5岁时，开始对书籍、阅读和书写感兴趣，有初步的前阅读和前书写能力。与此同时，儿童的词汇量快速增长，能够说出的句子种类增加。例如：能够说出较多带状语的句子，句子的长度以7—10个字居多。这对于促进儿童书面语言发展有积极而重要的作用。4—5岁是儿童书面语言发展的正式起点，也是书面语言发展的关键时期。

“阅读发展”关键期

时间：4.5—5.5岁

4—5岁的儿童开始能自主选择不同的阅读材料进行阅读。例如：使用故事书、工具书、幼儿自制图书等阅读素材。能够独立阅读图书，理解画面内容，开始对画面的文字感兴趣，主动学认常见汉字。在适宜的教育引导下，到5—6岁时，儿童能够专心阅读，能理解阅读内容并用语言进行讲述，喜欢阅读各类能理解的图文信息，具备初步的阅读能力，具有良好的阅读习惯。可见，4.5—5.5 岁这段时间，正是儿童阅读兴趣培养、阅读技能提高和良好阅读习惯形成的关键时期。

“秩序发展”关键期
时间：2—4 岁

秩序发展关键期是指幼儿对秩序极端敏感的一个非常重要和神秘的时期。在这一时期，幼儿对事物的秩序有强烈的需求，并逐步产生对物体摆放的空间或生活起居习惯的时间顺序的适应性，即秩序感。

按照蒙台梭利的观点，儿童具有两重秩序感，即内部的秩序感和外部的秩序感。内部的秩序感使儿童意识到自己身体的不同部位和它们在身体的位置；外部的秩序感则指向儿童对外部世界存在的规律和关系的感知与理解。秩序感的表现形态有安全感、归属感、时空感、格局感、规则意识等。

1　3 岁的幼儿由内部的秩序感逐渐转向外部的秩序感，有强烈的追求外在事物秩序化的欲望，对物品摆设的位置、动作的顺序、人物的呈现、物品的所有权等有着近乎苛刻的要求。如：若遭到挑战，幼儿就会感到不安、焦虑，甚至会表现出极端的激烈反应。

3—4 岁是幼儿追求秩序完美的关键期。幼儿对秩序的敏感会上升到对规则的要求：无论在什么地方，我遵守规则，你也必须遵守规则，人人都要遵守规则。并且，幼儿逐渐从服从规则转变为能把一些生活常规内化。

5 岁之后，幼儿对秩序关系的感受越来越明确、越来越深入，会对时空秩序感和具有美感价值的秩序感（即秩序美感）特别关注。

“对细微事物感兴趣”关键期
时间：1.5—4 岁

进入对细微事物感兴趣的关键期的宝宝，会突然对一些细小的东西产生兴趣，比如对土里的小昆虫、衣服上的细小图案、地上的烟头等产生兴趣。处于这一时期的孩子常常会做出一些让大人不理解的小动作，比如捡起一片掉落的叶子不停地往花盆里插，或是摆弄着花手绢怎么看也不烦。大人不明白的，他们却能从中看到更多的奥秘。

一般来讲，在1岁半到2岁左右，孩子开始进入关注细小事物的关键期，这一关键期通常会持续到4岁。当然，不同的个体之间可能存在比较大的差异。一旦发现孩子有了上述行为，家长就可以着手给他一些必要的支持，协助他更好地发展。

“动作发展”关键期

时间：6岁以前

一般认为，婴幼儿动作最早发生在新生儿时期。婴幼儿动作的发展主要有两个方面的内容，即行走动作的发展和手运用技能的发展。这个阶段应充分给孩子创造运动的机会，使其肢体动作正确、熟练，以帮助其左、右脑均衡发展。除了大肌肉的训练外，还要强调小肌肉的练习。手眼协调的细微动作训练，不仅能使儿童养成良好的动作习惯，还能促进儿童智力的发展。

“外语学习”关键期

时间：2—6岁

母语和外语这两种语言究竟是应该同时开始，还是一先一后地进行。一种观点认为，两种语言可以同时进行，即当孩子学说本国话时，就开始进行第二语言的教育。另一种观点认为，最好等儿童的母语建立了基础后，再开始进行第二语言的学习。如果采用第一种观点，需要找到合适的环境和条件。如果采用第二种观点，在幼儿园阶段就可以开始对幼儿进行第二语言的教育。目前，幼儿园的外语教育已经成为一个重要的早期教育内容。

“基本数学机能发展”关键期

时间：2—3.5岁

儿童对数的认识，可以分为辩数、认数和点数三个阶段。

辩数指区别两个集合中的元素的数量的多和少。辩数的发展最早，一些孩子1岁多就已经能够正确辨别物品的多和少了。一般来说，辩数发展的关键期在2岁左右。

认数指不用点数而凭直觉认识集合中元素的数目。认数的发展比辩数晚一些，比点数早一些。认数发展的关键期在3岁左右。

点数指逐一按物数数，并说出总数是几个。按物数数和说出总数是两个不同的过程，按物数数在先，说出总数在后。点数发展的关键期在3岁半左右。

"数概念形成和发展"关键期

时间：2—3 岁，5—6 岁

儿童对数概念的掌握包括两个基本内容：一个是基数，另一个是序数。基数是指一个数的大小，序数是指数与数之间的先后顺序。基数概念的萌发比序数早一些。

一般情况下，儿童要到 2 岁左右才会数数。数数是人类数学技能发展历程中的一个重要里程碑。儿童数数时，一般要遵循五个基本规则：第一个规则是一个数对应一个物体；第二个规则是数与数之间有一定的顺序；第三个规则是数数时数到最后一个数就代表了这个数列所含的数；第四个规则是数数的方法可以用于任何数列；第五个规则是数数时不论从什么地方开始都行，也就是说，一个数列的长短与从什么地方开始数没有关系。这五个规则是掌握数数技能的关键。5 岁左右是儿童掌握数数技能的关键期。

儿童序数概念发展的高峰期出现在学龄前期。3 岁儿童的正确率在 50%左右，4—5 岁的儿童达到了 80%。5 岁左右，儿童序数概念已经有了显著发展。

"在数词和物体数量间建立联系"关键期

时间：4—5 岁

4—5 岁，儿童正处于在数词和物体数量之间建立联系的关键阶段。这一时期，儿童已经从只对少量的物体具有模糊的数观念达到了可以形成较为清晰的数观念的阶段。在感知量的精确性上也有了很大的提高。

这一时期，儿童能够在数完物体后说出物体的总数。开始理解数量的"守恒"，即能够理解"3"与"3 个苹果"在数量上是一致的；可以借助实物进行 10 以内数的组成与分解。能够进行简单的实物加减运算。能够认识第几和前后顺序……

"自我评价能力发展"关键期

时间：3.5—4 岁

儿童对自我评价的能力发展得比较晚，一般在 2—3 岁。3 岁儿童中出现自我评价的人数仅占总数的 22.5%，可见，3 岁儿童自我评价能力不强。40%的 3 岁儿童即使进行自我评价也是完全以他人（主要是成人）的评价作为自己的评价。

儿童自我评价开始发生转折的年龄在3.5—4岁。此年龄段的发展速度较4—5岁时要快。5岁儿童绝大多数已能进行自我评价。

幼儿自我评价的特点是：(1)从相信别人的评价到自己独立评价；(2)从主观评价多过渡到更多的客观评价；(3)开始以一定的社会道德行为准则进行评价；(4)评价所用语言表达从笼统到具体。

“自我控制能力发展”关键期

时间：3—5岁

自我控制能力在3—4岁儿童中还不明显，利用外部语言进行自动调节，中介变量为社会互动与交流、言语的发展及其指导作用。从缺乏自我控制到能够自我控制的转折平均年龄是4—5岁。5—6岁儿童绝大多数都有一定的控制能力。总体来说，幼儿的自控能力还是比较弱的。

“自我情绪体验发展”关键期

时间：4岁

幼儿早期的体验主要表现为与生理有关的愉快和愤怒，是较为低级的自我体验；而委屈、自尊、羞愧感等较为高级的社会性体验还很少。但随着年龄的增长，儿童的各种体验都在发展，社会性体验也在逐渐增强。4岁左右，幼儿自我情绪体验由心理需要相关联的情绪体验（愉快、愤怒）向社会性情感体验（委屈、自尊、羞愧感）不断深化发展，同时又表现出易受暗示性影响。动手做事有利于幼儿情绪情感体验的发展。

“交往能力发展”关键期

时间：16—18个月，3—4岁

16—18个月，是婴儿交往能力发展的转折点，此后，婴儿参与社交性游戏频率迅速增长。从3岁起，儿童偏爱同性伙伴，经常与同性伙伴在一起游戏、活动。3岁以后，儿童的交往频率更高，交往的时间更长，交往活动的种类更多，交往的积极性、主动性增强，合作性游戏随着年龄的增长而增多。3—4岁，幼儿依恋同伴的强度和与同伴建立起友谊的频率有显著增长。

“社会规范认知与学习”关键期

时间：2.5—6岁

2—3岁，儿童对引起事情的原因只

有模糊的了解，他们的行为直接受行为的结果所支配，因而这个年龄段的儿童，既不是道德的，也不是不道德的。从4岁开始，有71.67%的儿童能够运用一定的道德行为规范来评价自己和他人关系的好坏。4岁以后的儿童，还能根据一定的道德规范来对待长者。但是4岁的儿童还不能自觉模仿成人从社会意义上来评价道德行为的好坏。5—6岁的儿童能够在一定程度上模仿成人从社会意义上评价道德行为的好坏。

通常来说，2岁半后，儿童开始逐渐脱离以自我为中心，而对结交朋友、群体活动有明显倾向。这时，父母应帮助孩子明确生活规范、日常礼节，使其日后能遵守社会规范，能够自律。

“文化认同发展”关键期

时间：0—6岁

蒙台梭利认为幼儿对文化学习的兴趣萌芽于6岁，6—9岁则出现探索事物的强烈要求，以及对周围环境产生浓厚的兴趣。一方面，这一时期的幼儿对科学文化产生了强烈的探究意识。另一方面，他们还会对所处社会的文化与价值观有一定的了解和理解，并会形成一定的文化认同感和对所属集体的归属感。

如果将“对文化形成深刻印象，存储在记忆深处”、“关心周围事物，怀着好奇心，打破沙锅问到底地探究，不停地问‘是什么’‘为什么’”等作为处于文化敏感期的儿童的主要特征，那么儿童文化敏感期的起始点可能要早于6岁。中国几千年的教育实践与观察证实，0—3岁的教育对儿童成长发展的影响最为深远，3—6岁次之。由此可见，0—6岁的教育对于儿童文化认同方面的发展有着特别重要的作用。

“自我认知发展”关键期

时间：9个月—3岁

9个月至2岁为认知生理自我的时期。儿童最早注意到自己身体的各个部位，如脸、头、眼睛、鼻子、耳朵、手、脚、肚子等，并知道这些部位是属于自己的而不是别人的。这一时期，儿童对于自己的所属物，如属于自己的衣服、玩具、器皿、食物等也会有比较深刻的认识。

2—3岁是儿童认识社会自我的时期。这一阶段的儿童对自己的认识不仅表现在身体上，而且表现在逐渐体验到的自我需要上。这种需要不仅有生理的需要，更有社会的需要。除了吃喝拉撒的需要外，还有游戏、交往、说话、唱歌、跳舞等各种需要。

插画：宋雪

社会文化对儿童成长发展的影响

智慧观察人生百态万象，感悟教育真谛

现象 1　婴儿的笑脸

想象一下，当你面对一个几个月大的婴儿的笑脸时，你是什么感受？听很多已为人父亲或母亲的朋友说过类似这样的话："在外面工作一天，要处理各种各样的事情，和各种各样的人打交道，又累又烦，回到家里，看到孩子对你笑，所有的疲惫和不顺心一扫而光。"很多人也会有这样的体验，在大街上看到一个几个月大的婴儿，你对他笑一笑，他也会给你一个特别灿烂纯净的笑容。毫无疑问，那个婴儿的笑容会让你的心情变得更加愉悦和轻松。可见，婴儿的纯真笑脸有多么强大的净化作用。

婴儿来到这个世界的时间很短，还没有接触到社会上很多信息。因此，他还保持着初到这个世界的纯净心灵。这时候，婴儿的微笑里包含的是纯真与没有任何附加目的的欢喜。这样的微笑，带有强大的正能量，让人体会得到雨润心田式的纯净与愉悦。稍加思考，我们就能够感悟到，与赤子之心相伴的婴儿的微笑，是一种爱的表达，因为让别人感受到了纯净、愉悦。因此，可以说，婴儿来到这个世界不久，首先学会的就是对于这个社会的给予与奉献。

现象 2 外婆，你怎么那么蠢

有个小女孩，人长得特别漂亮可爱，又相当聪明伶俐。五六岁的时候，已经会背诵很多首唐诗，并且会说很多英文单词了。很多人都夸赞这个孩子特别聪明，小姑娘听了很高兴，家长听到有人这样夸赞自己的孩子也很开心。有一天，小女孩外婆的几个老朋友来家里做客。老人家看到这么多朋友来，特别开心，就对这些朋友说："我们家的小孙女会背诵很多首唐诗，也会说很多英文单词了。"于是，她叫来小女孩，当着这些人的面，背诵了几首唐诗。大家都夸赞小女孩聪明。小女孩的外婆笑得合不拢嘴，接着又让小女孩在这些朋友面前说英文单词。外婆问："'苹果'的英文怎么说？"小女孩说"apple"。外婆问："'鸡蛋'的英文怎么说？"小女孩说"egg"……朋友们都说，小小年纪就会这么多单词，很了不起。突然，小女孩问外婆："你知道'菠萝'的英文怎么说吗？"外婆说："不知道。"小女孩骄傲地说："外婆，你怎么那么蠢！"愉悦的气氛瞬间中断，外婆的朋友们一片愕然。

对于一个有智慧的人来说，从这个孩子五六岁时的行为，就可以在一定程度上推测出其未来的人生发展道路了。会背诵的唐诗多两首还是少两首，对一个人进入社会后的发展似乎没有太大的影响。英文单词多会几个或少会几个，对一个人的长远发展似乎也没有决定性的影响。然而，骄傲的态度，对一个人的发展，尤其是进入社会后，却有着决定性的影响。这世界上，有几个人会赞赏骄傲自满的人，会喜欢骄傲自满的人呢？骄傲，就是一个人社会人际关系中一块巨大的绊脚石。搬开了，就会一路畅通。搬不开，人生的道路上注定要多一些困难，多一些磨砺。我们冷静地思考一下，这个孩子天生就是骄傲的吗？小孩子刚出生的时候像白纸一样纯净，是后天的生长教育环境，促使某些习气的形成。对于这个孩子来说，是后天的教养方式和环境使她变得骄傲，为她的人生设置了"骄傲"这一障碍物。

现象 3 课本落在家里了

小萌是个三年级的小学生。有一天，到学校后，她发现语文课本落在家里了。于是，她给妈妈打电话说语文课本落在家里了。妈妈听后告诉她别着急，妈妈给她送过去。于是，正在上班路上的妈妈马上折返回家里，找到小萌的课本，急急忙忙地赶到学校，送到了孩子手里。小萌从妈妈手里接过语文课本，还嘟囔了一句："怎么这么慢呢！"妈妈笑呵呵地说："宝贝，对不起，妈妈以后再快些。"从此以后，在小萌的身上经常发生文具、课本、作业等物品落在家里的情况，也经常看到小萌的家人——妈妈、爸爸、爷爷或者奶奶，跑到学校里给她送东西的情景。

小晴也是一个三年级的小学生。有一天，她把语文作业落在家里了。于是，她给爸爸打电话，告诉他自己的语文作业落在家里了，让爸爸帮忙送过来。爸爸接到电话后，听到小晴说的事情，沉默了一会儿，然后对她说："收拾书包是你自己的事情，你长大了，是个大孩子了，应该为自己做的事情承担责任了。"爸爸拒绝了给小晴送语文作业。可想而知，在语文课堂上，小晴受到了老师的批评、同学们的嘲笑。放学后，小晴非常沮丧地回到了家里。爸爸看到小晴沮丧的状态，猜到了导致她如此状态的原因。智慧的爸爸没有因为小晴忘记带语文作业的事情再数落孩子。他温和地对小晴说："孩子，你已经为忘带作业本的事情承担了责任，不要再沮丧了。爸爸教你一个妙招，保证这样的事情再也不会发生了。"小晴听了爸爸的话，睁大眼睛好奇地问："什么妙招？"借这件事情，爸爸教会了小晴怎么规划第二天要做的事情、怎么为第二天的事情作准备、怎么整理自己的书包不会遗漏物品等。从此，小晴再也没有遗漏过学习用品。

现象 4 办公桌上的饭盒

有一位单亲妈妈，在我一个朋友所在的公司做兼职工作。她自己辛苦地抚养着儿子。因为自己没能给孩子一个完整的家庭，这位妈妈总觉得对不起孩子，跟其他人家的孩子相比，自己的孩子很可怜。因此，在日常生活中，对孩子是有求必应，舍不得对孩子说一句重话，当然，也不去纠正孩子的一些错误行为。

2013 年 6 月，这个单亲妈妈的儿子要参加中考了。考虑到自己兼职所在的公司距离孩子中考的地点比较近，那位妈妈就拜托我的朋友帮忙照看一下她的孩子。那位妈妈的要求也不复杂，请我的朋友帮忙给她的孩子买顿中午饭，并允许她的孩子中午时间在我朋友的办公室休息一下即可。朋友欣然应允。考虑到中考对孩子来说是件大事情，应该给予尽量周全的照顾，于是我的朋友给那位妈妈打电话，仔细询问了孩子喜欢吃什么、午休的习惯等。根据那位妈妈所说，我的朋友给那个孩子买了几样蔬菜和主食，并准备了饮料。

将近中午的时候，那个男孩来到了朋友的办公室。朋友将几个饭盒的食物，摆放在办公桌上，告诉这个男孩安心在这里吃饭，吃完饭后还可以躺在沙发上休息一下。嘱咐完毕，我的朋友就离开了自己的办公室，将这个空间完全留给男孩使用。估计男孩已经离开去参加下午的考试了，朋友回到自己的办公室。首先映入眼帘的，就是横七竖八地躺在办公桌上的几个饭盒，有的饭盒已经空了，有的饭盒里还有残存的一些食物。

朋友在和我讲这件事情的时候，说："我并不在乎要自己去将这些饭盒扔到垃圾桶里。对于一个已经上初三的男孩来讲，吃完饭自己收拾好，这是最基本的礼貌，也是最基本的自理能力。我实在不能理解的是，已经上初三的孩子了，在与他人的交往中，为什么连这些最基本的行为礼貌都没有。"

不知道那位妈妈是否会想到，她的儿子吃完饭后径自走人了，将存有残羹剩饭的饭盒留给自己的同事来处理。不知道那位妈妈是否会想到，当她的同事看到办公桌上杂乱摆放着的饭盒，会有什么样的想法。不知道那位妈妈会不会反思一下，自己在教养孩子的过程中，是否存在需要修正的地方，自己对孩子的某些纵容和溺爱行为是否是真正的爱护，是否是理智的爱护。无论出于什么原因，在家庭中，父母不能没有底线地溺爱和纵容自己的孩子。在这时候，父母应该考虑一下：社会上的其他人是否可能如你一样纵容这个孩子？在你的溺爱和纵容下长大的孩子，在社会上是否能够处理好和他人的关系，是否有可能受到他人的欢迎？父母们，请站得远一点、高一点来思考："什么是对孩子真正的爱？"

现象 5 叫老板来擦办公桌上的灰尘

有一个年轻人，大学毕业后应聘到一家公司工作。或许他是一个不拘小节的人吧，总之，从来不整理自己的办公桌，也不擦办公桌上面的灰尘。积少成多，灰尘也越积越厚。有一天，办公桌上的灰尘让他自己都不能忍受了。怎么办呢？年轻人纠结了好久。于是，他把老板叫到自己的办公桌前，一段非常极品的互动就出现了。

年轻人说："你看办公桌上的灰尘这么多了，怎么办？"

老板说："你说怎么办呢？"

年轻人说："当然是把它擦干净了！"

老板说："是应该擦干净。"

年轻人说："我是来工作的，不是来擦桌子的，你把它擦干净。"

老板看看他，没说话，找来一块抹布，开始擦桌子上的灰尘。

年轻人看着老板一点一点地擦着桌上的灰尘。

或许是年轻人觉得老板的动作太慢了，于是说："磨磨蹭蹭的，太慢了，快点儿！"

……

年轻人的下场，可想而知了。

很多人看到这个故事，都是莞尔一笑，太极品了，怎么能有这么极品的人呢？

这是一个听来的故事，我也不能确定它的真实性，但是我相信这是一件很可能发生的事情。

一个很亲近的朋友，在一个大型设计院工作，给我讲了一个在她身边发生的故事。有一年，一个博士生毕业后应聘到这家设计院。院长看到这个人的专业能力特别强，很是欣赏，于是决定带这个博士一起参与一个重大项目的评审工作。在评审会上，设计院的主要参与人员以及参与评审的各位专家，都围绕着一个巨大的椭圆形会议桌而坐。院长让这个博士把评审文件资料呈送给与会的各位专家。这个博士坐在自己的位子上未动，隔着会议桌，把评审资料滑向各位专家，其中有几份因为用力过头还掉到了办公桌下。会后，院长做的第一件事情就是解聘了这个博士。

让老板来擦办公桌的年轻人，与设计院的博士在行为上有着相似的地方——不知道作为一位下属，什么是自己应该做的，什么是不应该做的，在自己的角色上应该遵守什么样的规范和礼仪。

很多人都会认同，这两个年轻人的做法不对。但是，这两个年轻人身上的问题，真的仅仅是个别现象吗？像两个故事中主人公一样极品的现象可能不多，但是在现在许多年轻人身上，此类问题确实很多。这样的问题，又应该怎么解决？我们不应该一味地责怪这类年轻人的做法不正确，更重要的是通过合理的教育方式，引导他们什么是正确的做法，这才是关键。

现象 6　将小铁碗留着给爸爸用

这是在杂志上看到的一个故事，也是让我记忆了十几年的故事。在中国西部小山村一个破旧的房子里，住着祖孙三代人——年老体弱、行动不便的老奶奶，老奶奶的儿子与儿媳妇，四五岁的小孙子。这个家庭的物质条件非常匮乏，食物少得不足以解决一家人的温饱问题。

儿子和儿媳妇认为，老奶奶没有劳动能力，只吃饭不干活，是全家人的累赘。儿子和儿媳妇在对老奶奶抱怨和厌恶的过程中，对老奶奶的态度也非常恶劣。与其他人使用的餐具不同，儿子与儿媳妇用一个小铁碗给老奶奶盛放食物。老奶奶吃的，也是全家人吃剩的食物，而且经常是已经馊掉变坏的食物。儿子或儿媳妇给老奶奶送食物时，总是凶巴巴地把饭碗丢到老奶奶面前，恶狠狠地说："老不死的，吃饭！"年轻夫妇的行为，从来不避讳自己的孩子。并且，他们经常在孩子面前说："你奶奶什么也不能干，只吃饭，不干活，怎么不早点儿死掉呢，真是个老不死的。"

终于有一天，老奶奶过世了。老奶奶的儿子和儿媳妇可开心了，因为他们认为自己少了一份沉重的负担。老奶奶的儿子整理东西的时候，看到那个小铁碗，很是厌恶，顺手扔了出去。老奶奶的孙子连忙跑出去，把小铁碗捡回来，并且认真地收好。男人看到儿子的行为，觉得很奇怪，就问："你把那个小铁碗捡回来干什么？"小男孩想了想，非常严肃而认真地说："我要留着它，等将来你像奶奶一样什么都不能干的时候，给你用。"男人看着自己的儿子，惊恐得什么也说不出来。

第一次读到这个故事的时候，我是一个大学四年级的学生。当时，我认为那个老奶奶好可怜，儿子和儿媳妇太可恶了，虐待老人，也教坏了小孩子。随着人生阅历的增长，我的认知和想法也在发生变化。那位老奶奶的儿子，在刚出生的时候，一定没有计划过将来自己长大了要虐待自己的母亲。当然，当事人也不认为自己对母亲的行为是一种虐待，更可能认为那只是自然而然的事情。在老奶奶儿子的成长过程中发生了什么，将他塑造成了成年后那种样子？老奶奶在自己儿子的成长过程中，扮演了什么样的角色，树立了什么样的榜样作用呢？老奶奶如何教养自己儿子的这件事情，或许无从考据。但是，我们看到了老奶奶儿子的行为是如何影响他自己的儿子的。如果没有外力干涉，最可能发生的事情就是，当老奶奶的孙子成长起来后，他对待自己父亲的态度和方式，与他的父亲对待奶奶的态度和方式，是极为相似的。一个小铁碗会在这个家庭中一代一代地传下去。

人性中，或许有善的成分，也有恶的成分。如何让人性中善的成分得到显现，恶的成分得到抑制，只有适宜的教育才能够做得到。故事中的一家人，其实都很可怜，幼有所教，老有所养，距离这一家人何其遥远。因为不曾得到过适宜的教育，不能处理好家庭中的人伦关系，所以也就没有全家人相亲相爱的生活，每个人都处在自私自利编织成的巨大而痛苦的网络之中。

现象7 “常回家看看”写入法规

2012年12月28日，包含“常回家看看”条款而备受争议的《老年人权益保障法（修订草案）》在第十一届全国人大常委会第三十次会议上表决通过，明确规定：与老年人分开居住的家庭成员，应当经常看望或者问候老年人。而用人单位则应当按照国家有关规定保障赡养人探亲休假的权利。

这个立法的出台，立刻在媒体的推波助澜下引起了各方的关注。有媒体如是引导读者对此事的关注：“我国立法要求家人常看望老人，再次引起了各方热议。爸妈可以告不回家看望自己的儿女，员工可以起诉不给自己放探亲假的公司。如果违反了，会有怎样的法律后果？”探亲假能否得到落实，企业人的说法，法律专家的说法，法官的说法，各种言论粉墨登场。

“孝养父母”是法律能够解决的问题吗？是应该由法律解决的问题吗？很多人认为，美国是世界上文明程度最高的国家，美国是否通过健全的法律法规解决了让子女孝养父母的问题。或者美国人认为，这本来就不是一个问题，从个人英雄主义的角度讲，人老了也要所谓的“独立”，不能指望子女的帮助和爱护。在古代中国，没有类似的法律条文，从帝王到平民百姓，出了多少流传千古的孝子贤孙，二十四孝的故事在一代又一代炎黄子孙中流传。在现代中国，出了这样的法律条文，从某些积极的角度来看，中国人还是重视孝道的。从现实来看，可能促进孝道行为的产生么？法律条文刚出台，就已经有很多声音表达了这个法律条文的不可执行性。

法律是维系一个社会运转的最低行为准则。“孝养父母”，是人之所以为人，而与动物不同的行为规划，是一条很高层次的道德伦理标准。无论是在东方的文化中，还是在西方的文化中，这都是一条代表着高贵和尊严的高层次行为准则。因此，“孝养父母”不是通过立法可以实现的，而只有通过适宜的教育去实现。让人从内心深处认同自己应该这么做，而不是由外在力量规范的行为准则。强制力量执行的效果总是有限的。

回答这些问题，追寻幸福的源泉

用换位思考的方式，回答下面一些问题，或者能够帮助我们真正理解，作为家长或者老师，在教育孩子的过程中，给予他什么样的影响是具有正能量的，对其一生的发展是最有助益的支持。

如果你是一位爸爸或妈妈：

1. 你希望自己有一个心性善良的孩子吗？

2. 你希望自己的孩子是一个勇敢、坚韧而有担当能力的人吗？

3. 你希望自己的孩子勤奋好学吗？

4. 你希望自己的孩子学有专长吗？

5. 你希望自己的孩子乐于帮助他人，从而受到他人的赞美和欢迎吗？

6. 你希望孩子外出的时候，他能够经常给你打电话，告诉你他的情况吗？

7. 你希望孩子经常关心你的情况，经常主动问候你吗？

8. 你希望在自己口渴的时候，孩子能够关注到，然后帮你倒一杯水吗？

9. 当你生病或者因为某些原因很疲惫的时候，你希望自己的孩子主动关心和照顾你吗？

10. 你希望当自己年老的时候，孩子能够愿意和你生活在一起，或者即便因为各种原因不能生活在一起，他能经常探望或者主动问候你吗？

1. 你希望自己的孩子自私自利，一切以自己为中心吗？

2. 你希望自己的孩子只关心你的财产，只关心你给他的帮助，从来不关心你的感受和需要吗？

3. 你希望自己的孩子胆小、懦弱，事事依赖家人吗？

4. 你希望自己的孩子经常惹是生非，让你经常为他收拾烂摊子，不得安宁吗？

5. 你希望自己的孩子经常触犯法律法规，而惹上各种官司吗？

6. 你希望自己的孩子品行不端，经常做一些让你感到羞耻的事情吗？

如果你是一个儿子或女儿：

1. 你希望当自己遇到困难的时候，爸爸能够像超人一样，为自己提供帮助吗？

2. 你希望爸爸有令人尊敬的职业和社会地位吗？

3. 你希望妈妈温柔、智慧，和她在一起，总是让你感受到如沐春风般的舒适和温暖吗？

4. 你希望在任何场合，妈妈总是能够打扮得端庄得体，让人赏心悦目吗？

5. 你希望爸爸妈妈能够经常陪伴还是小孩子（学龄前）的你吗？

6. 当你学习上遇到困难时，你希望爸爸妈妈给你适宜的指导方法吗？

7. 当你在外面受委屈时，你希望爸爸妈妈能够耐心倾听，并给你一些帮助吗？

8. 你希望当自己和伙伴相处遇到问题时，能够向爸爸或妈妈寻求帮助吗？

9. 你希望自己在学习上没有取得理想的成绩时，爸爸妈妈能够理解你，并为你提供智力和情感上的支持，让你有更多勇气面对失败吗？

10. 你希望有让伙伴和朋友羡慕和赞美的爸爸和妈妈吗？

如果你是一位丈夫：

1. 你希望自己的妻子温柔和顺，总是让自己感受到温暖和安心吗？

2. 你希望自己的妻子非常浪漫，能够经常带给你一些意外的小惊喜吗？

3. 你希望自己的妻子能够把家里收拾得干净整洁，布置得赏心悦目吗？

4. 你希望自己的妻子和自己的父母

和睦相处，关系融洽吗？

5. 你希望自己的妻子能够适宜地处理和各种类型朋友的关系，让你的家庭有一个正能量的朋友圈吗？

6. 你希望自己的妻子在教育孩子的问题上，能够有所建树，为家庭培养出优秀的后代吗？

7. 你希望自己的妻子有一份体面的职业，成为一个能够融入现代社会的智慧女性吗？

如果你是一位妻子：

1. 你希望自己的丈夫有担当能力，成为家人依赖的那棵大树吗？

2. 你希望自己的丈夫有体面的职业，在社会上受到他人的尊敬和爱戴吗？

3. 你希望自己的丈夫在任何场合下，都有得体的举止和表现，受到他人的赞美吗？

4. 你希望自己的丈夫与自己的父母、兄弟姐妹、亲戚和谐相处吗？

5. 你希望自己在处理和丈夫的家人的关系时，他能给你支持和帮助，让你与他的家人、亲戚相处得更加愉快吗？

6. 你希望自己的丈夫能够跟你一起分担家务劳动吗？

7. 你希望自己的丈夫能够与你分担教育孩子的责任吗？

8. 你希望自己的丈夫能够理解你的职业辛苦，时常能够给予你鼓励和支持吗？

9. 你希望自己的丈夫能够悦纳你的朋友们吗？

如果你是一位老师：

1. 你希望自己的学生勤奋进取吗？

2. 你希望自己的学生品学兼优吗？

3. 你希望受到学生的尊重和爱戴吗？

4. 你希望自己的学生学有所长，能够在社会上谋求到体面的职业，拥有令人尊敬的社会地位吗？

5. 你希望自己的学生走上职业岗位后，能够以所学所知贡献给社会大众吗？

6. 你希望自己桃李满天下，因此受到他人的赞美和尊敬吗？

7. 你希望自己的学生学有所成，进入社会后，还能够经常来探望自己吗？

如果你是一位学生：

1. 你希望遇到一个博学多才、品德

高尚的老师吗？

2. 你希望自己的老师发自内心地热爱教育，全身心地投入教育事业吗？

3. 你希望自己的老师能够公平地对待班级的每一位学生吗？

4. 你希望自己的老师发自内心地爱护自己吗？

5. 你希望当自己在学习上遇到困难时，老师能够耐心地指导和帮助你吗？

6. 你希望自己的老师博学多才，讲课的时候妙趣横生，让同学们忘我地投入学习吗？

7. 你希望自己的老师是睿智的人吗？你希望他总能够给予你正面的影响，在你的生命中，他就像父母一样重要吗？

如果你是一位上司：

1. 你希望自己的下属是一个有专长的、在专业技能上能够胜任所在岗位的人吗？

2. 你希望自己的下属在与自己相处的过程中，懂得礼貌，行事有分寸吗？

3. 你希望自己的下属是一个乐于奉献，能够以积极的心态投入工作的人吗？

4. 你希望自己的下属是一个善于交往，能够与工作伙伴友好相处的人吗？

5. 你希望自己的下属是一个乐于分享，积极帮助整个团队前进的人吗？

6. 你希望自己的下属是一个善于规划、做事井井有条的人吗？

7. 你希望自己的下属是一个善于学习、能够不断胜任新任务的人吗？

8. 你希望自己的下属是一个有良好思维方式，能够不断地给团队带来新客户或者新的发展机会的人吗？

9. 你希望自己的下属是一个善于交流，能够以有效的方式适度地表达想法的人吗？

10. 你希望自己的下属是一个斤斤计较，多为工作投入一分钟也要求给加班费的人吗？

11. 你希望自己的下属是一个秩序感特别糟糕，在个人和工作的事情上都马马虎虎、弄得一团糟的人吗？

如果你是一位下属：

1. 你希望自己的上司是一个有伯乐眼光、知人善任的人吗？

2. 你希望自己的上司是一个有管理智慧的人吗？他知道在什么时候应该帮助

下属扬长避短，以此为基础来获得更多的工作成就。

3. 你希望自己的上司量才适用，能够为团队中每一个成员安排适宜的工作，最大化发挥团队效能的人吗？

4. 你希望自己的上司是一个公正的、赏罚分明的人吗？

5. 你希望自己的上司是一个善于听取下属意见的人吗？

6. 你希望自己的上司是一个在某些方面有专业技能，并能够无私地教授给下属的人吗？

7. 你希望自己的上司是一个善于学习、乐于接受新事物的人吗？

8. 你希望自己的上司是一个乐于并善于为下属提供发展机会和空间的人吗？

9. 你希望自己的上司是一个从内心深处爱护你的人吗？当你犯了错误时，他能够及时地帮助你修正；当你取得成绩时，他能够真心为你高兴，并以巧妙的方式杜绝你的傲慢心理滋生。

10. 你希望自己的上司是一个有爱心和社会责任感、乐于关心和扶持弱势群体的人吗？

如果你是一个国家的官员：

1. 你希望自己管辖范围内风调雨顺，人们丰衣足食吗？

2. 你希望自己管辖范围内的百姓遵纪守法吗？

3. 你希望自己管辖范围内社会安宁吗？

4. 你希望自己管辖范围内的百姓安居乐业吗？

5. 你希望自己管辖范围内的人们能够友好相处、家庭和睦、邻里互助吗？

6. 你希望自己管辖范围内老有所养、幼有所教吗？

7. 你希望自己管辖范围内烧杀抢掠的恶性事件层出不穷，人们整日生活在恐惧之中吗？

8. 你希望自己管辖范围内缺衣少食，人们生活在饥寒交迫之中吗？

如果你是一个国家的百姓：

1. 你希望自己所生活的地方官员清正廉明吗？

2. 你希望自己所生活的地方风调雨顺、社会安定吗？

3. 你希望自己所生活的地方经济发

达，人们丰衣足食吗？

4. 你希望自己所生活的地方每个小家庭都是和睦的，邻里之间都是友爱互助的吗？

5. 你希望自己所生活的地方官员能够引领人们创造幸福美好的生活吗？

6. 你希望自己所生活的地方孩子能够有接受良好教育的机会和条件吗？

7. 你希望自己所生活的地方老有所养，当自己年老的时候，能够物质生活有保障、精神生活愉悦幸福吗？

8. 你希望自己所生活的地方每个年轻人都有工作的机会，都有获得职业上的幸福感的可能吗？

9. 你希望自己的国家繁荣富强，在国际上具有令人尊敬的地位吗？

10. 你希望因为自己国家的强大，让你在其他国家的土地上学习、工作和生活时，能够得到充分的尊重吗？

认真审视并冷静地回答这些问题之后，请慎重地思考：你的孩子是否可能扮演好上述的角色？作为真心爱孩子的爸爸或妈妈，你又是否希望自己的孩子成为上述角色时能愉悦、有担当呢？如果你的答案是"是"，那么我至少会相信，你有对孩子负责的良好意愿。当然，仅有良好的意愿是不够的，你还需要在教育孩子的问题上具有智慧。请理解并记住，教育智慧与知识和学历无关。无论你拥有什么学历和职业，你都可以通过自身的努力，让自己成为一个有教育智慧的、胜任的、有能力对孩子负责的家长。从现在开始，让自己成为一个有能力引导孩子获得幸福人生的家长吧！

理解社会文化对儿童成长的影响

作为一个社会人，总是生活在某一个社会群体组织之中的，必然受到与那个群体相关联的组织规范、行为方式、风俗习惯等方面的影响，即由各相关内容组合而成的社会文化的影响。由于交通和现代传媒的快速发展，文化之间的交流变得更加频繁，文化之间的相互影响越发广泛而深入。因此，诸多因素导致每个人在成长发展的过程中，除了受到本民族文化的影响，同时受到越来越多的多元文化因素的影响。在当今这样地球村式的生存环境中，适度关注和理解不同文化和文化中不同的元素对儿童个体成长的影响，对儿童教育无疑具有重要的意义。

发端于美国的大型跨国公司，将以美国为代表的西方的科学技术与管理思想传播到了世界上的很多国家。好莱坞电影以铺天盖地的强势姿态，将美国的以个人英雄主义为核心的文化传播到了世界各地，好莱坞电影在世界各地的票房收益，足以说明美国文化的扩展速度之快、影响范围之广。伴随着好莱坞电影，暴力、色情和个人英雄主义的传播，无疑对儿童会产生无可避免的重要影响。

然而，这些显然不是以美国为代表的西方文化的全部。观察那些正在主导美国发展的家族和企业财阀领袖的思想和行为模式，或者可以更全面和深入地理解西方文化的一些内容。我曾经非常认真地阅读了《摩根信札》这本书，这是一个大家族传承的家书、家训性质的著作。它是财富巨擘给继承者的商业忠告，被称为“财富大家族的世纪密札”“伟大企业家的管理圣经”。书中的很多观点都是发人深省的，摘录其中一些观点如下：

1. 企业家具有独立的精神、乐观的个性、弹性的思想，以兴奋、紧张、竞争为其生活食粮，即使被打倒在地，也必然会勇敢地站起来再次战斗。作为企业家，要勇于作新的尝试，不要害怕失败。如果凡事只想到成功，或只想到必须成功，而没有正确的思想准备，是不好的。企业家必须具有追求成功的执着与坚持的性格才行。企业家必须具有坚强的意志，也应该有弹性的头脑，这是一个成功企业家不可欠缺的素质。

2. 一个诚实的人，必须具有端正道德的生活态度，也就是说，这种人在日常生活中所表现出来的是认真、正直和坦率。诚实的人，总会有诚实的回报，也许你现在或短时间内看不到，但最终因自己的品质建立起来的价值却是无法估量的。

3. 读书的道理在于学习。从他人的经验中学习，活用他人的优点。读书就是要善于从书中汲取营养，书籍是前人智慧的结晶，它可以使你少走弯路。虽然多读书是好事，但要有选择地读。要多读书，更要读好书。

4. 历史是一本最刺激、收获最多、最让人快乐的故事书。它让我们感受到富兰克林、华盛顿等人的睿智，包括《圣经》里的故事、中国的孔子有关社会和人的思想，以及很多精彩的英雄人物克服了无数的苦难才走向成功的例子。

5. 成功人士所必须具备的条件，虽以学识为首位，但礼貌是不可忽视的。它的重要性仅次于学识。礼貌是什么呢？说到底，礼貌就是对周围的人多付出一些关爱。礼貌是树立自己良好形象的最好的方法。

6. 交朋友是很好的事，圣人具有独特的见解。中国的孔子曾说："无友不如己者。"意思是说，应该结交道德水准和我们相近或者超越我们的朋友，这样才能使我们进步。结交朋友时，观点是否一致并不是交朋友的重要因素，而在于你是否尊重对方的想法。

7. 名誉和财富，很可能是稍纵即逝的装饰品，但信用却是你一生幸福的支柱。

8. 美满的家庭、健康的体魄、真诚的友谊、忠实的员工、真挚的爱情以及受人尊敬，这些都是用金钱买不到的宝物，而且一生受用不尽。

9. 通往成功之路非常少，而且每条路都相隔甚远，你 旦觅得了其中 条，就必须站稳脚跟，坚持到底。

10. 如何才能在商场上避免树敌，以免遭到没必要的报复。以我多年的经验，我认为首先要谦虚和自信。也就是说，避免树敌的第一要点是"虚心"，如中国的名言："虚怀若谷，方能海纳百川。"在执行自己的任务时，一定要有信心，但唯有建立在谦虚上的信心，才能变成卓越的信念，把你导向成功。做事失败的人，往往是自大而不知谦虚，以致不知不觉中陷入固执己见、故步自封的境地。

11. 创新思维就是在传统思路的基础上再进一步作更好的探索，在方法上和思维的结论上独具慧眼，能够提出新的创见，有新发现，实现新突破，具有开拓性和独创性。创新并不需要天才，创新只在于找出新的改进方法。任何事情成功的原因，在于能够找出把事情做得更好的办法。所以，遇到问题，你要更多地思考，加强锻炼创造性的思维能力。

12. 要想掌握高超的用人之道，首先要做到知人善任。要提防那些善于恭维自己、奉承自己、拍自己马屁的人，因为他们是最容易把事情弄坏的人，而那些能够经常批评自己缺点和错误的人，都是对于事情最有帮助的人、最宝贵的人。

从这本家训式的著作中，我们得以从好莱坞电影文化之外的视角多了解一下西方文化的内容。这里面关注的更多的是做人和做事的教育。其中很多内容，让我们联想到自己文化中对相关内容的关注和诠释。在我们祖先的智慧中，经常会以通俗易懂的语言，表达出深刻的发人深省的做人的智慧、处事的智慧。

1. 天行健，君子以自强不息；地势坤，君子以厚德载物。

2. 古今来许多世家，无非积德；天地间第一人品，还是读书。

3. 非读书不能入圣贤之域，非积德不能生聪慧之儿。

4. 看书求理，须令自家胸中点头；与人谈理，须令人家胸中点头。

5. 但行好事，莫问前程。与人方便，自己方便。善与人交，久而敬之。

6. 以虚养心，以德养身，以仁养天下万物，以道养天下万世。

7. 聪明睿智，守之以愚；功被天下，守之以让；勇力振世，守之以怯；富有四海，守之以谦。

8. 读书有四个字最要紧，曰阙疑好问；做人有四个字最要紧，曰务实耐久；事当快意时须转，言到快意时须住。

9. 择友以求益，改过以全身。

10. 勿吐无益身心之语，勿为无益身心之事，勿近无益身心之人，勿入无益身心之境，勿展无益身心之书。

11. 以情恕人，以理律己。以恕己之心恕人，则全交；以责人之心责己，则寡过。

12. 慎风寒，节饮食，是从吾身上却病法；寡嗜欲，戒烦恼，是从吾心上却病法。

13. 处难处之事愈宜宽，处难处之人愈宜厚，处至急之事愈宜缓，处至大之事愈宜平，处疑难之际愈宜无意。

14. 勤俭治家之本，忠孝齐家之本，谨慎保家之本，诗书起家之本，积善传家之本。

15. 少成若天性，习惯如自然。

16. 教妇初来，教儿婴孩。

以美国为首的西方文化，培养了大量的企业家、具有创造力的科学家，同时商业的发展也促进了恶性竞争的产生、唯利是图的思想和行为的萌芽和发展。以中国为代表的东方文化，提倡发展道德，提升人的精神境界，数千年来促进了大批圣贤之人的产生，提高了社会的精神文明层次，致使中国历史上数次出现“幼有所教、老有所养、人们安居乐业”的大同社会。

在每一种文化中，都有很多正能量的内容，同时也有很多负能量的内容。因此，与其盲目地崇拜某一种文化，不如提升自己的智慧，让自己有能力识别向善向美的正能量内容，规避导致人不善的负能量内容。

帮助孩子构建充满幸福的康庄大道

从第一部分案例故事的反思，到第二部分问题的回答，以及第三部分内容的感悟中，我们不难推导出：如果你希望孩子能够在这个世界上顺利地生存下去，那么就需要帮助他具备一技之长，即某个方面或某几个方面的专业技能。如果你希望孩子能够获得生命的幸福，那么就需要帮助他从小树立正确的价值观和拥有正确的思维方式。从整个人生的发展来看，第二条比第一条更加重要。

对于第一条来说，可以通过系统的科学文化知识的学习来实现，8＋1儿童成长模式下的系统的知识与能力培养是不错的。对于第二条来说，与其向外民族的文化求索，不如从本民族的优秀民族文化中寻找让自己立于不败之地的自信。历史和当代无数实例证明，《弟子规》不失为与现在社会发展切合度最好的传统经典著作之一。如果孩子是一棵小树，那么，《弟子规》的学习，能帮助他把树根扎正、扎深，帮助他具备更强悍的经历人生风风雨雨的信心和能力。当然，在学习的过程中，要以适应现代社会的方式来学习——保留其核心精神，摒除某些与现代社会规范不相适应的行为方式，采用适合现代人们需要的方式理解书中的精神内涵。

附：《弟子规》全文

弟子规　圣人训　首孝弟　次谨信

泛爱众　而亲仁　有余力　则学文

父母呼　应勿缓　父母命　行勿懒

父母教　须敬听　父母责　须顺承

冬则温　夏则清　晨则省　昏则定

出必告　反必面　居有常　业无变

事虽小　勿擅为　苟擅为　子道亏

物虽小　勿私藏　苟私藏　亲心伤

亲所好　力为具　亲所恶　谨为去

身有伤　贻亲忧　德有伤　贻亲羞

亲爱我　孝何难　亲憎我　孝方贤

亲有过　谏使更　怡吾色　柔吾声

谏不入　悦复谏　号泣随　挞无怨

亲有疾　药先尝　昼夜侍　不离床

丧三年　常悲咽　居处变　酒肉绝

丧尽礼　祭尽诚　事死者　如事生

兄道友　弟道恭　兄弟睦　孝在中

财物轻　怨何生　言语忍　忿自泯

或饮食　或坐走　长者先　幼者后

长呼人　即代叫　人不在　己即到

称尊长　勿呼名　对尊长　勿见能

路遇长　疾趋揖　长无言　退恭立

骑下马　乘下车　过犹待　百步余

长者立　幼勿坐　长者坐　命乃坐

尊长前　声要低　低不闻　却非宜

进必趋　退必迟　问起对　视勿移

事诸父　如事父　事诸兄　如事兄

朝起早　夜眠迟　老易至　惜此时

晨必盥　兼漱口　便溺回　辄净手

冠必正　纽必结　袜与履　俱紧切

置冠服　有定位　勿乱顿　致污秽

衣贵洁　不贵华　上循分　下称家

对饮食　勿拣择　食适可　勿过则

年方少　勿饮酒　饮酒醉　最为丑

步从容　立端正　揖深圆　拜恭敬

勿践阈　勿跛倚　勿箕踞　勿摇髀

缓揭帘　勿有声　宽转弯　勿触棱

执虚器　如执盈　入虚室　如有人

事勿忙　忙多错　勿畏难　勿轻略

斗闹场　绝勿近　邪僻事　绝勿问

将入门　问孰存　将上堂　声必扬

人问谁　对以名　吾与我　不分明

用人物　须明求　倘不问　即为偷

借人物　及时还　后有急　借不难

凡出言　信为先　诈与妄　奚可焉

话说多　不如少　惟其是　勿佞巧

奸巧语　秽污词　市井气　切戒之

见未真　勿轻言　知未的　勿轻传

事非宜　勿轻诺　苟轻诺　进退错

凡道字　重且舒　勿急疾　勿模糊

彼说长　此说短　不关己　莫闲管

见人善　即思齐　纵去远　以渐跻

见人恶　即内省　有则改　无加警

唯德学　唯才艺　不如人　当自砺

若衣服　若饮食　不如人　勿生戚

闻过怒　闻誉乐　损友来　益友却

闻誉恐　闻过欣　直谅士　渐相亲

无心非　名为错　有心非　名为恶

过能改　归于无　倘掩饰　增一辜

凡是人　皆须爱　天同覆　地同载

行高者　名自高　人所重　非貌高
才大者　望自大　人所服　非言大
己有能　勿自私　人所能　勿轻訾
勿谄富　勿骄贫　勿厌故　勿喜新
人不闲　勿事搅　人不安　勿话扰
人有短　切莫揭　人有私　切莫说
道人善　即是善　人知之　愈思勉
扬人恶　既是恶　疾之甚　祸且作
善相劝　德皆建　过不规　道两亏
凡取与　贵分晓　与宜多　取宜少
将加人　先问己　己不欲　即速已
恩欲报　怨欲忘　报怨短　报恩长
待婢仆　身贵端　虽贵端　慈而宽
势服人　心不然　理服人　方无言
同是人　类不齐　流俗众　仁者稀
果仁者　人多畏　言不讳　色不媚
能亲仁　无限好　德日进　过日少
不亲仁　无限害　小人进　百事坏
不力行　但学文　长浮华　成何人
但力行　不学文　任己见　昧理真
读书法　有三到　心眼口　信皆要
方读此　勿慕彼　此未终　彼勿起
宽为限　紧用功　工夫到　滞塞通
心有疑　随札记　就人问　求确义
房室清　墙壁净　几案洁　笔砚正
墨磨偏　心不端　字不敬　心先病
列典籍　有定处　读看毕　还原处
虽有急　卷束齐　有缺坏　就补之
非圣书　屏勿视　敝聪明　坏心志
勿自暴　勿自弃　圣与贤　可驯致

更多内容，请访问芝兰玉树研究院网站（www. zlysedu. org）。

中国（0—6岁）儿童成长指标体系

健康领域

对于个体来说，健康是一种身体上、精神上的完满状态以及良好的适应能力，而不仅仅是没有疾病和衰弱的状态。

健康领域的教育，是指通过信息传播和行为干预，帮助幼儿掌握卫生保健知识，树立健康观念，自愿采纳有利于健康的行为和生活方式的教育活动。

健康

全身动作与大动作

精细动作

人体认识与保护

安全意识与防护

心理健康

生活自理

食物与营养

卫生与健康行为

全身动作与大动作

解释：

指涉及胳膊、腿、足部肌肉或全身的较大幅度的动作的发展。例如：爬、跑、跳等。

成长指标：

0—1岁

全身动作发展

◎2.1月，稍微抬头。

◎2.6月，头转动自如。

◎3.7月，抬头及肩。

◎4.3月，翻身一半。

◎4.7月，扶坐竖直。

◎4.8月，手肘支床，胸离床面。

◎5.5月，仰卧翻身。

◎5.8月，独坐前倾。

◎6.1月，扶腋下站。

◎6.6月，独坐片刻。

◎7.2月，蠕动打转，扶双手站。

◎7.3月，俯卧翻身，独坐自如。

◎8.1月，给助力爬。

◎9.3月，从卧位坐起。

◎9.4月，独自能爬。

◎10.0月，扶一手站。

◎10.1月，扶两手走。

◎11.2月，扶物能蹲。

◎11.3月，扶一手走。

大运动动作发展

◎1.5月，俯卧举头。

◎2.1月，俯卧，头抬45度角。

◎2.8月，坐，头稳定。

◎2.9月，俯卧，头抬90度角；俯卧，抬胸，手臂能支持。

◎3.6月，拉坐，头不滞后。

◎3.7月，腿能支撑一点儿重量。

◎4.5月，翻身。

◎6.4月，不支撑地坐。

◎7.0月，扶东西站。

◎8.6月，拉物站起。

◎8.7月，能自己坐下。

◎9.4月，扶家具可走。

◎9.9月，能站瞬间。

◎11.5月，独站。

◎12.0月，弯腰再站起。

整体描述

◎（0—1个月）身体不能自由移动；四

肢不自主地乱动；俯卧时，头能稍稍抬起一下，开始发展身体的平衡感。

◎（1—2 个月）巩固抬头动作，强化背部和颈部的肌肉；促进四肢关节活动。

◎（2—3 个月）俯卧，抬头可达 45—90 度角；拉坐时，头无明显后垂；能跟随物体移动头部（从一边转到另一边）；学习自如地向两侧翻身，发展身体的协调运动能力；锻炼上身身体配合的力量，增强腰背部肌肉发展；刺激平衡器官协同工作，促进平衡感的发展。

◎（3—4 个月）俯卧，抬头可达 90 度角，并向周围看；竖着抱头稳定；拉坐时，头无后垂；扶站时，下肢能支撑自己部分体重；在左右翻身的基础上，学习从俯卧翻转到仰卧，发展身体的运动协调能力和平衡感。

◎（4—5 个月）俯卧时，前臂支撑抬头和胸部；可主动从仰卧位翻身到侧卧位；拉坐时，头主动跟进；扶站时，下肢能支撑自己大部分体重；开始练习向前匍匐爬行，为后期爬行打下基础。

◎（5—6 个月）俯卧时，手掌支撑，抬头和胸腹部；能熟练地从仰卧位翻身到侧卧位或俯卧位；以腹部为中心旋转移动身体；扶站时，下肢能支撑自己的体重；开始以一定频率做蹬跳动作；能靠着坐一会儿。

◎（6—7 个月）能自己扶坐片刻；能自己握住脚玩；从仰卧位翻身到俯卧位；开始匍匐爬行。

◎（7—8 个月）独坐片刻；从俯卧位翻身回仰卧位；能双手和腹部支撑匍匐爬行；扶站时，双足能负重，足放平。

◎（8—9 个月）独坐稳；能手膝并用爬行；能从坐位转换到卧位。

◎（9—10 个月）独坐稳，左右转动自如；能灵活地利用手膝爬行；能从卧位转换到坐位，自己坐起；能扶物站立，开始扶物侧向迈步。

◎（10—11 个月）能扶物站立稳；能扶物侧向迈步；能独站片刻。

◎（11—12 个月）独站稳，能扶物弯腰捡东西；开始独立行走。

1—2 岁

全身动作发展

◎12.4 月，独站片刻。

◎15.4月，独站自如。

◎15.6月，独走几步。

◎16.5月，自蹲自如。

◎16.9月，独走自如。

◎19.4月，扶物过障碍棒。

◎20.5月，能跑，不稳。

◎23.0月，双手扶栏上楼。

◎23.2月，双手扶栏下楼。

◎23.7月，扶双手双脚跳，稍微跳起。

大运动动作发展

◎13.7月，走得好。

◎15.7月，走，能向后退。

◎17.5月，会上台阶。

◎18.2月，举手过肩扔球。

◎18.6月，踢球。

◎23.9月，双足并跳。

整体描述

◎（13个月）能控制身体平衡向前跑；能退走几步；扶着栏杆，能走上楼梯；拉着一只手，能走下楼梯；会爬上大椅子，踩在椅子上伸手够东西。

◎（18个月）发展爬行与翻越的技能；学习和掌握下蹲的技能，发展运动协调能力。

◎（19个月）能独脚站1—2秒；能双脚并跳；能独自上下楼梯。

◎（20个月）能通过拉、转等动作锻炼身体协调能力。

◎（24个月）能用头部顶物走，发展身体平衡能力。

2—3岁

全身动作发展

◎24.2月，扶一手双脚跳，稍微跳起。

◎25.4月，独自双脚跳，稍微跳起。

◎25.7月，能跑。

◎25.8月，扶双手，单足站不稳；一手扶栏下楼。

◎26.0月，独自过障碍棒。

◎26.2月，一手扶栏上楼。

◎26.7月，扶双手，双脚跳起。

◎26.9月，扶一手，单足站不稳。

◎29.2月，扶一手，双脚跳起。

◎29.3月，扶双手，单足站好。

◎30.5月，独自双脚跳起。

◎30.6月，扶双手单脚跳，稍微跳起。

◎30.9月，手臂举起，有抛掷姿势的

抛掷。

◎32.3月，扶一手，单足站好。

◎34.1月，独自单足站不稳。

◎34.3月，扶一手单脚跳，稍微跳起。

大运动动作发展

◎27.8月，跳远。

◎28.0月，独脚站1秒。

◎33.3月，独脚站5秒。

整体描述

◎能自己上下楼梯；能够自由转动身体，保持身体平衡。

◎能在垫子上随意爬行；能学小乌龟爬着运东西。喜欢翻滚游戏，能够在软垫子上自由翻滚爬行。

◎能跨过一定宽度的障碍，能够连续跳过低矮的障碍。

◎喜欢玩钻爬游戏，能手膝较为协调地爬，能手膝着地向前爬，能手脚着地屈膝朝前钻爬。

◎掌握蹲、跳、弯腰、点头等动作技能。

◎能迈过低矮的障碍物较平稳地走路。

◎能沿着标记走；能用双脚在画好的脚印上较为平稳地交替向前走；能控制身体的平衡，尝试踩着绳索走。

◎能手捧皮球，快速行走；会向不同方向平稳行走。

◎愿意进行短时间的单脚站立游戏。

◎喜欢追跑游戏，能追逐目标跑；玩耍时，能尝试控制方向，躲避碰撞。

◎能够自由地走、跑，能按照指定的方向自然地走或跑。

◎喜欢跳的游戏，能够双脚向上跳；能从高处往下跳。

◎能坚持原地跳；能坚持双脚向前跳；能用前脚掌走路；能较灵活地跑。

◎能双脚跳起，轻轻落地。能原地起跳，跳过10厘米宽的距离。

◎会骑三轮车，动作协调。能双腿协调地交替屈伸，模仿骑车动作。会骑小车绕障碍，动作比较协调和灵活。

◎能学会腹前向上抛的动作，能将物品从下向上抛掷。

3—4岁

大运动动作发展

◎38.1月，独脚站10秒。

◎40.2月，独脚跳。

◎46.3月，抓住蹦跳的球。

◎47.0月，能脚跟对脚尖地向前走。

整体描述

◎能用肢体动作对音乐作出反应，能模仿简单的动作。

◎喜欢做模仿操及各种模仿游戏。

◎在走、跑、跳、投、钻、爬、攀登的游戏中，能控制自己身体的平衡。

◎会玩球、包、小车等多种中小型运动器材。

4—5岁

◎喜欢参加体育运动，学习做徒手操或简单的轻器械操。

◎持物体绕障碍走，走路时步子放开不踩脚，每一步较均匀，上下肢动作比较协调。能体验多种行走姿势的乐趣。

◎能较平稳地单脚站立。

◎能以模仿小动物的方式巩固单脚行进跳。尝试立定跳远，能双脚用力蹬地。

◎能双脚左右行进跳，蹬地较有力，落地较轻。能够尝试双脚不同方向跳，落地较轻。能够双脚连续侧跳，落地较轻。

◎能单手向前上方做用力挥臂肩投动作。喜欢参加投掷活动，尝试控制投掷物运动的方向。

◎在圆圈跑中，能灵活地控制身体的重心。能灵活地进行曲线跑，协调地控制身体的重心。

◎喜欢追逐跑的游戏，追逐跑中学会较好地控制跑步的方向和速度。与其他幼儿进行赛跑和追逐游戏时，能成功地协调空间距离，追逐跑时能较灵活地躲闪。

◎能在一定范围内较灵活地往返跑。能听指令跑。能听指令改变方向跑。

◎尝试多种姿势的爬行活动，动作较灵活地协调。

◎能侧面钻，能积极参加各种爬行和攀登活动，动作较灵活。

◎能原地纵跳接物体，脚蹬地有力。

◎能较协调地进行蹲撑跳。

◎喜欢探索多种运动器械的多种玩法，运动中表达一定的创造性。

5—6岁

◎能练习立定跳远的动作，发展腿部肌肉的力量。发展单脚跳、单手投掷及躲闪能力。

◎能够跨跳，提高动作的灵敏性，发展协调能力和视觉运动能力。

◎能单双脚行进跳，锻炼腿部力量，发展动作的灵敏性、协调性。

◎能合作行进跳，发展身体平衡能力和力度。

◎会正确、多样化地跑，能灵活、协调地控制身体。能够曲线跑。

◎会四散追逐跑，能沿着圆圈快跑，能按一定方向奔跑，锻炼反应速度和灵敏性。

◎发展直线跑的能力和速度。发展四散跑的灵活性，提高躲闪和转身的能力。

◎能原地转圈，增强前庭器官功能，提高平衡能力。

◎能体验两人协调动作、彼此配合跨大步行走的运动方式。

◎发展协同蹲走，增强下肢力量，增强上身平衡的能力。

◎能完成侧滚动作，增强动作的灵活性和协调性。

◎能匍匐前进，能灵活地控制身体。

◎培养用头顶球的准确性、协调性。

◎会变换形式有节奏地走。能顶物在平衡器材上连续行走，发展平衡协调能力。

精细动作

解释：

指较小的动作。例如：用大拇指和食指捏起东西、转动脚趾等。

成长指标：

0—1岁

手的动作发展

◎4.7月，抓住不放。

◎6.1月，能抓住面前的玩具。

◎6.4月，能用拇指、食指拿。

◎7.5月，能松手。

◎7.6月，传递（倒手）。

◎7.9月，能拿起面前的玩具。

◎10.1月，从瓶中倒出小球。

精细动作发展

◎1.0月，（视线）跟至中线。

◎1.5月，（视线）跟过中线。

◎2.2月，（视线）跟过180度角。

◎2.7月，抓住拨浪鼓。

◎3.2月，两手握在一起。

◎3.8月，注意类似葡萄干样的细小事物。

◎5.6月，伸手够东西，能在手中传递方积木。

◎5.8月，坐着拿两块积木。

◎6.3月，拨弄小丸，全掌抓小丸。

◎6.4月，坐着找绒球。

◎7.9月，用拇指和其他手指抓握。

◎8.6月，对敲手中拿的方积木。

◎10.5月，用拇指和食指抓握东西。

整体描述

◎（0—1个月）听到身边发出的声音会皱眉头、撇撇嘴，还会寻找声音源头。手基本上是握拳，很少张开。目光能跟随移动着的红球一段。

◎（1—2个月）手大部分时间握拳，手指有时会伸展，可以被动抓握，知道用手抓握物品，开始锻炼抓握能力；能开始注视物体，发展视觉跟踪能力。

◎（2—3个月）手大部分时间松开；两手握一起，可注视自己的手；可让拨浪鼓在手中留握片刻；注意发展观察细小物品的能力，促进手、眼协调能力的发展。

◎（3—4个月）玩弄手指；手有目的地伸向东西，有主动抓握意识；视线能跟随物体上下左右移动；会把玩具放入口中；能找到声源。

◎（4—5个月）伸出双手，在手能触及的范围抓住玩具；抓握东西不够准确；将手放入口中；水平视线跟随好；能注视掉落的玩具；能把头转向声源。

◎（5—6个月）能伸手抓取，两手各握一玩具；能全掌抓起小丸；能将物品放入口中；能拿住玩具注视，玩弄玩具；会寻找失落的东西；会躲猫猫。

◎（6—7个月）能将东西从一只手传到另一只手；拇指与其余手指配合抓起玩具；全掌抓起小丸；用玩具敲打桌面；手、眼、脚协调动作。

◎（7—8个月）双手握物对敲，熟练地用双手传递东西；拇指与其余手指配合抓起小丸。

◎（8—9个月）显示出偏爱某一只手；熟练地双手配合玩；拇指与食指配合抓起小丸；能从杯子中取出小积木。

◎（9—10个月）伸出食指试探、抠东西；用拇指与食指捏起小丸；试着把东西放入杯中。

◎（10—11个月）用拇指与食指捏起小丸；把东西放入杯中。

◎（11—12个月）用拇指与食指准确地捏起小丸；能试着搭积木。

1—2岁

手的动作发展

◎15.4月，堆积木2—5块。

◎18.6月，用勺子，水外溢。

◎21.6月，用双手端碗。

◎23.0月，堆积木6—10块。

精细动作发展

◎13.7月，从瓶中倒出小丸（按示范）。

◎13.9月，搭两层塔。

◎14.6月，自发地乱画。

◎17.7月，从瓶中倒出小丸（自发地）。

◎17.8月，搭四层塔。

◎23.5月，搭八层塔。

整体描述

◎（13个月）叠3—4块积木；能2—3页地翻书；能拉开衣服的拉链。

◎（14个月）手部动作具有一定的协调性。

◎（15个月）能用两只手协同完成一项任务。

◎（16个月）能锻炼手臂的力量和腿部肌肉的力量。

◎（19个月）能叠6—7块积木。

◎（22个月）能用三指捏，增强手指的肌肉力量。能学会两手配合撕的动作，提高手指的灵活性。

◎（23个月）能盖紧或拧紧瓶盖。

◎（24个月）能按成人的指令拿相应物品。

2—3岁

手的动作发展

◎24.1月，用勺子，水稍外溢。

◎26.2月，脱鞋袜。

◎27.8月，穿珠。

◎29.2月，用纸折长方形（近似）。

◎29.3月，较好地独自用勺子。

◎29.5月，画横线（近似）。

◎30.1月，一手端碗。

◎31.5月，用纸折正方形（近似）。

◎32.1月，画圆形（近似）。

精细动作发展

◎26.9月，模仿画直线。

◎28.9月，模仿搭桥。

◎33.9月，会挑出较长的线段。

◎35.4月，模仿画圆形。

整体描述

◎能用团纸的方法搓豆豆。能用自己的方法撕纸，尝试说出自己撕的是什么，或者像什么。能用自己的方法玩纸球，愿意体验不同的玩法。

◎能用对角折的方法折叠或粘贴小鱼的鳞片；能用语言表达自己粘贴的小鱼在做什么。

◎能尝试把纸撕碎。对撕纸感兴趣，探索沿线撕的方法。能按图形轮廓撕纸。

◎喜欢玩手指游戏；喜欢尝试玩滚球的游戏。

◎能用双手手指完成扭紧“糖果”的精细动作。

◎能把瓶子和瓶盖对应，并把瓶盖拧上。

◎能按照要求把球放进框里。喜欢玩球，尝试把球扔进洞里。

◎能尝试自己剥香蕉皮。

◎能用夹子把小动物玩具立起来。

◎能用绳穿起扣子。能将小棍插在小洞里。较准确地把小纸团装进杯子壁上的小洞里。

◎能尝试用不同的方法将豆子装在瓶子里，如用手捏、用勺子舀等。

◎会用棉签画出封闭的圆。

◎能对准目标沿地面滚球击倒物品。

3—4岁

精细动作发展

◎38.7月，模仿画“十”形。

◎46.2月，画人，画了三处。

◎46.4月，模仿画“口”形。

整体描述

◎能准确地完成揉圆、压扁的动作，发展小手动作的灵活性。

◎会握笔。

◎会用按扣、粘扣、系扣的形式固定物品。

◎能学会缠绕动作。

◎能在玩沙的游戏中发展小肌肉的力量。

4—5岁

精细动作发展

◎49.7月，会复制“口”形。

◎50.4月，画人，画了六处。

整体描述

◎喜欢并学做简单的徒手操或轻器械操，动作较正确。

◎能在游戏中发展小肌肉，动作较灵活、协调。

◎能够短距离抛接球。

◎能动作准确、有力地做操。

◎能够用单手向前上方做快速挥臂肩投动作。

5—6岁

◎会头上抛接球。锻炼双手投篮的能力。

◎灵活、协调地控制身体，进行半侧面转体肩上挥臂掷远。

◎敢于大胆尝试站在不同的物体上，单、双手协调定位拍球。

◎发展掷远和掷准能力及目测能力。

◎会连续蹲撑跳，提高手臂的力量。

◎发展用筷子夹球直线快跑的能力。

◎逐步增强手对笔的控制能力，学习正确地使用铅笔。

人体认识与保护

解释：

指培养幼儿科学地认知、使用、养护和锻炼身体器官。

成长指标：

0—1岁

◎（0—1个月）锻炼腿部关节与肌肉的力量。刺激前庭觉，发展平衡感。

◎（1—2个月）通过刺激皮肤的触觉，发展皮肤的感知觉。

◎（2—3个月）学着闻味道，促进嗅觉的发展。

◎（3—6个月）通过使用各种材质的物品激发皮肤触觉，丰富皮肤的感知觉。

◎（6—12个月）认识五官，能将名称与实物对应。

1—2岁

◎（13个月）能按要求指出更多身体部

位；能感受大手和小手的区别。

◎（16个月）认识五官，能尝试说出部分五官的基本功能。

◎（17个月）认识自己的手、脚等身体部位，并进行相应的手、脚运动。

2—3岁

◎知道五官的具体位置。

◎知道爱护眼睛，学做眼保健操。

◎知道穿上合适的鞋子才是最安全、最舒服的；知道穿鞋保护自己的脚。

◎能说出身体各部位的名称。

3—4岁

◎不用脏手揉眼睛，不将手指和其他异物放入口、鼻中。

◎能配合医务人员进行身体检查、预防接种及治疗。

4—5岁

◎能在对比自己的身体变化过程中感受自己在成长。

◎注意保护嗓子，养成轻声说话的习惯。

◎对炎热和日晒有一定的适应能力。

◎喜欢具有一定程度刺激性的体育活动。

5—6岁

◎逐步学会根据气温的变化和自己的冷热感觉，主动地增减衣服。

◎了解骨骼的功能以及保护骨骼的方法。

◎初步知道人体消化系统主要器官的名称及其功能。

◎克服恐惧心理，学习、掌握换牙期保护牙齿的方法。

◎了解运动是抵抗寒冷的好方法，不怕寒冷，愿意积极参加体育锻炼。

◎提高在炎热夏日、寒冷冬日的自我保护意识。

安全意识与防护

解释：

指帮助幼儿树立安全意识，引导幼儿学习必要的安全常识，激发幼儿参加体育活动的兴趣，培养幼儿良好的行为习惯等。

成长指标：

0—1 岁

◎（0—1 个月）搜寻反射（觅食反射）、吸吮反射、游泳反射、眨眼反射、巴宾斯基反射、爬行反射、踏步反射、抓握反射、摩洛反射（惊跳反射）等；听到声音有皱眉、受惊吓、呼吸节律变化或哭等表现。

◎表现出自我保护性质的行为。例如：一个毛绒玩具在眼前晃动时，有眨眼睛、躲避等行为出现。

1—2 岁

◎（13 个月）能记住自己的名字。

◎知道在玩玩具（如珠子、积木等）时，不能将它们放入口、耳、鼻中。

◎知道未经允许不跟陌生人走。

2—3 岁

◎户外游戏时，知道不离开老师、小朋友或家长，有初步的安全意识。

◎能扶着扶手上下楼梯，知道靠右走，（有小朋友同行时）懂得不推挤小朋友。

◎喜欢户外活动，（在集体活动中）愿意一个跟着一个地走。

◎知道玩滑梯时要注意安全，不推不挤。

◎不怕寒冷，冬季外出时，穿棉袄或棉背心。

◎不摸危险物品，不将异物放在耳、鼻和口中。

◎知道父母不在家时不给陌生人开门，具有初步的自我保护意识。

◎知道注意安全的方法，能够自己上下楼梯。

3—4 岁

◎知道外出时不离开成人，不接受陌生人给的东西，不跟陌生人走。

◎知道自己的姓名、年龄、性别。

◎懂得有秩序地上下楼梯和大型运动器械。

◎认识交通标志，如红绿灯、人行横道线，并知道这些交通标志的意义与作用。

◎了解基本的交通法规，如红灯停、绿灯行、走人行道、靠右行走等。知道并能做到不在马路上踢球、奔跑等。

◎知道不随便开启家用电器，特别是电烫

斗、电取暖器等；不玩弄电线和插座。

◎知道出去玩的时候不随意离开集体。

◎知道在与小朋友一起游戏时，不得使用手中的玩具去打其他小朋友的身体，特别是头部。

4—5岁

◎能够记住家庭地址和电话。

◎认识日常生活中常见的安全标志，知道不去危险的地方。

◎能注意躲避危险，保护自己不受伤害。

◎遇到危险时知道躲避，会呼喊求救。

◎能不怕寒冷、炎热，积极勇敢地参加体育活动。

◎不独自玩弄烟花、爆竹。

◎知道电闪雷鸣时不站在大树下。

5—6岁

◎学会安全地使用易于操作的劳动工具。

◎掌握操作常用家用电器的方法，使用家用电器时有安全意识。

◎知道不做攀爬窗户等危险的事情。

◎掌握简单的自护和求救的方法，在可能遇到危险或发生意外时知道如何处理。

◎养成正确的坐、立、行等习惯，增强自我保护的意识。

◎了解在夏天、冬天保护自己的一些方法与技能。

◎知道常用的应急电话，并会正确拨打报警电话。

◎知道不玩火，掌握在火灾中自救的方法，增强自我保护意识。

心理健康

解释：

指培养幼儿的情绪反应适度，自我体验愉悦，社会适应良好，心理发展达到相应年龄组儿童的正常水平。

成长指标：

0—1岁

◎（1—2个月）体验身体不同部位的感觉，感受家人对自己的爱。培养愉快的情绪。

◎（2—12个月）让幼儿有愉快的情绪体验。

◎（2—12个月）培养幼儿的安全感。为幼儿创造多接触带有积极正向信息的事物的机会，让幼儿有积极的情绪体验，增强安全感。

1—2 岁

◎（13 个月）注意力集中时间很短。

◎能够在一定程度上控制情绪，保持心情愉悦。

◎能够听口令做简单的动作。

◎会区分笑、哭、生气等不同的表情，知道高兴表示心情好。

2—3 岁

◎在成人的鼓励下能愉快入园。

◎愿意跟随成人的引领，玩模仿动物走的游戏。

◎知道小时候尿床不是一件难为情的事情。

◎喜欢自己做事情。

◎知道身体不舒服时说出来，能够得到别人的帮助。

◎愿意做勇敢的孩子，打针时不哭。

◎能较好地集中注意力，获得传接物品的游戏经验。

◎知道对与错，能接受爸爸妈妈的建议和要求。

◎愿意说出自己遇到的困难，乐于在他人的帮助和鼓励下尝试克服困难。

3—4 岁

◎情绪安定、愉快，有安全感，逐渐建立与老师的依恋关系，适应幼儿园生活。

◎愿意向成人和同伴表达自己的情绪。

◎能用语言和非语言方式（动作、表情等）表达自己的需要。

◎喜欢到户外玩，愿意和家长或老师一起参加户外活动。

◎身体不舒服时能够主动说出来，知道寻求成人的帮助解决问题。

4—5 岁

◎学会以游戏的方式宣泄自己的情绪，能保持愉快的心情。

◎愿意参加体育活动，体验运动的快乐。

◎能以合理的方式宣泄自己的情绪。

◎学会控制自己的情绪和行为。

◎感受到自己在长大，会做很多事情，体验自我价值感。

5—6岁

◎在集体活动中情绪安定、愉快，主动调节消极情绪。

◎初步学习调节自己情绪和行为的技能。

◎正确对待失败，初步发展抗挫折能力。

生活自理

解释：

指帮助幼儿获得自己完成身边各种力所能及的事情的能力，主要包括自己穿脱衣服、鞋袜，收拾、整理衣服和独立进餐等。

成长指标：

0—1岁

◎在婴儿期，帮助孩子养成有规律的饮食习惯。

◎培养幼儿符合社会文化规范的大小便习惯。

1—2岁

◎（16个月）初步学习使用勺子，能用勺子将东西放进杯里。

◎学习水杯口朝上拿杯子，知道口朝上东西才不容易洒出来。

2—3岁

◎知道餐后要擦嘴，乐于学习擦嘴的方法。

◎能够掌握漱口的基本方法。

◎知道勺子的用处，学习用勺子吃饭，愿意使用勺子吃饭。

◎知道吃饭时要小心，能够独立进餐，愿意学习自己用餐具吃饭。

◎能尝试学习自己卷袖子的方法。

◎愿意尝试自己穿袜子。

◎能正确辨认衣服的前面和后面。知道穿衣的顺序。

◎能够掌握穿裤子的方法。

◎大小便后，愿意自己动手将裤子提好。

◎认识自己的鞋子，愿意练习穿，能区分左右。

◎能辨认男鞋和女鞋。学会穿鞋的正确方法。

◎知道穿上合适的鞋子才是最安全、最舒服的。

3—4岁

◎会使用勺子独立进餐，掌握基本的用餐方法。

◎逐步学会按次序穿脱衣服和鞋袜。

◎学会叠衣服的方法。

◎深入理解并更熟练地掌握前一年龄段学习的生活自理技能。

4—5岁

◎能使用筷子和其他夹物用具。能够灵活地使用筷子吃饭，不撒饭。

◎尝试自己系鞋带（先学习简单的系扣方法，通过系扣和解扣的反复练习过程，逐渐掌握系鞋带的方法）。

◎能独立、迅速、有序地穿脱衣服和鞋袜，并整理好放在指定的地方。

◎独立、正确地盥洗擦身。

◎学习叠被子的方法。能独立叠被子。能较整齐地整理床铺。

◎喜欢做并能够做力所能及的事情。如：整理被褥、擦桌子和椅子等。

5—6岁

◎深入理解并更好地掌握在前一年龄段学习的生活自理技能。

◎能够主动、高兴地做自己力所能及的事情。

◎能够主动帮助比自己小的儿童做事情。

食物与营养

解释：

食物是通常由碳水化合物、脂肪、蛋白质或水构成，能够通过进食或是饮用为人类或者生物提供营养或愉悦的物质。营养指机体摄取和利用食物过程的总和。食物与营养，指引导幼儿初步了解食物与营养的关系，并能够做到不偏食、不挑食，均衡地摄取身体成长所需要的各种营养。

成长指标：

0—1岁

◎能将常见蔬菜、水果等食物的名称与实物相对应。

◎能够在成人的帮助和指导下，适量喝水。

1—2岁

◎能够说出常见食物的名称。例如：黄

瓜、白菜、苹果、香蕉、梨、米饭等。

◎能够将常见食物的名称和实物或者实物的图片对应起来。

◎初步意识到食物与健康的关系，知道要吃各种各样的食物。

◎知道水果洗干净后才能吃。

2—3岁

◎能够说出常见食物的色彩和形状等。如：绿色的黄瓜、长长的黄瓜、红色的苹果、圆圆的苹果等。

◎知道要吃各种食物，喜欢吃各种食物，知道不挑食。

◎喜欢喝白开水，愿意尝试多种口味的水。

◎能够通过各种感官分辨常见的水果，并说出名称。

◎喜欢吃水果，知道多吃水果对身体好，知道吃水果时要将果核吐出。

◎知道贪吃、偏食和挑食对身体不好。

◎熟悉常吃的蔬菜的名称、色彩和形状等，知道它们有营养。

3—4岁

◎知道要安静地用餐。

◎不吃不干净的食物。

◎不乱吃零食。

◎认识常见食物。

◎初步了解食物与营养的关系。如：哪些食物含有淀粉多、哪些食物维生素含量高等。

4—5岁

◎知道爱惜粮食，养成不挑食、不撒饭的良好习惯。

◎乐于了解什么样的食物是健康的食物，喜欢吃健康的食物。

◎增强对食物的感官认识，学会欣赏和表达。如：荸荠的清香、胡萝卜的艳丽、芹菜的修长等。

◎了解常见食物的性质。如：哪些食物含有淀粉多、哪些食物维生素含量高等。

◎初步了解营养配餐的食物搭配。

5—6岁

◎养成健康的饮食习惯，进餐时举止文明。

◎了解食物在人体内的消化过程。

◎认识我国及其他各国民间流传至今的食品。

◎了解各国民间饮食文化和风俗习惯。

◎能够初步尝试进行营养配餐。

◎了解常见的食物存储方法。

◎知道储存食物有保质期和食用卫生的简单常识。

◎认识绿色食品标志，了解绿色食品对人们健康的益处。

卫生与健康行为

解释：

卫生指为增进人体健康、预防疾病、改善和创造合乎生理、心理需求的生产环境、生活条件所采取的个人的和社会的卫生措施的综合。健康指一个人在身体、精神和社会等方面都处于良好的状态。卫生与健康行为，指旨在促进卫生和健康发展的行为的总称。

成长指标：

1—2 岁

◎（19 个月）大小便能坐便盆。

2—3 岁

◎在成人提示下，知道餐前、大小便后、户外游戏后洗手，愿意自己洗手。

◎知道大小便要如厕，能够在成人的帮助下主动如厕，便后请成人帮助清洁身体。

◎知道自己有水杯，口渴了要用水杯喝水，要喝白开水。

◎口渴时能够主动饮水，能分辨不同味道的水。

◎知道入睡前要如厕，知道要把尿尿在便盆里。

◎能主动学习独立如厕的本领。

◎知道憋尿不好，有小便要马上去上厕所。

◎知道用手绢和纸巾擦鼻涕、擦汗，自己会用手绢擦鼻涕。

◎手绢脏了，知道要洗手绢。

◎知道讲卫生，要用自己的毛巾。

◎知道洗手讲卫生，能掌握洗手的顺序和方法。

◎知道洗手后要涂抹手油，能找到自己的护肤品。

◎知道经常洗澡、洗头、剪指甲。

◎知道每天要洗脚。

◎知道要安静午睡，睡眠对身体有好处。

◎知道感冒病毒会传染，了解不把病菌传给其他人的简单方法。

◎知道生病了要找医生看病。

◎知道要保护牙齿，乐于早晚刷牙。

3—4岁

◎喜欢喝白开水，养成经常喝水的习惯。

◎养成勤盥洗的习惯，做到饭前洗手、饭后擦嘴与漱口。

◎会用正确的方法洗手、洗脸。

◎能够做到早晚刷牙。

◎知道要使用自己的毛巾、水杯和清洁的手绢或纸巾。

◎学会自己如厕，养成定时大便、不憋尿的习惯。

◎知道感冒病毒会传染，了解并掌握不把病菌传给其他人的简单方法。

4—5岁

◎能主动适量饮水。

◎能积极地配合成人接受疾病的预防和治疗。

◎有良好的生活常规和秩序，喜欢幼儿园有规律的生活。

◎学会大小便自理，学会大便后自己擦屁股的方法。

◎知道指甲长对自己和同伴的害处，养成勤剪指甲的良好卫生习惯。

◎知道不对着人打喷嚏、咳嗽，学会擦鼻涕的正确方法。

◎能将垃圾扔到指定的地方，能够主动收拾游戏、活动后的玩具和材料。

5—6岁

◎爱干净、爱整洁，保持服装整洁。

◎了解运动与健康的关系，养成积极锻炼身体的习惯。

◎逐步提高对寒冷和炎热等特殊天气的适应能力。

◎了解传染病的预防方法，增强预防疾病的意识。

◎了解基本的运动卫生知识。

语言领域

语言是人类最重要的交际工具，以符号、文字、图案、音乐、语音、肢体动作与面部表情等形式为载体，来传递或交流情感信息。人们借助语言保存和传递人类文明的成果。

语言领域的教育是指培养幼儿清楚、正确地发音；丰富幼儿的词汇，发展幼儿思维和口头语言的表达能力；初步培养幼儿对文学作品的兴趣和初步的审美能力。

语言

语音声调

词汇、句子和语法

倾听和理解

说与交流

早期阅读

书面表达

文学欣赏

语音声调

解释：

语音是语言的物质外壳，正是因为有了语音，语言才成为可以被人们感知的东西，使人们之间的思想交流更为直接、便利。声调是音节的高低，汉语是有声调的语言，不同的声调和不同的声母、韵母一样，能代表不同的意思。

成长指标：

0—1岁

◎0—1个月，具备听辨声音的能力（多听他人说话，促进语言发育）。

◎0—1个月，能感受妈妈的声音。注意发展听觉，提升听觉反应能力。

◎0—1个月，锻炼口、唇的学习、模仿能力。

◎0—1个月（第4周），小嘴巴能发出声音。

◎0—1个月，哭是第一个月的主要发音。这个月内，婴儿学会了调节哭叫声的音长、音量、音高。能用几种不同的哭叫声表示他们不舒服、叫人来或要吃奶等要求。

◎1—2个月，高兴时会发出1—2个韵母声，如"a、u"。

◎2个月，婴儿能发出更多声音，发音包括："a、ai、e、ei、hai、ou、ai-i、hai-i、u-e"等。

◎2个月以后，语音模仿开始有进展，有时还出现了与成人咿呀对话的现象，可长达数分钟。

◎2—3个月，能发一些元音"a、o、i、ou"以及"ba、ma"的辅音。

◎2—3个月，倾听爸爸妈妈的声音，能感受低音、高音的不同。

◎2—3个月，开始练习辅音发声，逐步知道各种声音的含义。

◎2—3个月，情绪好时常常会主动发音，轻声笑出声音。

◎2—3个月后，婴儿的单音节发音已与情节发生关系。当焦急或不舒服时，常发"i、e"等音；在放松状态下，则较多发"a、o、e"等音。

◎3个月以上，学习模仿嘴巴的动作，发出声音，锻炼语言技能。

◎4个月起，发音发生明显变化，发音增加很多重复的、连续的音节。发音大多是辅音和元音相结合的音为主，并且开始从单音节发声过渡到重叠多音节发声的过程。

◎4—5个月，对发音的兴趣增强，发音明显增多；能发出表示高兴与不高兴的情绪的声音。

◎4—8个月，婴儿开始连续音节阶段的发音。例如：“a—ba—ba—ba—ma”。

◎5—6个月，开始咿呀学语，哭的时候会发出“mum—mum”的声音。

◎6个月后，婴儿开始有近似词的发音，有的音开始具有某种意义。例如：“ba—ba—baba”。

◎7—8个月，婴儿开始发重复的连续音节。如：“mā—mā—mā”、“bà—bà—bà”。

◎7—9个月，能分辨家里每个人的声音并作出反应。例如：妈妈在房间叫宝宝的名字，宝宝会把头转向妈妈。

◎9个月，能说出不同音节的连续发音“da—da—ba—ba”等，能根据成人手指动作的提示发出长音。

◎9—12个月，婴儿开始发出不同的连续音节，并且明显增多，音调也开始多样化。开始学话萌芽阶段，能发出“ei—yo—you”等音。

◎11个月，开始咿咿呀呀地说话，说单字。

◎12个月，说一些（让听者感觉）难懂的话。

1—2岁

◎13—18个月，说话时单音重复。例如：“抱抱、帽帽”等。

◎13—18个月，以音代物。例如：叫汽车为“笛笛”。

◎22个月，能发出象声词的音，认识、模仿动物的叫声。

◎23个月，能大胆地跟念儿歌，说清楚“罐、转、摇”及象声词“哩哩啦啦”等。

2—3岁

◎能听辨出他人的声音，并能大胆地说出来。

◎能学会说“唰、哗”等象声词。

◎喜欢模仿各种声音，能初步学习念儿歌或其他词句。

◎基本清楚普通话或方言的发音。

3—4 岁

◎对于生活在方言区域的幼儿，要开始逐步引导其学说普通话。

◎由于不能区别发音上的细微差别，不能正确发音，常出现错音、丢音、换音等语音错误现象。例如："狮子"读成"希儿"，"六"读成"又"，"岗亭"读成"钢琴"等。成人要注意纠正幼儿的发音，切记不要学说幼儿的错误发音。

◎会学正确发音。培养学龄前儿童正确掌握 1300 多个普通话的音节（包括声母、韵母、声调）。

◎能发好儿化音。教儿童发儿化音时，要注意儿化的发音是靠卷舌动作。

◎能够利用儿歌、绕口令等练习发音。

◎知道每一个字的发音不同，所代表的意思也不同。

◎乐于玩练习正确发音的游戏。

4—5 岁

◎在日常生活、活动中能听懂和正确运用普通话交流。

◎学习绕口令，能说准确读音容易混淆的字词。

◎能区分普通话和方言的发音。

5—6 岁

◎理解同音字的概念；能听辨出同音字。

◎认识一些同音字。

◎会玩文字游戏，听辨同音字。

◎能进行四个声调的练习，并能够运用四声进行组词。例如：说出"ma"的四声"妈麻马骂"，并组词。

◎能辨别普通话的声调。

词汇、句子和语法

解释：

词汇是语言的建筑材料，一个人要很好地掌握语言这一交际工具，就必须掌握足够的词汇，这样才能明确地表达自己的思想，才能与别人自如地进行交流。

句子是语言运用的基本单位，它由词、词组（短语）构成，能表达一个完整的意思。如：告诉别人一件事，提出一个问题，表示要求或者制止，表示某种感慨，表示对一段话的延续或省略等。

语法包括词法和句法两部分：词法主要是指词的构成、变化和分类规律；句法主要是指短语和句子等语法单位的构成和变化规则。

成长指标：

0—1岁

◎4个月，通过动作的反复，巩固对词语的理解。

◎11个月，能理解熟悉的词汇，学习认识几个常见物体的名称。例如：衣服、手套、裤子、袜子等。

◎12个月，能指认1—2个身体的部位。例如：鼻子、嘴巴、眼睛、耳朵等。

◎12个月，能说几个常见的物体名称或动物名称。如：灯、猫等。

1—2岁

◎13个月，认识常见的小动物并能学说简单的词。丰富词汇量，培养语言流畅性。

◎14个月，学习词语，加深对动词的理解。例如：能理解“把小兔带到我这里来”中的“带”。

◎15个月，学会说短句。例如：“我夹到了……”

◎15个月，能说出几种常见的水果的名称。对说出名称的水果有感性认识。

◎13—15个月，能说3—5个字。例如：“妈妈，再见”等。

◎16个月，能在具体的活动中理解“卷、转”等词的含义，促进本体知觉的发展。

◎16个月，认识更多的事物，丰富词汇量，锻炼观察能力和语言表达能力。

◎17个月，认识自己的手、脚等身体部位，并进行相应的手、脚运动。

◎17个月，熟悉一些名词，加深对动词的理解。例如：宝宝经常接触的玩具的名称。

◎18个月，理解动词“翻”。通过做动作让宝宝理解这个词的意思。

◎16—18个月，学会说常见的名词和动词，在游戏中适时加入一些形容词。例如：“灯、帽、球、抱、喝、吃”；又如：“大的车子、红色的球”。

◎19个月，能说出句子，如：“妈妈，我想要××。”

◎19个月，学说礼貌用语“谢谢、不用谢”。

◎20个月，能学习词汇“圆圆的、飘动、飞舞”。

◎21个月，能说简单的句子来表达自己的愿望，但不能完整地说清楚。

◎21个月，对象声词感兴趣。

◎24个月，学说“我要钓×条×色的鱼”一类的话。

◎18—24个月，会说5个字左右的简单句，很少修饰。例如：“宝宝睡觉、我自己穿、我帮你推”。

◎18—24个月，会用“你、我”等代词。

2—3岁

◎25—27个月，能理解“上、下、里、外、小”等词，会用“你、我、他”等代词，会用连词“和、跟”，会用副词“最、很”。

◎25—27个月，会说3个词以上的简单句。例如：“这是宝宝的，那是妈妈的”。

◎31—36个月，词汇量较丰富。例如：开始使用“你们、他们、如果、但是”等词；知道一些礼貌用语，会用“谢谢、请”等礼貌用语。

◎31—36个月，会说几个英语单词。例如：简单的动物名称，“小狗、小猪、小猫”等。

◎31—36个月，能说出有几个词的复杂句子，把不连贯的句子扩展为包括主语、谓语、宾语的完整句子，感叹词和语气强调也出现了。例如：“这是宝宝的，那是妈妈的。”

◎31—36个月，了解常用的量词，乐于在表达、交流中尝试使用。理解数量词“一个、一座”和象声词“叽里咕噜”的含义。

◎25—36个月，喜欢听故事，能理解形容词“高高的、红红的、圆圆的、暖暖的”，愿意在表达中尝试使用。

◎理解词汇“旅行、原谅”等。

◎学说“方方的×、圆圆的×、软软的×、硬硬的×”。

◎学说短语“×色的×”。例如：“红色的苹果、黄色的香蕉、绿色的葡萄”。

◎学会用目测的方法区分两种事物的多少，学说短句“××多，××少”。尝试用简短的语句向大家拜年，学说“××，新年好”。

◎学说短句“下雪了，下雪了”。

◎感知方位，理解“前、后、里、外”。感知方位，要求会说方位词“上、下”等，能听指令正确地指物体即可。

◎能运用“在×里（上、下）面”，说出藏东西的地方。

◎喜欢念儿歌，能够区别“男、女”，学习使用人称代词“你、我、他”。

◎巩固对红色、黄色、绿色的认知，并初步认识紫色，学说词组“红色的×、黄色的×”等。

◎说话不再完全是简单句，出现复合句。

◎2岁，说话出现问句。“吗、呢、吧、谁、什么时候、什么地方、什么、为什么”等也出现了。

◎能主动积极地学习新词和新的句型。

◎普通话或者方言的发音能让别人听懂。

3—4岁

◎学说完整句。用口头造句的形式，培养儿童说完整句。

◎可以从口头造句开始，引导幼儿用一个完整的语句，表达自己的思想。

◎能独立地念儿歌，讲述简短的句子。

◎学习运用能理解的常用名词。如：周围的物品（玩具、餐具、家具、服装等）、常见的交通工具和动植物的名称。

◎学习运用能理解的常用动词“吃饭、穿衣、上课、游戏”等。

◎学习运用能理解的常用形容词：表形态的“大、小、方、圆”，表颜色的“红、黑、白、绿、黄”，表味道的“酸、甜、苦、辣”，表动作的“快、慢”，表感觉的“痛、饿、渴”等；还可以掌握表示物体重量和说明人的行为好坏的形容词。

◎学习运用能理解的常用人称代词“你、我、他”。

◎学习运用能理解的10以内的基本数词和常用的量词“个、把、双”等。

4—5岁

◎对生活中常见的文字符号感兴趣，认识自己的名字。

◎能在与同伴、成人的交流中大胆运用词汇，学习词汇的用法。

◎乐于阅读，愿意从图书中指认生活中的常见字。

◎愿意玩“找相反”的游戏，能说出相反

的词汇。

◎能区分语句的同义关系和歧义关系。

◎会用代词“你们、我们、他们”。

◎在掌握物体整体认识和名称的基础上，转入对事物各部分的认识，同时掌握各部分的名称。例如：衣服的“领子、袖子”、汽车的“车头”、车厢的“轮子”等。

◎除正确运用说明日常生活的各种动词外，还要掌握一些意义相近的动词。如：“驾飞机、开汽车、拔草、念书、看报”等。

◎运用多种多样的形容词来描述事物。例如：“美丽的、鲜艳的、细细的、软软的、绿油油、冷冰冰”等。

◎掌握基数词和序数词；掌握常用量词“条、头、件、辆、支”等。

5—6岁

◎虽然掌握的词汇数量有限，但基本的语法已经掌握。5岁左右，进入成人句阶段。

◎理解、掌握一些词语的意思，用恰当的词语表述事物的特征。例如：用清楚、恰当、连贯的语言讲述自己与众不同的地方，描述自己的脸型、发型、眼睛、鼻子、嘴、耳朵等。

◎能掌握“勤劳、懒惰、羡慕、储存”等词；学会运用词汇“当然、准备、忍不住”等。

◎能够发现句子的简单规律，并自己进行整理，用语言表达出来；学会用有某些规律的词组造句。例如：学习用“又……又……”、“来……去……”、“不……不……”、“……和……”、“……或……”等说短句。

◎学会正确使用常见的表示单一物品的量词和表示集合物品的量词。例如：表示单一物品的“一辆汽车、一把牙刷、一条鱼、一朵花、一顶帽子、一片叶子”和表示集合物品的“一束花、一群马、一堆沙子、一双鞋、一篮鸡蛋”等。

◎结合自身生活经验，学习使用“因为……所以……”句式，清楚地说出事情的前因后果。

◎用“越……越……”造句。理解这个句式的用法，知道它所代表的是事物发展的趋势，并在日常生活中理解事物的变化。

◎感受一些词汇的构词法，提高对词汇的兴趣，扩展词汇量；学说ABB式、AABB式叠音词。ABB式叠音词“亮晶晶、慢腾腾、金灿灿”等，要求第二个音和第三个音是相同的；AABB式叠音词“高高兴兴、蹦蹦跳跳、干干净净、整整齐齐”等，要求第一个音和第二个音相同，第三个音和第四个音相同。

◎学会使用句型“从……到……”。例如：“从家到幼儿园”。

◎学习“假如……就……”的句式；将“假如……就……”改为“如果……就……”；能掌握并运用表示假设关系的连词。可以用假设句说明自己在生活遇到的问题，假设怎样解决等。

◎会用描述事物不同程度的形容词表示事物的微小差别，描述事物的特点和状态；会用复合形容词（如“深蓝、浅绿”等）表示颜色的细微差别；会用代表抽象意义的形容词（如“光荣、勇敢、机警”等）评价人的行为；会用“焦急、满意、感激”等形容人的心理状态。

◎随着抽象思维的发展，逐步掌握一些概括性较高的名词。如：“家具、餐具、交通工具、动物、蔬菜、水果、粮食”。

◎会用不同的词来说明相同的事物，掌握一些可以相互替换的词，使语言生动活泼；掌握同义词，同时学一些反义词。

◎学习常用的虚词。

◎认识一定量的汉字；知道文字都有具体的意义；初步了解文字的功能；建立口语和文字的关系；初步知道汉字结构的一些特点和规律，如独体字和合体字；初步了解一些汉字演变的知识。

◎感受句子的长短，能仿照例句将句子变长或变短。扩句：给一个只有主、谓、宾的句子添加形容词，使句子变长；缩句：将句子的形容词去掉，使句子变短。

◎通过学说广告语，了解广告语言的特点等，并能尝试创编广告词。

倾听和理解

解释：

倾听，指启动听觉器官，接收语音信息。

理解，指能够听懂指示、故事和对话等。

成长指标：

0—1 岁

◎0—1 个月，感受妈妈的声音，发展听觉，提升听觉反应能力。

◎出生 24 天，能够对男女的声音、父母的声音和不熟悉的声音作出明显不同的反应。

◎1—2 个月，聆听各种不同的声音，刺激听觉的发展，发展倾听的能力。

◎1—2 个月，熟悉爸爸的声音，感受爸爸的爱。

◎2—3 个月，发展倾听能力，并练习发声。

◎3 个月以上，通过丰富的视听刺激，使视觉和听觉能力协调发展。

◎3 个月以上，能用手摇动物体，感受摇动物体发出声音的快乐；倾听声音的不同，促进听觉的分辨能力。

◎3 个月以上，逐步养成倾听的习惯，为以后倾听书中内容和看书奠定基础。

◎5—6 个月，听到有人叫自己的名字，能够转头看。

◎7 个月，能逐渐听懂指令，并能准确做出相应动作。例如：笑一笑、看一看等。

◎7 个月，发展听力，能辨别不同的声音。例如：能辨别玩具、闹钟、电话等会发声的物品。

◎8 个月，尝试发出“bà、mā”的音。

◎8 个月，学会听声指物。例如：出示动物图片，说出动物名称，宝宝能指出相应的图片。

◎8 个月，能通过表情、动作和语言，进一步理解“不”的意思。

◎9 个月，能听懂成人的语言指令，理解一些常用词汇，学习用动作表示语言。

◎9 个月，开始真正理解成人的语言。

◎10 个月，在不同的游戏情境中，能理解为什么使用“噢、啊”等词。

◎10 个月，学习理解成人的指示词，并做出相应动作。例如：“把玩具拿出来、放回去”等。

1—2 岁

◎14 个月，增强倾听能力，培养手、口协调的能力。

◎13—15 个月，能说儿歌或故事的最后一个字。

◎18个月，能配合成人训练听觉和反应能力。例如：宝宝扮演小动物，根据成人发出“狐狸来了”“狐狸走了”等不同的指令做游戏。

◎20个月，养成认真倾听的好习惯，能够感受听童话故事的乐趣。

2—3岁

◎喜欢听儿歌，愿意看着图跟着成人诵读。

◎喜欢听故事，能安静地听成人讲故事，了解故事的主要内容，并说出故事的名字。

◎喜欢听和谐、悦耳的声音，乐意听别人说话。

◎能听懂并执行生活常规的指令。

◎喜欢听成人讲述玩具、图片上的物体以及其他实物。

◎能安静地听成人念儿歌、讲简短的故事。

◎能听懂并执行生活常规方面的某些指令。

3—4岁

◎学会注意倾听他人讲话，听懂日常生活用语，并能作出反应。例如：“你去哪里玩了？和谁去的？遇到了什么事？哪件事使你最开心？”

◎喜欢听儿歌，理解儿歌的大意，愿意跟读儿歌。

◎乐意听爸爸、妈妈、老师和同伴讲话。

◎能听懂普通话。

◎听别人说话时，能保持安静，不打断别人说话。

4—5岁

◎养成注意倾听的习惯，发展语言理解能力。

◎能注意用耳朵仔细听，不大声喧哗、插话等；养成良好的倾听习惯，懂得尊重正在发言的人。

◎能从口头交谈得到与其生活经验相关的语言信息，获得知识和感受快乐。

◎能分辨正确的表达方法和错误的表达方法。

◎能有礼貌地、集中注意力地倾听他人说话。

◎能理解多重指令。例如："把小凳子拿过来，一个挨一个摆放整齐。"

5—6 岁

◎能有意识地注意倾听，能听懂所接受的语言（同伴的、成人的、媒体的）。

◎理解童话等儿童文学作品的主要意思。

◎无论在集体场合或是个别交谈，均能认真、耐心地倾听他人谈话。

◎能分辨声调、语调和语气的不同变化。

◎能理解并执行多重指令。例如："吃完晚饭后把碗放到桌子上，然后去把小书包整理整齐。"

说与交流

解释：

说与交流，指用口头语言来表达自己的思想、情感，以达到与人交流的目的。

成长指标：

0—1 岁

◎出生 12 天的新生儿，能以目光凝视或转移、停止吮吸或继续吮吸、停止蹬腿或继续蹬腿等身体行为对说话声音和敲击物体声音的刺激作出不同的反应。

◎1—2 个月，用不同的哭声表达不同的需要。

◎大约 2 个月，婴儿会在生理需要达到满足之后，对成人的逗弄和语言刺激报之以微笑，或用声音、身体的同步动作反映予以应答，好像在和成人"交谈"。

◎3 个月以上，能用笑声和叫声来表达快乐。

◎3—4 个月，对成人说话能作出反应。

◎3—4 个月，能把语言和物体联系起来，形成对外界事物的初级条件反射。

◎4 个月左右，能对成人的话语逗弄给予语音应答，仿佛开始进行说话交谈，并且出现与成人轮流"说"的倾向。当一段"对话"结束，婴儿会发一个音或几个音来主动引起另一段对话。

◎5 个月以上，能用笑声和叫声表达快乐，能在游戏中体会儿歌的趣味性。

◎7—8 个月，会模仿咳嗽声、咂舌声等。

◎9 个月，能模仿成人发音，能理解常用语言的意义。例如：模仿"爸爸、妈妈"的发音，理解"走、坐、站"等简单动词。

◎9 个月左右，可以用摇头和摆手来表示

拒绝。

◎10个月，有意识地喊“爸爸、妈妈”。

◎10个月，开始有意识地用声音表示要求。如：开始发出“妈妈，抱抱”的音。

◎1岁左右，手势语更加丰富，能在父母的指导下做出各种动作。例如：用手势表示欢迎和拒绝，用挥手表示再见等。

1—2岁

◎1岁半，听到别人对自己说话，能用声音、手势、表情、单词等作出反应。

◎1岁半，能用词语、手势、表情等向成人表达自己的要求。

◎13—15个月，学会称呼家人。例如：说简单的称呼“爸爸、妈妈、爷爷、奶奶”等。会模仿常见动物的叫声。例如：会模仿猫、狗的叫声。

◎16—18个月，能说出自己的名字或者家人的名字。

◎17个月，懂得用手势来进行沟通。

◎18个月，学习简短的对话。例如：打电话中的简短对话。

◎18个月，在成人语言信号的提示下，欣赏儿歌，能边念儿歌边做动作。

◎19个月，具备完整地讲述一句话的能力，能大胆、主动地表达。

◎20个月，学会用语言表述“蝴蝶飞”。

◎20个月，能清楚地表达自己的感受，感受“摸一摸”“猜一猜”的乐趣。

◎19—21个月，学会说出身体部位的名称和方位的名称。

◎19—21个月，开始学着唱一些简单的歌，或者猜谜语。

◎23个月，能尝试在众人面前进行简单的自我介绍。

◎23个月，能在众人面前大胆地说出自己、爸爸、妈妈的全名，乐于同别人交往。

◎23个月，能学习招待客人的礼貌用语。例如：“请进、请坐”等。

◎24个月，具有积极情绪，能当众大胆地说话。

◎24个月，能说出简单的儿歌，会看图编故事。

◎21—24个月，能根据语言产生联想，并做出相关动作。

2—3岁

◎学会提出问题，并能回答故事及日常生活中的问题。例如：能说出父母工作的单位、家的地址及部分电话号码。

◎会讲小故事，会唱简单的儿歌。

◎愿意说出自己的名字（不对陌生人说出自己的名字），能进行应答。

◎愿意模仿成人玩“打电话”游戏，能够进行交流。

◎喜欢说儿歌，能够比较清楚地发音，能口齿清楚地朗诵儿歌。

◎能用好听的声音向小朋友介绍自己的家人；知道家人的姓名、工作单位、职业等简单情况。例如：讲述全家福照片上都有谁，分别叫什么名字等。

◎初步了解打电话的方法，提高语言表达能力。

◎愿意用语言表达自己对家人的爱。

◎感知各种玩具的不同特征，学习用较完整的短句表达。

◎学习口齿清晰、有节奏地朗诵儿歌，并进行表演。

◎听到召唤时，能大声应答“哎”。

◎愿意和成人交流，能倾听并回答简单的问题。

◎能与成人交谈自己感兴趣的人或动物的动作、图片上的物体等。

◎能说出自己的姓名和年龄，能用间断的语句回答别人的问题。

◎能积极地运用简短的语句与别人交谈。在游戏中喜欢与同伴交谈。

◎能用“是”或“不”回答别人的问题。

◎积极尝试运用日常听到的词和句子。

3—4岁

◎愿意用语言与别人交往，并喜欢应答。

◎能用语言及非语言方式（动作、表情等）表达自己的需要。

◎会使用简单的礼貌用语与成人打招呼。例如：会说“你好、请问、再见、欢迎”等礼貌用语。

◎能用简短的词语与熟悉的人交谈，喜欢问答式的交谈。

◎在言语交流中，态度要自然，声音要悦耳，说话要有礼貌，不撒娇和不粗暴地讲话。

◎愿意学说普通话，喜欢与老师、同伴和成人交谈。

◎知道在集体面前要大声发言，在个别交谈时音量要适当。

◎会用简单的语言回答问题，表达自己的请求、愿望、感情与需要等，能讲述图片的内容和自己感兴趣的事。

4—5岁

◎主动用语言与别人交流，能体验语言交流的乐趣。

◎在交流的过程中，学习使用礼貌语言。例如：会说“请、谢谢、对不起”等礼貌用语。知道在家里、公共场合等场景中如何使用礼貌用语，以及这些礼貌用语的作用。

◎敢于当众自然、大方地讲话，主动表达自己的各种感受和想法。

◎喜欢用口头语言、肢体语言表现感兴趣的事情和自己的生活经历。

◎乐意与同伴交流，分享自己的所见、所闻。

◎尝试说明、描述事情的简单过程。

◎注意保护嗓子，注意说话时对他人的影响，养成轻声说话的习惯。

◎对语言的运用不限于说眼前的事物，还能够谈论以前发生的事情，也能谈论计划要做的事情，甚至谈论一些实际并不存在的事情。

◎积极学说普通话，发音清楚，积极而有礼貌地参与交谈。不随便插话和打断别人的谈话。

◎能用完整句较连贯地讲述个人经历以及图片内容。

◎能大胆、清楚地表达自己的请求、愿望、情感和需要等。

◎能讲述与他人共同生活和个人生活的经验。

◎情境讲述：能根据故事内容进行表演，包含对话、动作、表情等。

◎拼图讲述：能够根据一些构图材料（如塑料几何形体、用吹塑纸做的各种形象、贴绒或磁铁教具等）拼成各种各样的画，并清晰地讲述其表达的内容。

◎绘图讲述：先绘画，然后根据画的内容进行讲述。

◎创造性讲述：编故事讲述，在故事情节出现矛盾的时候中断故事，然后根据故事内容编结尾；推理讲述，先把4—6张连环画打乱顺序，让儿童排序后再讲述；续编故事，根据故事情节进展情况续编故事，然后讲述出来。

◎说话声音的音量和语速适当。

5—6 岁

◎能自然、有礼貌地与人交流，能大胆运用各种语言表达方式（各种句式、语气等）清楚、连贯地表述自己的想法。

◎愿意当众大胆地表述自己的想法，表达时自然、从容、自信。

◎愿意与他人交流自己的想法和感受。能用连贯的语句与同伴交流，彼此分享收获。

◎学会用恰当的语句来表达自己的情感。例如：过年了，见到不同的人说不同的吉祥话。

◎学习用比喻的方法描述事物，敢于探索性地表达自己的想法。

◎能用比喻的方法来描述事物或过程。例如：“像离弦的箭一样飞快地奔跑。”

◎在不同的场合，会用恰当的音量、语速说话。

◎能连贯地讲述事件以及对图片和物品的认识。

◎能主动、大胆地使用适当的词、句、语段来表达，乐意参加讨论和辩论，敢于发表不同的意见。

◎在众人面前说话态度自然大方，声音响亮。

◎能主动、大胆地使用适当的词、句、语段表达意见，勇于辩论。

◎坚持说普通话，发音准确、清楚，能主动、热情、有礼貌地用正确的交流方式与人交谈。

早期阅读

解释：

早期阅读，指 0—6 岁学前儿童凭借变化着的色彩、图像、文字或凭借成人形象地读讲来理解读物的活动过程。

成长指标：

0—1 岁

◎2—3 个月，开始喜欢看简单清晰的图片，喜欢看有意义的图形，发展观察能力。

◎2—3 个月，学习看图和听说，养成喜欢看书和倾听的习惯，为未来的听说奠定基础。

◎8个月，喜欢看画册，发展观察能力和倾听能力。

◎11个月，学会看一些图片，进行早期阅读准备。

◎12个月，学习将语言和图片形象对应起来。

1—2岁

◎1岁半，喜欢听成人讲述图书上的故事、儿歌等，对早期阅读具有初步兴趣。

◎13—15个月，对书感兴趣。成人可跟宝宝一起翻阅照片或者故事书，有感情、做动作地进行讲解，并适当地提问。

◎16个月，能按图片讲故事并提问，培养对画面的观察能力和对故事的理解能力。

◎17个月，学会安静地听故事，知道故事中主人公的名字。

◎20个月，（阅读时家长要引导和帮助宝宝）学会一页一页地翻书，培养良好的阅读习惯。

2—3岁

◎2—3岁，正式进入阅读关键期。

◎喜欢看图讲故事，能讲述图片上的内容，简单地说一说“这里有谁，在什么地方”等。

◎喜欢听故事，理解“暖洋洋”一类的词汇。

◎理解故事内容，学说故事中简单的对话。

◎能学说故事里重复的语句。

◎愿意跟成人学故事中的人物对话。

◎愿意根据故事内容尝试表演。

◎喜欢看图画书，知道爱护图书的简单方法（仔细瞧，小心翻，看完书收放好）。

◎喜欢看图听故事，愿意学说故事中简单的句子。

◎喜欢猜谜语，尝试根据谜面的描述猜想谜底。

◎能听懂故事，回答简单的问题。

◎喜欢演有象声词的短剧。

◎喜欢看图书，能听懂故事并记住主要情节。

◎熟记故事，用手势配合讲故事。

◎尝试根据自己的经验续编故事。

◎学习用手指捏住书角一页一页地翻看图书，养成安静阅读的良好习惯。

◎乐意安静地倾听故事，学说故事中的短句。例如："不好，这样不好"等。

◎喜欢听故事，并能理解故事内容，愿意跟着成人学讲故事。

◎能理解儿歌的内容，在成人的引导下仿编儿歌。

◎理解故事情节，并能大胆地用动作表现故事情节。

◎喜欢看书，尝试按顺序阅读。

◎能按顺序听成人讲述或独立阅读图画书上的故事。

3—4 岁

◎听故事，理解其大意，能复述故事的一部分或者一个短小的故事。例如，成人给幼儿讲故事《甜甜找朋友》，讲完后提问："甜甜想跟谁玩？他们在干什么？"幼儿能根据故事内容回答问题。

◎喜欢和成人一起翻看自己熟悉、感兴趣的图书，并发现、指认、讲述画面中感兴趣的人或物。

◎能够一页一页地翻看图书。有爱护图书的意识，初步学会收放图书。

◎能够主动要求听故事、儿歌，喜欢故事中的象声词和幽默语言，喜欢根据故事和儿歌的内容做出表情、动作，愿意跟读。

◎根据画面中感兴趣的人或物，能串联一个完整的小故事，并讲述出来。

◎能回答故事中的有关问题，对故事的理解常与自己的生活经验有关系。

◎能仿编简短的儿歌和故事等。

◎可以用一段话来讲述一幅图的含义。

◎喜欢听成人讲述图书的内容，并尝试自己阅读图书。

◎学习正确的阅读方法，会按顺序一页一页地翻阅图书。

◎对文字感兴趣，能学认常见的简单汉字。

4—5 岁

◎喜欢听童话故事，理解故事的内容。

◎能自主选择不同的阅读材料进行阅读。例如：故事书、工具书、幼儿自制图书、音像读物、照片集等。

◎从前到后有顺序地阅读，认真观察和理

解画面内容，了解故事的情节线索。

◎认识页码。学习认识10、20、30以内的页码。

◎能自制图书分类标记，有序地收放图书。

◎知道爱护图书。例如：轻拿轻放、小心翻阅、分类摆放、及时修补等。

◎能仔细观察图画，并大声、连贯地讲出画面所表现的内容。

◎能尝试多种阅读方式，体验阅读的乐趣。

◎乐意扮演文学作品中的角色，喜欢模仿艺术作品中人物的语言、表情和动作；能够复述故事中的对话。

◎学习单独地讲述简短的故事。

◎能认真地看图画，学习看图讲述。

◎在阅读过程中，发现并搜集意思相反的词，与同伴交流。

◎根据故事的结尾或文学作品提供的线索等，按照自己的想象续编故事。

◎能够结合生活经验等，大胆地创编故事。

◎知道口头语言和文字的对应转换关系。

◎能集中注意力，倾听成人讲述图片中画面的文字说明，理解书面语言。

◎能独立阅读图书，理解画面内容。

◎对画面的文字感兴趣，主动学认常见的汉字。

5—6岁

◎能专心阅读，理解阅读内容并进行讲述。

◎在阅读过程中爱护图书。

◎会讲故事，用自己的语言复述故事；会进行创造性讲述；会用多种形式（如绘画、手工制作、表演等）表现并保留自己的作品；学习用描述性语言，讲述故事人物的动态、心情。

◎喜欢阅读各类能理解的图书及其他图文信息（如标签、海报、照片等）。

◎阅读故事，并学会一些词组和句式。如："三心二意""五颜六色""一边……一边……"等。

◎在阅读过程中，能主动观察图片的背景、角色的表情，并体会不同角色的语气特点等。

◎初步掌握创编诗歌的方法，试着创编诗歌。分析诗歌，总结创编方法。理解诗歌跟故事有什么不同、有什么特点。与小伙伴一起总结诗歌押韵、字数少等特点。

◎理解故事的发生、发展和结尾。

◎能观察几张情节相连的图片，发展想象力和推理能力，设计、编排图片，讲出自己认为符合逻辑的小故事。

◎喜欢阅读各类能理解的图文信息，具备初步的阅读能力，具有良好的阅读习惯。

◎理解画面的内容，会用恰当的扩句和缩句形式来进行合理的表述。

◎对阅读文字感兴趣，积极学认常见的汉字。

◎知道口头语言和书面语言的不同表达方式。

◎会保护和修补图书；会用绘画制作图书，并配上解说词。

◎初步学会判断对错、善恶、好坏等。

书面表达

解释：

书面表达指用书面文章的形式把自己的观点、见解和态度表现出来，它的优势在于直观、明确。因为可以给表达者足够的时间去构思和润色，避免了口头表达的内容或观点遗漏、逻辑性差等缺点，在内容上比较深刻和全面。

学前期较为重视前书写技能的培养，包括幼儿小肌肉协调性、对字形的空间知觉、方位知觉的发展。

成长指标：

3—4 岁

◎学会正确的握笔方法。

4—5 岁

◎对书籍、阅读和书写感兴趣，有初步的前阅读和前书写能力。

◎在绘画、操作等活动中，提高幼儿对笔的控制能力，坐姿正确。

◎学习书写自己的名字。

5—6 岁

◎逐渐增强手对笔的控制能力，学习正确地使用铅笔。

◎有书写文字的兴趣和愿望，能按正确的笔顺书写自己的名字。

◎知道书写和阅读时的顺序是从上到下、

从左到右。

◎初步了解中国的汉字，对学认汉字感兴趣。

◎认识田字格，尝试使用田字格书写汉字。

◎尝试用刚刚学过的卡片上的汉字组词。例如：大、小、山、河、上、下、手、哭、笑等。

◎初步认识汉字的间架结构和书写风格，会按正确的笔顺书写自己的姓名以及常见的、简单的独体字。

◎初步了解汉字的结构；了解书写汉字的基本规则；认识书写汉字的工具；知道书写汉字的正确姿势。

文学欣赏

解释：

指在理解文学作品的基础上，通过想象、联想、情感、思维、再创造等心理活动，以追求著作的可读性和趣味性。

成长指标：

1—2岁

◎13个月，欣赏、感受儿歌的意境。

◎14个月，喜欢儿歌，通过动作体验儿歌的趣味性。

◎19个月，喜欢听儿歌，能运用肢体语言表现儿歌的内容。

◎19—21个月，能看着图画书一字一句地讲故事。

2—3岁

◎能记住诗文，喜欢诵读；愉快时，愿意向他人讲述自己的理解。

◎喜欢翻阅感兴趣的图书。

3—4岁

◎喜欢欣赏木偶剧、歌谣、故事、动画片、皮影戏、儿童剧、小歌剧等形式的艺术作品，模仿剧中人物的表情、动作、语言等。

◎有参与戏剧性表演活动的初步愿望，愿意在日常生活和游戏中观察、模仿和表现感兴趣的动物、人物的动作和表情，并加入自己的创作和想象。

◎愿意欣赏并初步感受和理解不同体裁的儿童文学作品。

4—5 岁	5—6 岁
◎愿意欣赏儿童诗歌、散文，体验其表达的情感和意境；能复述诗歌。 ◎感受优秀儿童文学作品语言的丰富和优美，理解作品的内容。 ◎喜欢谜语，愿意猜谜语，了解谜语这种文学体裁。 ◎欣赏散文、故事等文学作品的同时，要积累、丰富自己的词汇；从多种途径丰富自己的词汇，获得知识。 ◎感受文学作品语言的优美，尝试理解作品表达的情感，想象作品描绘的情境。 ◎在理解作品经验的基础上，会初步归纳作品的主题和作者的思想感情。 ◎会有感情地朗诵诗歌、散文，讲述故事。 ◎能够根据作品提供的线索，进行想象和创造，仿编诗歌和散文等。 ◎愿意欣赏寓言故事，理解作品的内容，并与人交流想法和感受。	◎能欣赏和理解各种体裁的儿童文学作品。如：诗歌、谜语、散文、童话等。 ◎能用绘画的方式大胆地表达对诗歌的理解和感受。 ◎体会儿童文学作品的情景和意境，能用相应的表情、语气来朗诵诗歌、散文。 ◎有表情地表演故事、童话、诗歌和散文。 ◎能独立仿编或与同伴共同创编故事、诗歌和散文的完整内容或部分内容。 ◎初步了解与理解儿童文学作品的不同体裁及其构成因素。 ◎在理解作品内容、归纳主题的基础上，在成人的帮助下分析作品中的特殊表现手法，体验作品的思想感情。 ◎能够有表情地朗读诗歌、表演童话故事。

科学领域

科学是指反映自然、社会、思维等客观规律的分科知识体系，是对一定条件下物质变化规律的总结。

科学领域的教育，指激发、支持和引导幼儿主动探究，经历从探索到发现，获得有关周围物质世界与生命世界及其关系的经验的过程。

科学

物质科学

地球资源与环境

生命科学

宇宙的起源与演变

科学家与科学的历史

科学探究

物质科学

解释：

指帮助幼儿了解物质和材料的性质，初步理解物体的位置与运动，认识声、光、热、电、磁等自然现象。

成长指标：

物质与材料的性质

0—1岁

◎感受不同质地的材料接触皮肤的感觉。

◎感知颜色在水中的变化。

◎感知球的弹性。

1—2岁

◎能区别简单的形状。例如：圆形、三角形、长方形、正方形。

◎能感知方形盒子的特征，发展直观认知的能力。

◎认识干和湿等特性。

◎能够透过半透明的彩纸，观察周围事物色彩的变化。

2—3岁

◎通过触摸不同材质的物体，初步感知软和硬等特征。

3—4岁

◎喜欢摆弄玩具材料，感知各种材料（沙、水、泥等）的突出特性。

◎知道物体有软硬、粗糙、光滑等特征。

◎知道物体有许多可以观察到的性质，包括尺寸、重量、形状、颜色、温度等，具有与其他某些物质发生反应的性质。

◎通过观察、品尝，了解糖果的形状、颜色、味道，知道糖果种类的丰富多样。

◎学习用手触摸和感知物体的方法。

◎学习运用耳朵听辨各种物体发出的声音。初步懂得耳朵等感官的功能，知道要爱护它们。

◎在摆弄和探索的过程中，初步发现镜子能照出人或物体。

◎了解帽子的不同质地，知道在冬天帽子可以用来保暖。

◎观察周围的生活用品。例如：椅子、水杯、拖布等。

◎学习运用感官感知物体，用鼻子闻物体的气味。

◎学习用揉团的方法搓元宵，初步了解元

宵的制作过程和煮熟后元宵的变化。

4—5岁

◎能将一些常用材料的用途与它们的简单性质相联系。

◎能运用多种感官探究材料的特性，比较几种材料的异同，能按照明显的特征将材料归类。例如：对布质玩具和塑料玩具进行分类。

◎观察和了解材料在特定情况下发生的变化，通过简单实验等方法发现材料之间简单、直观的相互关系。

◎知道材料的一些性质可以利用尺子、天平和温度计等工具进行测量。

◎初步感知物体的溶解现象，并能根据这些现象猜想哪些物体能溶解、哪些物体不能溶解。例如：糖和盐可以溶解在水里，油不能溶解在水里等。

◎搜集适宜感知沉浮的辅助材料和工具（如泡沫塑料、小石子、铁片等），初步感知物体沉浮的现象，并能根据这些现象进行初步的猜想。

◎感知石头的各种特征，会用简单的语言表达自己的发现。知道可以用石头为自己服务。

◎探索能吹出泡泡的材料的特点，能真实地记录实验的结果。

5—6岁

◎知道对日常材料加热或冷却，会使它们熔化或凝固，甚至产生永久性变化。

◎能够主动探究材料相互作用时的基本特点，以及改变外界条件（如加热、冷冻等）时材料发生的变化。

◎知道许多材料是天然生成的，还有许多材料是由原始材料加工制成的。初步了解材料与人类生活的关系。

◎观察各种液体，根据自己的生活经验，大胆地猜想和记录瓶子里分别装的是什么液体，并尝试用不同的方法验证猜想。材料：糖水、盐水、白酒、清水、醋、酱油、茶水等。

◎能够感受酸对鸡蛋壳的影响。将3个鸡蛋壳分别放在装有白醋、碳酸饮料、水的杯子里，每天观察鸡蛋壳的变化。能够联想到牙齿和鸡蛋壳一样，碳酸饮料对牙齿有腐蚀作用，应少喝各种碳酸饮料。

◎用各种感官感知冰的特征，了解冰和水的关系，在观察、操作、实验中主动探究让冰慢些融化的方法。

◎初步了解水具有流动性等特征，通过实验知道无论容器怎样放置，水面总是水平的。

◎发现绳子的不同与纸杯电话声音清晰度之间的关系。在生活中发现不同透镜的特征，乐意用语言表达自己的发现。

◎知道水的温度是可以变化的。

◎能与同伴友好合作，合作探究物质的特征，遇到困难能够积极动脑筋解决。

物质的运动与位置

0—1岁

◎能注意物体。

◎能根据声音寻找声源。

◎初步感知声音的快、慢、停顿。

1—2岁

◎认识周围的事物，初步发展方向感。

◎发展高和低的方位感觉。

◎发展空间知觉能力。

2—3岁

◎感知方位，初步理解“前、后、里、外”。

◎初步感知远和近的关系，知道“哪个近、哪个远”。

3—4岁

◎感知陀螺在不同质地的圆盘（光滑的金属盘、布圆盘、榻榻米圆盘等）上面旋转的快慢不同。

◎懂得推和拉可以使物体移动。

4—5岁

◎理解推和拉可使物体开始、加快、减慢或停止运动。

◎知道接近地面的物体如果没有东西支撑，会落在地上。

◎能够对身边常见的物体、现象大胆猜想和主动探究。

5—6岁

◎理解“力”可以影响物体的位置、运动

情况及形状。

◎知道磁体可以不接近某些物体而使这些物体运动。

◎能够感知不同坡度、不同路面上车滑行的速度不同，归纳在哪种路面上车的速度最快、最慢，在哪种路面上车冲出去的距离最短、最长。例如：设置不同坡度、路面的“车道”，用各种玩具车进行实验观察。

◎体会物体的运动方向会随着重心的改变而发生变化。

◎通过操作游戏探索发现离心力的作用，萌发对科学探索活动的兴趣。

◎在操作活动中，积累有关转动的经验，了解转动是运动的一种形式。

◎尝试用多种方法使物体转动，体验转动的乐趣。积极参与探索活动，愿意与同伴交流自己的发现。

◎通过沉和浮的变化、转换，体会事物的可变性、相对性。

能量的形式：声、光、热、电、磁

0—1 岁

◎能辨别不同的声音。

1—2 岁

◎知道响声玩具能通过人的摆弄而发出声音。

◎学习分辨不同物品发出的声音。

2—3 岁

◎喜欢体验在阳光下找影子的乐趣。

3—4 岁

◎喜欢玩影子的游戏，初步了解物体是有影子的。在游戏中观察、了解影子的特点。

◎初步了解冰块是由水变成的，冰又能变成水。

◎观察糖在水中溶解的过程及所发生的变化，并用语言表达自己的发现。对溶解的现象产生好奇，并愿意思考“糖怎么不见了”的问题。

◎对生活中的各种声音感兴趣。户外活动或外出，可以有意识地引导幼儿闭上眼睛，倾听小鸟的叫声、小朋友说话的声音、爷爷浇花的水声等，并说说喜欢哪种声音。

◎知道许多家用设备是用电的，但不正确地使用电是危险的。

4—5岁

◎知道声和光的简单性质。光在碰到物体之前沿直线传播。光可以被镜面反射，可以被透镜折射，可以被物体吸收。

◎知道磁铁能吸引某些材料，但不吸引其他材料，磁铁还能相互排斥。

◎能对实物和影子进行对比观察。

◎能感知磁铁的现象和特性，并根据这些现象进行初步的猜想。

◎知道磁铁能吸住铁的东西，并能用语言表达出来。学习按一定标准分类的方法。

◎感知影子的颜色、形状，获得有关影子的具体经验。对探索影子的活动产生兴趣，提高细致的观察力，能用较为完整的语言讲述自己的发现。

◎尝试用多种方法将自己和影子分开，同时发现自己的影子和自己总是相连的。体验与同伴合作探究的愉悦。

5—6岁

◎懂得冷和热是相对于人本身温度的概念。

◎了解家庭中使用的一些燃料。知道热可以通过许多方式产生。例如：燃烧、摩擦或者把一种物质与另一种物质混合起来。（注意安全意识和技能培养）

◎知道热可以通过传导，从一个物体传递到另一个物体。（注意避免烫伤）

◎知道电路中的电可以产生光、热、声和磁效应。知道电路是一个电流可以通过的完整回路。（认识电的危险）

◎感知光和影子的关系及影子的变化规律。在不断地变化光源与挡光物的距离和位置的过程中，感知、探索影子的变化；发现事物间的关系及影子的变化规律。

◎能够摆两面镜子、三面镜子，有目的地注意观察、发现镜子的数量，物体（小熊）的摆放位置，物体（小熊）的数量和镜子中“物体”（小熊）多少之间的关系。（位置感觉发展）

◎在游戏中体会影子的变化规律，发现光和影子的关系，尝试学习简单的推理。

◎感知不同长短的吸管内的空气震动时会发出高低不同的声音。

◎学习用猜测、验证的方式寻找生活中的声音，知道声音的多样性。

◎学习关注身边的事物，乐意与同伴交流。

工具与设计技术

3—4 岁

◎能主动探索多种不同玩具的玩法，了解多种玩具的特点和性能。

◎通过观察、探索活动，知道手电筒是多种多样的，能够帮助人们照亮。学习用推、按、拧等不同方法开手电筒。

◎喜欢操作、摆弄成双成对的物体。将两套或多套小标志做成玩具，引导幼儿在玩中学习物体的对应关系。

◎接触和使用常见的简单有趣的工具。例如：小锤子、小铲子等。

4—5 岁

◎初步学习运用废旧物品，尝试设计、制作简单玩具。

◎用各种材料和工具进行简单的尝试和探索。常见的材料：水、沙、泥、颜料、石头和废旧材料等；常见的工具：剪子、漏斗、筛子、各种容器等。

◎能感知、探索物体转动与人们生活的关系。例如：汽车轮胎、钟表指针等。

◎能认识常见的家用电器，并能知道这些用品对人们生活的作用。例如：微波炉、榨汁机、录音机、洗衣机、空调等。

◎积极地搜集能够感知声音的辅助材料和工具（如传声筒等），尝试运用多种感官感知和辨识不同声音。例如：自制小电话。

◎喜爱玩各种电动玩具，能探索和发现它们的共同特征。知道电池在电动玩具中的作用以及正确使用电池的方法。

◎初步了解各种取暖用具的发热方法及使用方法，知道它们能给人们带来温暖。知道科技进步为人们生活带来的方便，激发创造的欲望。

◎喜欢玩磁铁，探索和发现与磁铁相关的有趣现象。乐意大胆尝试制作简单的磁铁小玩具。

5—6 岁

◎运用常见工具设计、制作玩具，体验成功。

◎学习认识温度计。认识温度计，能根据气温的变化和自己的冷热感觉主动增减衣服。

◎认识常见的家用小电器，初步知道其用途。感受它们给我们生活带来的便利，知道使用时要注意安全。

◎愿意尝试利用废旧电池制作小台灯。

◎自己制作小乐器、小玩具。利用易拉罐、纸盒、松紧带、皮筋、绳子、同样大小的瓶子、小珠子和彩色水，制作几种小乐器，并比较哪种材料更容易发出好听的声音。

◎了解生活中一些简单的发明，愿意大胆想象、设计自己的发明。

◎积极参与搜集和讨论活动，了解灯的作用和发展史。尝试按类摆放、布置灯的图片展览。对科学家有崇拜之情。

◎能用自己的语言描述乘坐各种现代交通工具的经历，在乘坐交通工具时学会保护自己。激发幼儿关注现代交通工具的兴趣。

◎对现代通讯工具感兴趣，有创造、发明的欲望。了解现代通讯工具是多种多样的，知道它能给人们的生活、工作带来方便。

◎了解可以将声音记录下来的几种方法。愿意动手进行尝试，掌握录音笔等几种小工具的操作方法。能够感受科技对人类生活的影响。

◎知道透镜在人们的生活中有许多作用。

◎了解周围世界中有各种轮子，对轮子的应用感兴趣，知道使用轮子速度快、能省力。

◎愿意尝试运用各种废旧材料制作带“轮子”的玩具。

◎探索学习彩色陀螺的制作方法。在做做玩玩中，观察陀螺旋转时色彩的变化，体验自制玩具的愉悦和成功感。

地球资源与环境

解释：

了解地球上物质和资源的基本属性和特征，以及刮风、下雨等地球空间中发生的各种天气现象，引导幼儿关心地球环境变化，爱护环境，节约能源。

成长指标：

地球上的物质与资源

3—4岁

◎通过玩水体验水的特点，观察、发现玩水时的简单现象。知道玩水时避免弄湿衣服。

◎知道水是一种宝贵的自然资源，不浪费水。

4—5 岁

◎各种物质具有不同的物理和化学性质，这些性质使它们具有不同的用途。例如：作为建筑材料、燃料或者供人畜食用的植物。

◎地球物质指固体的岩石和土壤、水分和大气中的气体，地球物质为人类提供了多种资源。

5—6 岁

◎知道土壤有颜色、质地，含水分，能支持许多种植物（包括作为人类食物的植物）生长。

◎知道化石为研究生活在很多年以前的植物和动物以及当时环境的性质提供了证据。

◎感知空气的重要性，知道我们生活需要空气。

◎初步了解风的两面性，既能给人们带来好处，同时也能危害我们的生活，学习辩证地看事物。

环境变化

3—4 岁

◎春天踏青，感知春季最明显的特征。发现小草发芽等自然变化。初步了解春天里万物复苏的常识。

◎秋游，感知秋季最明显的特征。发现树叶落了等变化。初步了解秋天里树叶会变黄飘落的常识。

4—5 岁

◎知道环境的变化可以是自然而然的，也可能受到人的影响。有些变化是有利的，有些变化是有害的，也有些变化是无所谓有利有害的。

◎知道污染是一种影响包括人类在内的生命体的健康、生存和活动的环境变化。

◎感知自然界物质的现象和变化，并能根据这些现象和变化进行初步的猜想。

◎讨论自己喜欢与不喜欢的与环境保护相关的现象。例如：社区中优美的环境或路边乱扔垃圾的现象等。

◎在感知、欣赏大自然美景的过程中，萌发关心大自然的情感，珍惜自然资源，有初步的环保意识。

5—6岁

◎知道环境的有些变化是缓慢的，有些变化是迅速的。

◎理解在长时间内逐渐改变环境和在短时间内迅速改变环境会有什么不同的后果。

◎感知、观察四季的季节特点，热爱大自然。

◎感知季节对植物生长、变化及人们生活的影响。有目的地从气温、植物、自身着装等多方面的变化中感受秋末初冬等季节的转换。

◎能主动猜想一天中什么时间温度最高，将一天中8点、12点、15点、17点等整点观测到的温度计的气温记录下来，最后比较归纳出气温最高的时间。

◎能感受噪音和乐音的区别，初步了解噪音对身体有伤害。有创设宁静环境的愿望，有一定的环保意识。

◎知道秋天是一个丰收的季节，许多农作物、水果、蔬菜都成熟了。乐意与同伴分享丰收和节日的喜悦。

天气与天气预报

3—4岁

◎通过观察雪，对雪产生兴趣。初步了解雪的基本特征。

◎通过下雨时的观察，对雨产生兴趣，关注天气的变化。

◎知道天气每天都在发生变化，每个季节都在发生变化。

◎通过观察云朵，发现不同天气状况时云朵的色彩、外形的变化。

◎感知四季最明显的特征以及下雨、下雪等自然现象，体会天冷了多穿衣服、天热了少穿衣服等人与自然的关系。

4—5岁

◎感知四季的明显特征，发现与之相关的天气现象。如：晴、阴、雨、雪等。

◎探究和发现四季明显的特征（秋天收获各种果实，冬天某些动物冬眠、水结冰），感知一些天气现象（风、雨），初步体验季节变化与动植物以及人们生活的关系。

◎知道天气可以借助测定的量来表示。如：温度、风向和风速、降水量。

◎能从降雨、温度、风力等方面了解和记录天气的变化。

◎在日常生活中，探究和发现春季明显的特征，感知和体验一些天气现象。例如：能够发现春暖花开、河水融化等现象，并感知和体验风、沙尘、雨等天气现象。

◎探究和发现夏季明显的特征（树木、花草茂盛），感知和体验一些天气现象（风、雨、雷电等），初步体验季节变化与动植物及人们生活的关系。

5—6岁

◎能感知四季对动植物的生长变化及人们生活的影响，观察、发现人类与四季的关系，主动适应天气变化。

◎进一步了解雨形成的简单过程，以及雨对人们生产和生活的影响。

◎知道彩虹是一种天气现象，有赤、橙、黄、绿、青、蓝、紫七种颜色。通过不断操作，学习运用一些辅助材料制造“彩虹”。

◎学习通过观察天气和温度计作天气记录。对探索天气奥秘感兴趣。

◎知道一些天气变化与动物习性变化之间的关系。能根据动物的特殊表现预报天气。

生命科学

解释：

帮助幼儿初步了解各种生命体的特征、生命周期，以及生命体与其所处的环境的关系，并在一定程度上了解生命体与非生命体的区别。

成长指标：

动物

0—1岁

◎认识常见的小动物。例如：小猫、小狗。

1—2岁

◎认识常见的小动物。例如：小狗、小猫等。

◎能主动模仿小动物的声音与动作。能说

出常见小动物的名字。

2—3岁

◎认识常见动物，将认识动物的范围从周边环境扩展到媒体中常出现的动物。例如：熊猫、猴子等。

3—4岁

◎了解乌龟的外形特征及其较为明显的生活习性。

◎观察、认识蝴蝶的外形特征，了解蝴蝶的生活习性。

◎观察并发现动物宝宝和动物妈妈的异同。对动物的外形特征感兴趣。对动物的活动和生长有初步的兴趣。

◎了解兔子的外形特征及其较为明显的生活习性。

◎到社区草地散步，对观察蚂蚱、蚂蚁产生兴趣，知道要爱护小动物。

◎关注小鱼生长环境的变化，爱护小鱼。

4—5岁

◎观察小动物，探究其外形特征、食性、繁殖、居住的环境，感知小动物的生长变化过程，对小动物有亲近感，知道要关心和保护小动物。

◎乐于观察幼儿园里常见的小动物在秋、冬季节里的变化。能用较连贯的语言表述自己的发现。

◎关注某些动物冬眠的现象，并对此产生好奇。

◎对乌龟等动物在冬季寒冷天气里的生活方式进行观察，获得有关动物冬眠的经验。有关心动物的积极情感。

5—6岁

◎感知动物的多样性，体会动物与人之间的依存关系，探究动物生存、生长及繁殖、繁衍的方式。

◎在活动中学习一些简单的劳动技能，自觉爱护动物，懂得珍惜生命。

◎了解动物是怎样保护自己的。知道动物保护自己的方法是多种多样的。对探索动物世界的奥秘感兴趣，具有较细致的观察能力。

◎了解动物过冬的方式及其与季节的关系。愿意通过游戏的方式表达自己的认知。乐于表达自己对动物的喜爱。

◎对蚂蚁的食性和活动方式（如搬运食物、排队行进等）进行观察，获得相应的经验，了解蚂蚁团结的生活方式，爱护蚂蚁。

◎懂得爱护小动物，珍惜生命。

植物

0—1岁

◎认识常见的水果。如：苹果、香蕉、葡萄等。能知道它们的名字。

1—2岁

◎认识常见的水果。如：苹果、香蕉、葡萄等。

◎能说出一些水果的基本特征：颜色、形状、大小等。

2—3岁

◎认识常见的水果（种类增加）。

◎认识常见的树木、花草等，知道它们的名称。

3—4岁

◎认识大蒜等生活中常见的植物，了解其特性。

◎知道生活中常见植物（例如一串红等）的名称。通过观察了解其外形特征，愿意积极表述自己对植物的想象和认识。

◎能说出几种常见水果（例如：香蕉、菠萝、桃子、杏子等）的名称，了解其典型特征。运用多种感官感知、认识各种水果，了解水果品种的多样性。知道吃水果要讲究卫生，不乱扔果皮、果核。

◎知道常见树木（例如杨树、梧桐树、槐树等）的名称，通过观察了解其外形特征。具有爱护植物的情感。

◎知道常见花草（例如鸡冠花、木槿花、迎春花等）的名称，了解其外形特征，懂得爱护花草。

◎学习用各种感官观察迎春花，知道它是春天里开得最早的花，又叫“报春花”。初步懂得“一年之计在于春”的含义。

◎知道蒲公英是春天开的花，花朵很特别。用自己的方式表达对蒲公英的认识。

◎品尝葡萄，了解葡萄是从哪里来的、什么颜色等。理解农民种植的辛苦。

◎搜集、了解秋季的农作物。例如：玉米等。

◎秋天，主动到周围环境中观赏菊花，边观察，边议论菊花的颜色、花瓣、叶子形状等。对植物的突出变化感兴趣，感知植物季节变化的典型特征。

4—5岁

◎喜欢参加种植活动，感知植物生长中的渐变过程，并通过比较认识植物的多样性。

◎参加种植活动，学习一些种植方法，感受和体验植物的生长变化，懂得爱护植物，知道一些保护植物的方法。

◎能通过品尝、触摸区分一些常见水果。知道水果有营养，喜欢吃各种水果。

◎通过观察，发现秋天的树叶是多种多样的。学习给树叶分类，体验玩树叶的乐趣。

◎感知、观察菊花，知道菊花的品种是多种多样的。能用较形象的语言描述自己的观察发现。了解菊花是秋天里开放的一种美化环境的花，知道要爱护花卉。

◎认识蚕豆的外形特征，了解其生长过程，知道蚕豆与人们生活的关系，能用语言描述自己的观察发现。

◎学习点种蚕豆和进行田间管理，对种植活动产生兴趣，产生爱劳动的积极情感。

◎乐于观察、发现身边常见树木在夏季和冬季里的不同变化。能用较连贯的语言表述自己的发现。

◎关注自然界中树木落叶与不落叶（常绿）的现象，并产生好奇感，激发爱护树木的情感。

5—6岁

◎在对比观察和实验种植中，探究植物的生长条件。初步了解植物与人类的依存关系。

◎引导幼儿观察春季、夏季、秋季、冬季的常见花卉。

◎能细致观察、感知植物的多样性，欣赏四季的美好景色。

◎学习采集各种树木、花、草的种子，并制作标本。能自己动手，体验发现的快乐。

◎尝试运用多种感官感知干果的特征和用途。探索运用多种工具剥干果的方法。能与同伴互相协作，体验成功的快乐。

◎知道银杏树、水杉树等一些树木的名称、外形特征及其作用。学习制作树叶标本的简单方法。知道树是我们的好朋友，要爱护树木。

◎了解种子在人们生活中的作用，知道种子食品是人们食物的主要来源。

◎初步了解几种常见的种子传播方式，知道种子的外部形态及其传播方式之间的关系。

◎发现种子生长在植物的不同部位，感知种子是各种各样的。乐意动手操作，体验发现的乐趣。

◎知道植物生长的环境不同，可以生长在水里、土里等不同的地方。

◎知道许多植物非常特别，有奇特的本领。能与同伴共享有关“另类”植物的信息和资源。

生命与生命过程

3—4 岁

◎观察春天，感受春天的美。从树、花、草的变化总结春天到来的特征，并用语言表达自己的认识和发现。

◎了解春天到了，幼儿园里的各种花开放了。学习关心、照料和管理幼儿园里的各种花草。

◎了解小鸡出壳后的生长过程。尝试用语言和身体动作表现自己的认识。懂得尊重生命和爱护生命。

◎通过观察认识各种各样的蛋，知道不同的蛋有大小和颜色的差别，知道鸡、鸭、鸟等都会生蛋。对事物有探究的兴趣，学会爱护各种蛋宝宝。

◎知道生物品种繁多，其中包括人类。

◎知道人需要水、食物、空气、温度等，需要适宜的环境。

◎知道动植物的生存需要一定的条件，知道主动保护各种生物的生存环境。

4—5 岁

◎对周围的事物、现象感兴趣，感知生命，亲近自然，有好奇心和求知欲。

◎能根据一些明显的特征对常见的生物进行粗略的归类。知道不同种类的生物存在于不同的地方。

◎初步了解动植物的生长变化，懂得爱护动植物。例如：学会发豆芽，并记录豆芽的生长过程；尝试照顾小动物，探究它的饮食特点，萌发热爱小动物的情感。

◎了解种子的传播方式，激发观察自然、探索自然的兴趣。

◎感知生命的奥秘。例如：宝宝从哪里来。

5—6岁

◎知道人类和其他动物共同的生命过程。植物和动物都有生命周期，包括诞生、发育成熟、繁殖和死亡。不同的生命体的生命周期细节不同。

◎知道从环境中进入人体的某些东西会伤害人体，细菌可以引起疾病，预防接种等手段可以预防疾病。

◎能连续观察生物的生长规律，发现引发生物变化的基本条件。例如：连续观察、记录蒜的生长差异（长在哪里的蒜先发芽、长在哪里的蒜长得高等）。知道主动为植物的生长创造适宜的条件。

生命体与非生命体的区别

3—4岁

◎知道动物、人需要呼吸，人要吃饭才能生存。

◎知道石头、玩具不需要呼吸和吃饭。

4—5岁

◎知道某些废弃的材料会自然腐烂，但要经过不同的时间。

5—6岁

◎知道环境的生态平衡直接关系到人类的健康和生存，懂得保护环境。

◎知道人类活动有可能改变环境，从而影响动植物的生存，因此要爱护环境。

宇宙的起源与演变

解释：

指让幼儿认识太阳、月亮、星星；知道恒星与行星、卫星的区别；初步理解在我们居住的银河系外，还有很多星系等。

成长指标：

2—3 岁

◎初步认识太阳、月亮、星星等天体。

3—4 岁

◎认识白天和黑夜、早晨和晚上。

◎知道地球、太阳、月亮是相隔一定距离的球体。

◎知道天空中的星星比我们任何一个人所看到的都要多。

4—5 岁

◎知道天空中的物体都具有一定的运行模式。

◎知道银河系是我们的地球所在的星系，对它有一些基本的了解。

◎初步了解太空，敢于大胆想象。知道许多星球围绕太阳转，人类生活在地球上，地球不停地旋转才有白天和黑夜。初步了解太空的奥秘。

5—6 岁

◎知道月亮的外形和太阳的高度会发生有规则的周期性变化。

◎知道月亮每天在天空中的运动和太阳非常相似。

◎通过观察，了解到月亮的形状每天都有所不同，变化周期大约为一个月。

◎知道银河系以外的一些其他星系。

科学家与科学的历史

解释：

指导幼儿了解在人类科技发展史上作出重大贡献的科学家的一些事迹，培养其尊重科学家、热爱科学的意识。

成长指标：

3—4 岁

◎知道一些著名科学家的故事。例如：牛顿和苹果的故事、爱迪生与电灯的故事、李时珍与《本草纲目》的故事、徐霞客的故事、阿基米德与皇冠的故事等。

4—5 岁

◎了解东方的四大古老文明，了解其在科

学技术方面的主要成就，以及与这些成就相关的人物。懂得尊重文化与文明的发展。

◎了解古代希腊科学史上一些著名人物的事迹。例如：柏拉图与柏拉图学园、亚里士多德的成就、阿基米德的成就、托勒密在天文学上的成就等。

5—6岁

◎知道古代中国在农学、中医药学、天文学、数学、陶瓷技术、丝织技术、建筑等方面的成就和相关的人物，以及这些成就在日常生活中的应用。

◎了解近现代科学史上一些著名人物的发明创造以及对现代生活的影响。例如：罗盘、枪炮、现代印刷术和钟表的出现，哥伦布、麦哲伦的地理大发现，开普勒在天文学上的贡献，拉瓦锡在化学上的贡献与成就，贝尔与电话的发明，人类登上月球的故事等。

科学探究

解释：

指帮助幼儿在一定程度上理解观察、比较、分类、测量、表达、推论、预测、假设、定义并控制变量等科学领域的研究与实践方法，并在这些维度上获得相应发展。

成长指标：

1—2岁

◎发展细心观察的能力，激发探索周围世界的欲望。

◎能够比较物体的大小。

◎尝试并学会按照比较直观的标准进行分类。例如：颜色、大小、形状等。

2—3岁

◎学习用目测的方法来区分两种物体的多和少。

◎尝试打开糖果包装纸，并知道不能乱扔糖纸。

◎通过观察比较，了解水果核是不同的。对水果核产生好奇。

◎学习用肥皂水吹泡泡。观察泡泡，自由交流吹泡泡的发现和感受。

◎对镜子产生兴趣并有探索的欲望。

3—4 岁

◎乐意参加种植活动。学习并尝试用“按”的方法种大蒜。关注植物的生长，愿意连续观察自己种的大蒜。

◎尝试用自己的方式（语言、动作等）表达对小动物（例如：小乌龟、小兔子等）的认识和感受。有关心、爱护小动物的情感。

◎初步学习运用感官有序地观察。有观察的兴趣，愿意积极表述自己对梧桐树的想象和认识。

◎能够根据树叶的外形特征寻找相应的大树。感受用树叶进行游戏的乐趣，体验大树妈妈与小树叶的亲情。

◎自由探索开玩具汽车的方法。注意观察开汽车时的现象，产生好奇心。乐于和同伴交流自己的发现。

◎对影子产生兴趣，愿意参加探索游戏活动，大胆表达自己的想法。

◎在探索游戏中对冰产生兴趣，乐于将自己的发现告诉大家。

◎通过实验，了解冰是由水冰冻而成的。学习用各种材料做冻冰花的方法，体验做冻冰花的乐趣。

◎学习运用感官感知物体，用鼻子闻物体的气味。愿意用语言表达自己的发现和感受。体验鼻子的功能，知道爱护自己的鼻子，也知道要爱护他人和小动物的鼻子。

◎学习运用感官有序观察的方法观看各种花草，懂得爱护花卉。

◎通过观察，发现很多植物都发芽了，知道春天到了。用语言和动作等方式表达自己看到的小芽的特点。

◎对种植活动感兴趣，乐意参加种植活动。学习用“按”的方法种植洋花萝卜。关注植物的生长，愿意连续观察自己种植的洋花萝卜。

◎通过玩各类能滚动的物体，体验玩滚动游戏的乐趣，引发对滚动现象的好奇。愿意表达自己在探索活动中的发现。

◎尝试用自己的方式（语言、动作等）表达对兔子的认识和感情。关心、爱护小动物，愿意照料兔子。

◎引导幼儿通过猜想、实验，了解兔子喜欢吃的食物。知道关心兔子，知道喂兔子的简单常识和注意事项。

◎学习做棒冰。探索做棒冰时发生的科学现象，体验做棒冰的乐趣。

◎喜欢、爱护动植物，愿意参加给植物浇水、关爱小动物的活动。

◎有意识地引导幼儿运用多种感官感知周围事物。支持、引导幼儿在探索中体验感官的作用，爱护感官。

◎在探索、使用材料时，经常自发地比较，并能尝试发现不同物体、图形的相同之处。

4—5岁

◎能够运用各种感官，动手动脑，有目的地观察周围常见的事物，能对某些事物进行比较和连续观察，能发现事物的差异和变化。

◎能用多种方式交流、分享探索与发现的过程和方法。

◎运用比较的方法进行科学活动，感受比较的过程和结果，获得初步的比较能力。

◎有目的地观察身边常见的事物，能对某些事物进行比较、连续观察，发现事物的差异和变化。例如：对自然界中水与冰相互转化的现象进行比较、连续观察，能发现事物的差异和变化。

◎感知自然界物质的现象和变化，并能根据这些现象和变化进行初步的猜想，激发对科学实验的兴趣。例如：深入感知沙、水的特性。

◎对测量感兴趣，能尝试进行非标准化的自然测量活动。例如：利用插片玩具测量桌子的长和宽，利用脚步测量从一点到另一点的距离等。

◎对水果、干果进行比较，发现其差异。对周围的树木等植物进行连续观察，发现事物的差异和变化。

◎用比较的方法进行有关冰、磁等的科学活动，感受比较的过程和结果，获得初步的比较能力。

◎观察贝壳，知道贝壳是多种多样的。学习简单的分类方法。能用语言描述自己的观察和发现。

◎了解制作树叶标本的基本方法与主要工具、材料。尝试制作简单的树叶标本，感受制作的乐趣，引发对大自然的好奇与关注。

◎初步了解树叶标本在生活中的作用，知道制作树叶标本的前期准备过程：采集、清洁与干燥。感受树叶的多样与美丽，对植物产生探究兴趣。

◎探索将积木垒高的方法，积累有关垒高

的具体经验。注意观察、学习他人的经验，尝试用多种方法垒高。

◎尝试用不同形状的器具吹泡泡，发现吹出来的泡泡都是圆的。能参与讨论，大胆地说出自己的想法。

5—6 岁

◎在多种活动中体验探索、发现的快乐，从中获得自信。

◎养成爱思考、爱提问、积极回答问题的好习惯。

◎主动参加科学小实验，喜欢猜想、动手操作。

◎学会初步选择、使用与实验、探究有关的材料。材料有铁、塑料、布等；工具有温度计、天平、放大镜、尺子等。

◎尝试用多种方式表达自己发现、感受、探索的过程和经验。

◎用多种方式对感兴趣的事物进行记录。例如：用表格记录月亮的周期变化。

◎在感知、比较中发现纸折叠次数和承受力之间的关系。例如：瓦楞状的纸比平面纸的承受力大，折叠次数越多，承受力越大。

◎初步感知用表格作科学记录的方法。例如：观察、比较昆虫标本及抓来的小虫，用简单的符号进行记录。

◎初步学习选择和使用与科学实验相关的材料，尝试用多种方法呈现自己真实的发现。

◎尝试在生活中用温度计观察、记录室外温度。测量并记录早晨、中午、傍晚的室外温度，比较一天中各个时间温度的不同。

◎能结合自己的生活经验提出问题，搜集信息，并积极进行假设和猜想。

◎学习连续观察、探究事物变化的简单原因和规律，尝试简单地推理，发展思维能力。

◎感知和主动探索可接触的简单物体、现象，喜欢玩与电池、磁铁有关的游戏，体会周围物体、现象的特点和变化规律，发现事物之间的关系。

◎学习用多种方法对感兴趣的事物进行记录、统计和自然测量。

◎引导幼儿用自己选择的测量工具测量相同的物体，并进行记录。自然测量工具有小棍、线绳、曲别针等。

◎看懂符号与线路，并能照图示连接线

路；引导幼儿探索线路的连接方法，并能画出相应的线路图。

◎在观察和实践中初步学习移植的方法，初步正确地使用移植工具，感受植物生命的存在，培养责任感。

◎尝试根据自己的设计制作作品，并在制作过程中进行修正。有一定的探索精神，遇到困难和失败时不气馁。

◎愿意用自己的方式统计和记录种子食品。愿意与同伴分享种子食品，体验分享的乐趣。

◎能根据种子的传播方式对种子进行分类，乐意与同伴合作完成任务。

◎在科学游戏中发现有趣的小白船转动现象。尝试探究让小白船自己转动的办法。尝试在实验中提出新办法，将实验持续下去。

◎学习研究蚂蚁食性和活动方式的小实验，并能记录实验的结果。在实验中知道不伤害蚂蚁。

◎学习按一定的标准对植物进行分类。乐意与同伴共同制作展板。

◎通过实验，观察、感知植物的茎具有输送水分的作用。愿意动手操作，寻找植物的茎，并乐意用自己的方式记录自己的认识。

◎能通过自己的探索，找出使水变冷的各种方法。乐意大胆操作，并与同伴交流自己的方法。

数学领域

数学是利用符号语言研究数量、结构、变化以及空间模型等概念的一门学科。数学作为人类思维的表达形式，反映了人们积极进取的意志、缜密周详的逻辑推理和对完美境界的追求。

数学领域教育，指在成人的指导下，帮助幼儿对客观世界的数量关系以及空间关系（包括数、量、形、空等几方面）进行感知、观察、操作、发现并主动探索的过程，是发展思维能力的过程。

数学

数的概念

集合与分类

几何图形

空间与时间

量的比较与自然测量

加减法运算

数据分析、概率和预测

数的概念

解释：

数是一种抽象符号，可以用来表示客观世界中各种事物的量，并能够用数来表示各种事物的量和关系。

成长指标：

0—1 岁

◎10—12 个月，会竖食指表示 1。

1—2 岁

◎能尝试点数，手指 1—5。

◎一些孩子 1 岁多就已经能够正确辨别物品的多和少了。

◎一般来说，辨数发展的关键期在 2 岁左右。

2—3 岁

◎2 岁 6 个月前，背数 1—10。

◎2 岁 6 个月前，认读数字，比较 5 以内的多少。

◎2 岁 7 个月到 3 岁，能够背数到 20，复述 4 位数。

◎能够手口一致地数数。

◎知道“1”和许多。

◎按顺序数数，会说带数字的儿歌。例如：儿歌游戏《数宝宝》“河狸宝宝，快站好，大家一起把数报。一、二、三、四、五、六、七、八、九、十。十个河狸宝宝，一个也不少。”

◎认数发展的关键期在 3 岁左右。

3—4 岁

◎点数，按数取物（5 以内）。例如：一个篮子里面有 5 个苹果、2 个香蕉、3 个橘子。当告诉宝宝取出 3 个苹果时，他能够正确取出 3 个苹果；当告诉宝宝取出 2 个苹果、1 个橘子时，他也能够正确取出。

◎感知体验“1”和“许多”以及它们之间的关系。会使用简单的数学词汇和语言，例如：“一样多”“少”“许多”“1 个”。

◎会点数 5 以内的物体，感知和理解 5 以内物体的量。

◎手口一致地点数 5 以内的物体，理解数的实际意义。例如：有 4 个苹果放在一起，让宝宝边指点苹果边数数，宝宝能够指点着苹果说出1、2、3、4，并理解一共有4个苹果。

◎用对应的方法体会物体数量的多少（4个物体以内）。

◎通过感知和操作，对材料进行比较和排序参考。

4—5岁

◎4—5岁，孩子正处于在数词和物体数量之间建立联系的关键期。

◎学会手口一致地点数10以内的物体，说出总数。

◎感知和理解10以内物体数量的守恒（不受大小、排列形式等因素的影响）。

◎运用正在发展的数学概念解决生活和游戏中的问题。

◎初步理解序数的含义和规律（第几）。

◎认识序数第1、第2、第3、第4、第5，初步理解序数的含义。

◎学习序数第6至第10，理解序数的含义和方向性。

◎在日常生活与活动中，使用相关的数学语言。例如："一份"、"一些"、"5条"、"你见过这样的形状吗"。

◎认读10以内的阿拉伯数字，初步理解10个数的意义。

◎了解10以内数之间的相邻关系。

◎正确点数10以内的物体，理解数的实际意义。例如：有8个小动物在排队，宝宝能够对应着排队的小动物数1、2、3、4、5、6、7、8。

◎能够按数取物（10以内）。例如：玩具箱里面有10个玩具，当告诉宝宝取出7个玩具时，他能够准确理解7的含义，并顺利取出玩具。

◎理解10以内相邻的两数之间多"1"和少"1"的关系。例如：宝宝知道5比6少"1"、5比4多"1"。

◎初步认识10以内数的守恒。例如：有7个小动物排排站，其中2个调换顺序后，宝宝能够理解小动物的总数其实没有改变，还是7个小动物。

◎初步认识10以内的序数。例如：宝宝能够认识第1到第10，苹果、香蕉、橘子、桃子、西瓜按如此顺序排放时，他能够说出第2个是香蕉或者香蕉在第2位。

◎能够学会10以内的顺着数和倒着数。

例如：宝宝能够从1数到7（1、2、3、4、5、6、7），也能够从7数到1（7、6、5、4、3、2、1）。

◎认识10以内的阿拉伯数字。例如：当把6的数字卡放在宝宝面前时，他能够准确说出这是“6”。这个阶段，宝宝可以数到20多，有些宝宝甚至可以数更多的数字。

◎正确书写10以内的阿拉伯数字。例如：宝宝能够认识到6和9是不同的两个数。这个阶段，有些宝宝可以数到100左右。

5—6岁

◎能够通过理解数的组成，进而理解整体和部分的关系。例如：理解5可以分成2和3，3和2，1和4，4和1。理解整体可以被分为两个部分，例如5可以被分为3和2；两个部分合起来可以组成整体，例如3和2合起来是5。任何一个部分肯定小于整体，例如3小于5，2也小于5；整体肯定大于部分，例如5大于3，也大于2。两个部分之间存在互补关系，其中一个多1个，另外一个肯定少1个。

◎会20以内计数，正确书写20以内的数字。会20以内顺接数、双向数和倒数。

◎理解可以用一个“物”代表一个数字。例如：用黑、黄、灰、白的兔子分别代表数字2、3、5、6。有一天，兔子们去拔萝卜，黑兔子拔了2个萝卜，黄兔子拔了3个萝卜，灰兔子拔了5个萝卜，白灰兔子拔了6个萝卜，那么卡片该怎么对应呢？

◎认识0。宝宝知道0代表没有，但是这个没有并不是毫无意义的。例如：当说0个苹果时，代表没有苹果。

◎学习单数、双数和相邻数。了解10以内相邻数的等差关系。例如：宝宝知道3是单数，6是双数；6和7是相邻数，7和8是相邻数；6和7之间相差1，7和8之间相差1。

◎学习目测数群（目测数是指宝宝不用一一点数的方式，而是用眼睛代替在心里默数，并说出总数）及按群计数（按群计数是指宝宝计数时不再依赖一一点数的方式，而是以数群为单位）。例如：2个5个数，5块糖果放在一起，5个香蕉放在一起，宝宝能够很快判断出这是

2个5个数。

◎学习10以内的数的组成，理解总数和部分数之间的等量、互补、互换的关系。例如：宝宝能够理解5可以由2和3组成，也可以由1和4组成；2和3相加与1和4相加结果是相同的，都是5。

集合与分类

解释：

在数学中，把具有某种相同属性的事物的全体称为集合，根据集合中元素的个数情况，可把集合分为有限集合、无限集合和空集合。分类指按照种类、等级或性质分别归类。

成长指标：

1—2岁

◎尝试并学习分类。例如，将蓝色珠子放一堆，将红色珠子放一堆。

2—3岁

◎认识到可以按照不同的规则进行分类，能够按照成人的要求进行简单的分类。

◎能够理解“1”和“许多”的关系。

3—4岁

◎观察环境中物体、图形的相似之处，进行初步而简单的求同和分类。

◎认识物体的一一对应关系。

◎根据范例和口头指示，从一堆物体中分出一组物体。例如：小碗里放着一把糖，里面有软糖和硬糖，当告诉宝宝把软糖拿出来时，他能够正确区分软糖和硬糖，并把软糖从小碗里面取出来。

◎按照物体的某一特征（颜色、大小、形状等）进行分类。例如：若干圆形、三角形、正方形的各色纸卡堆放在一起，告诉宝宝把圆形纸卡挑选出来放在一起时，他能够准确挑出圆形纸卡，并把它们放到一起。

◎区分“1”和“许多”，并理解他们的关系。例如：小碗里有很多豆豆，让宝宝拿一颗放在手里，他能够知道手里有“1”个，小碗里有“许多”个。

4—5岁

◎在游戏中感知各类图形，并对其进行分

类、组合。

◎按照简单的模式（例如：大熊、小熊、大熊、小熊……）进行循环排序。

◎对 5—10 个物体按量的差异进行排序，初步理解序列的规律。例如：圆柱体按照粗细排序，球体按照体积大小排序。

◎按照 10 以内物体的数量特征进行分类。

◎学习按一个维度对常见物品进行分类和计数。例如：按物品的用途进行分类。

◎感知集合的存在，能从一堆物体中把不属于这一集合的元素找出来。例如：4 个小瓷碗和 1 个小铁碗放在一起，当让宝宝找出和其他小碗不一样的小碗时，他能够把小铁碗挑出来。

◎按照物体量的某一特征（高矮、粗细、厚薄等）进行分类。例如：几个圆柱体、立方体、球体的小木块堆放在一起，让宝宝进行分类时，他能够把圆柱体木块放在一起，立方体木块放在一起，球体木块放在一起。

◎按照物体的数量分类。例如：和宝宝一起玩“商店”游戏，有的物品标记 1 元，有的物品标记 3 元，有的物品标记 5 元。让宝宝把同样价格的物品放到一起时，他能够把 1 元的物品放在一起，3 元的物品放在一起，5 元的物品放在一起。

◎进一步以对应方法比较不同类物体或圆点的“多”“少”和“一样多”（物体或圆点个数在 10 以内）。例如：第 1 个箱子里装着 3 个玩具，第 2 个箱子里装着 5 个玩具，第 3 个箱子里装着 3 个玩具，宝宝能够区分第 1 个和第 3 个箱子里的玩具一样多，第 2 个箱子里的玩具比第 1 个箱子里的玩具多，第 3 个箱子里的玩具比第 2 个箱子里的玩具少。

5—6 岁

◎按照物体的特征分类，并进行统计。例如：动物卡片 30 张，包括食肉动物、食草动物和杂食动物。依照动物食性进行分类，并统计和记录数量。

◎感知、理解事物整体和部分之间的关系，体会加和减的含义。

◎初步理解集合的包含关系，能根据指示找出集合中的子级类。例如：和宝宝一起玩“农场”游戏。农场里有 2 只小羊、4 只小牛、5 只小鸡、6 只小鸭，宝宝能够理解小羊、小牛、小鸡、小鸭都是农场里的动物，这是一个大集合，小羊这个群体是农场动物集合的一个子集。

◎初步感知和理解集合中的交集、并集。例如：一个盘子里有1个苹果、2个梨、3个香蕉，另一个盘子里有1个苹果、2个橘子、4个樱桃，宝宝能够理解两个盘子里都有1个苹果。放1个苹果的是两个盘子所代表的集合，是交集。2个苹果、2个梨、3个香蕉、2个橘子、4个樱桃组成的集合是两个盘子所代表的集合的并集。

◎按照物体（两种或两种以上）的特征进行分类。例如：有一堆颜色、大小各不相同的图形图片，让宝宝按照“红色的大图形”进行分类时，他能够顺利地挑选出同时符合“大”和“红色”两条标准的图形。

◎理解和学习自由分类。例如：按物体的颜色分类，很多气球中，把红气球放在一边，把蓝气球放一边；按物体的材料分类，把塑料做的花片、小碗、玩具电话，木头做的积木、玩具小厨具等分别归类；按物体间的关系分类，在一堆动物和食物中，将小兔和萝卜归在一起，将猫和鱼归在一起。

◎按照标记逐级分类。例如：有形状、颜色、大小、扣眼数不同的扣子若干，让宝宝按照颜色分类，按照大小分类等，他能够顺利区分；让宝宝按照颜色和形状两个标准分类，他也能够区分。

◎比较两个集合的对应关系（当一个集合的每个元素分别与另一个集合的每个元素形成某种对应关系，那么这种对应就叫一一对应），能够说出对应法则。例如：宝宝能够理解兔子、羊、老虎组成的集合与胡萝卜、草、肉组成的集合存在对应关系，胡萝卜是兔子的食物，草是羊的食物，肉是老虎的食物。

几何图形

解释：

是指点、线、面以及它们的集合，学前期的几何图形认识包括平面图形和立体图形认识两部分。

成长指标：

0—1岁

◎感受圆形。

◎感受各种有意义的图形。

1—2岁

◎能区别简单的形状，例如：圆形、三角形、正方形。

2—3岁

◎2—3岁是对平面图形大小知觉发展的关键期。

◎会用笔画竖线、圆、平行线等简单的图形。

◎2岁7个月至3岁，能够将指定的颜色或形状挑出来。

3—4岁

◎认识区分圆形、正方形和三角形。例如：当圆形、三角形和正方形混杂在一起时，宝宝能够指认出哪个是圆形、哪个是三角形、哪个是正方形。另外，能够将图形与生活中的实物进行对应，例如圆形的桌子、正方形的凳子、三角形的积木模块等。

◎能够用圆形、三角形和正方形进行组合拼搭。例如：宝宝可以将两个三角形拼装成一个正方形，将小的圆形放在较大的正方形中间等。

4—5岁

◎认识长方形、半圆形、椭圆形和梯形。例如：当给宝宝展示一个圆形的卡片时，他能够说出这是一个圆形。

◎理解长方形、半圆形、椭圆形、三角形、圆形、正方形等常见图形的守恒，能够按照平面图形角和边的数量正确区分、辨认不同的图形（形的守恒）。例如：宝宝能够辨认出有三条边和三个角的图形是三角形。

◎初步体会圆形、半圆形、梯形、长方形、正方形等常见图形的转换关系，并能解决生活与游戏中的问题。

◎初步理解图形间的简单关系。例如：宝宝能够理解两个相同的三角形可以组合成一个正方形，两个相同的正方形可以组合成一个长方形。

◎用自己已经认识的6种图形进行组合拼搭。例如：可以用圆形、三角形、正方形、长方形等图形组合成一个简单的小房子图案。

5—6岁

◎对不同颜色的图形进行辨别和组合，初步理解什么是推理。

◎感知各种不同图形之间的转换关系和图形守恒。例如：两个相同的三角形可以拼成一个正方形，两个相同的正方形可以拼成一个长方形。

◎在摆放三角形的过程中，能感知图形的公共边。

◎认识、区分球体、正方体、长方体和圆柱体。例如：当给宝宝一个正方体的积木模块时，他能够说出这是一个正方体。

◎能寻找、区分、理解平面图形和立体图形间的关系。例如：当对宝宝说找出一个正方形来时，他能够从图形卡片中挑出正方形；当对宝宝说找出一个正方体时，他能够从积木模块中找出正方体。

◎学习几何图形的二等分、四等分，知道整体和部分间的分合关系。例如：当对宝宝说把一个正方形分成两个面积相等的部分时，他能够画一条线，将正方形分成两个面积相等的图形。

空间与时间

解释：

空间是客观世界运动着的物质存在的基本形式，例如：方位。时间是物质运动变化过程的持续性和顺序性，例如：次序关系。

成长指标：

2—3岁

◎2—3岁是儿童发展上下知觉的关键期。

◎知道自己的上、下、前、后。

◎看物时，可辨别上下、前后、里外。

3—4岁

◎认识事物简单的数、量、形、时间和空间等特征。

◎正确辨别上、下、左、右、前、后等方位，运用表示空间的语言（如“在……上面”等）。3—4岁是发展前后知觉的关键期。

◎认识早、晚（白天、黑夜）的时间概念

及代表性的日常变化。例如：宝宝能够说出太阳出现在白天，星星出现在晚上。当问宝宝白天上幼儿园还是晚上上幼儿园时，他能够说出是白天上幼儿园。

◎以自身为中心，区分上、下的空间方位。例如：宝宝能够理解并准确表达帽子戴在头上、鞋穿在脚下。

4—5岁

◎理解前、后、上、下等空间关系。

◎以自我为参照，正确辨认空间方位（如前、后、上、下、左、右等）。5岁左右是发展以自身为中心的左右定位的关键期。

◎从以自身为中心，区分前后、里外的空间方位，逐步学习以客体为中心区分前后方位。例如：小明、小亮（宝宝）、朵朵、晶晶4个小朋友按照名字出现的顺序排队，宝宝能够说出自己的前面是小明，后面是朵朵；朵朵的前面是宝宝自己，后面是晶晶。

◎会按照指定的方向（向上、向下或者向前、向后）运动。例如：当对宝宝说向上伸手，他能够将手举过头顶；当对宝宝说向前跳一步，他能够有向前跳的动作。

◎认识昨天、今天、明天的概念。例如：昨天妈妈给宝宝买了一件新衣服，有人问宝宝这件新衣服是什么时候买的时，他能够说出是昨天买的。

5—6岁

◎会看整点、半点，体会时钟的作用和时间的不可逆性，知道珍惜时间。

◎能够看日历，知道年、月、周、日的时间关系。

◎以自身为中心，区分左右方位。逐步学习以自己以外的参照物为中心区分左右。例如：小羊、小牛、小狗、小兔按顺序排队，问宝宝小狗的左边是谁，他能够说出是小兔。

◎学会向左、向右方向运动。例如：当给宝宝发出左转的指令时，他能够有正确的转向动作。

◎学会认时钟，学会看整点和半点。例如：给宝宝一些类似时钟的图示，问宝宝哪个代表3点钟，他挑选出的图示是时针指向数字3或者代表3的点儿，分针指向数字12或者代表12的点儿。

◎学会看日历，知道年、月、星期、日的名称及顺序。例如：宝宝知道过了1年，自己就长大了1岁，1年等于12个月，每个月有30或者31天，每个星期有7天等。

量的比较与自然测量

解释：

量是指客观世界中物体或现象所具有的可以定性区别或测定的属性，分为不连续量和连续量两种，例如：多少、大小等，可以进行量的比较。

成长指标：

1—2岁

◎在玩中感知“许多”和“一个一个”和“没有了”。

◎学会两两比较。

2—3岁

◎能够指认两个物品的大小、长短、多少等。

3—4岁

◎通过感知、操作来比较2—3个物体间常量（大小、长短、厚薄、高矮等）的差别。

◎学会以一一对应的方法来比较两组物体的多、少和一样多（每组物体个数在5以内）。例如：一组物体由3个橘子组成，一组物体由4个桃子组成，一组物体由3个芒果组成，宝宝能够判断出橘子的个数比桃子少，或者桃子的个数比橘子多，橘子和芒果一样多。

◎比较物体的大小、长短和多少。例如：将两个大小不同的球（或者球的图形）放到宝宝面前，他能够准确辨别出哪个球大、哪个球小；将两堆数量不同的糖果放到宝宝面前，他能够说出哪一堆数量多、哪一堆数量少。

◎能从5个以内物体中找出并说出最大和最小的物体。例如：5个大小不同的玩具放到宝宝面前时，他能够根据指令从中挑出最大的、最小的。

◎按照物体的外部特征（颜色、形状等）或量的差异（大小、长短等）进行3个以上物体的正排序。例如：有4个气球，分别是红色的、黄色的、蓝色的、绿色的，告诉宝宝按照红色、蓝色、黄色、绿色的顺序排序时，他能够正确排序。

◎能够按一定规则指示排序（序列数量在3以内）。例如：若干双手套放在一起，告诉宝宝将相同颜色、相同图案的手套放在一起时，他能够挑出相同颜色、相同图案的手套，并能够将相同的两只手套放在一起；有红、黄、蓝三色气球各1个，当告诉宝宝按照黄、红、蓝的顺利排列时，他能够顺利完成任务。

4—5岁

◎培养对测量活动的兴趣，进行非标准化的测量活动与尝试。

◎比较粗细、厚薄、高矮、轻重不同的两个物体。例如：大象、小羊两种动物在一起比较时，问宝宝哪个高、哪个矮，他能够说出大象高、小羊矮。

◎从几个物体中找出等量的物体。例如：宝宝能够从一堆积木模块中找出形状、大小和颜色均相同的积木模块。

◎按照物体量的差异（粗细、厚薄、高矮等）和数量不同进行6以内的正、逆排序。例如：给宝宝一些高矮不同的圆柱体小棒，他能够按照从高到矮或者从矮到高的顺序排序。

◎能按照一定规则指示排序（序列数量在6以内）。例如：告诉宝宝将长颈鹿、狗、牛、兔子按照从高到矮的顺序排队时，他能够说出长颈鹿、牛、狗、兔子这一排列顺序。

5—6岁

◎比较物体的高矮、轻重等，并能体会量的相对性。（3个及以上物体的比较）

◎通过测量发现和比较物体的异同和发展变化，学习用多种方法对感兴趣的事物进行记录、统计和自然测量。例如：适合户外自然测量的物品包括长积木、体育器械等；适合在家中进行自然测量的物品包括沙发、凳子等。

◎学会比较3个以上物体量的差异，体会量的相对性，学习按量的差异进行10个以内物体的排序或按照某一规律排序。

◎在各种生活情景中体会数量、长度、面积、体积、容积的守恒。例如：准备两块不同颜色、同等重量的泥团，宝宝知道泥团的形状可以改变，泥团的重量不因外形的变化而变化。

◎比较远近、宽窄、体积不同的两个物体。例如：当两个大小不同的球放在一起时，宝宝能够准确说出哪个大、哪个小。

◎初步学习量的守恒，理解物体的数量不受大小、排列形式等因素的影响。例如：有图案和颜色各不相同的6个灯笼排放在一起，调换第2个和第4个灯笼的位置后，宝宝能够理解灯笼的总数还是6个。

◎按照物体量的差异和数量不同，进行10以内的正、逆排序。例如：有7根长短不同的圆柱体木棍，告诉宝宝按照从高到低的顺序排列时，他能够顺利地给圆柱体木棍排序，反之也可以。

◎按一定规则自由排序，并初步理解序列之间的传递性和双重性关系。例如：在“苹果、橘子、香蕉、葡萄、苹果、橘子、香蕉、葡萄、苹果、（ ）、香蕉、葡萄”序列中，让宝宝说出（ ）位置是什么时，他能够说出是“橘子”。

◎学习自然测量。自然测量指利用自然物（如小棒、绳子、瓶子等）作为测量工具来测量物体的长短、高矮、粗细等。例如：告诉宝宝以小木棒为测量单位，测量小桌子的长度，他能够通过实际操作，说出小桌子的长度有几个小木棒长。

加减法运算

解释：

加法运算，指求和运算，将两个数合并成一个数的运算；减法运算，指从一个数中去掉一个部分数，求剩余数，是加法的逆运算。

成长指标：

3—4岁

◎一般来说，4岁以前的幼儿基本上不会加减运算。他们不懂加减的含义，更不会使用“+”“—”“=”等运算符号，也不会自己动手将实物分开或者合拢进行加减运算，但是，他们能够回答一些与生活实际有密切联系的问题。例如：

如果问宝宝，爸爸昨天给你买了1个玩具，今天又给你买了3个玩具，爸爸一共给你买了几个玩具，宝宝会说出是4个玩具。

4—5岁

◎宝宝开始能够借助于动作将实物合并或取走进行加减运算，这就是所谓的实物运算。在这个阶段，宝宝运算不能离开具体的实物，运算的方法是逐一计数。例如：盘子里有3个苹果，又放进去2个，宝宝能够通过点数，算出是5个。

◎这个阶段，宝宝对于抽象的加减运算，如“2加1等于几”还不能理解。在不使用“+”“-”“=”这些符号和术语的情况下，宝宝能够解答所认识的数字范围内的简单加减应用题。

5—6岁

◎会5以内的加减运算。例如：一个本子3元，拿5元钱买本子，知道售货员应该找回2元。

◎会解答10以内的加法应用题，根据生活情景进行简单的加法运算，理解加法的含义。例如：贝拉种了3棵树，贝瓦种了5棵树，一共种了几棵树？

◎会20以内数的组成。

◎理解减法的含义，学习编减法应用题。例如：一共有5个饺子，吃掉3个，还剩几个？

◎理解和掌握“+”“-”“=”的含义，并会书写。理解加法、减法等式的意思。

◎在理解加减法的基础上，学习加减法混合运算。

◎学习简单的口述应用题（应用题是指根据日常生活中的实际问题，用语言表达数量关系的题目）。宝宝能够将学到的顺着数和倒着数的方法运用到加减运算中去。多数宝宝可以不用摆弄实物，而是用眼睛注视实物，心中默默地逐一进行加减运算。例如：篮子里有5个梨，后来又放进去2个，宝宝能够说出是7个。

◎这个阶段，在解决减法问题时，很多宝宝运用的是加法，而不是减法。例如：有8块积木，取走了3块，还剩下几块？宝宝能说出是5块，因为3和5合起来是8。

◎在学习口述应用题的基础上，让宝宝说出“2+3=5”或者“5−2=3”等式中的“+”“−”和“=”的名称和含义。这时候，宝宝可以学习用数的组成进行10以内的加减运算并列式。例如：花丛中有3只蝴蝶，又飞来2只，现在花丛中有几只蝴蝶？可以用实物玩具演示这一情景给宝宝看，然后引导宝宝将原来的3只蝴蝶写作“3”，又飞来了蝴蝶，可以用“+”表示，后面飞来的2只蝴蝶写作“2”，“3+2就是5”，“就是”可以用“=”表示，这样可以写成“3+2=5”。

数据分析、概率和预测

解释：

搜集、整理、显示相关数据，运用数据理解关系和周围环境，以及通过判断分析、逻辑推理得出结论。

成长指标：

3—4岁

◎初步学习收集自己及周围环境中的数据。

4—5岁

◎收集自己及周围环境中的数据信息，并尝试学习记录收集到的信息。

◎通过共享的属性或关系来组织并显示信息。

◎使用描述性的语言，比较图标或者其他具体图画中的数据。

5—6岁

◎能够用数学知识解决生活中常见的问题。例如：宝宝知道一周有7天，其中5天上幼儿园、2天休息，能够在家长的帮助下统计自己上幼儿园的天数。

◎学习统计以图形拼成的作品中各种图形的数量。

◎多种植物的果实、叶、种子等图片混放在一起，能根据不同的种类分开放置图片，点数每种图片的数量并记录下数值。

◎根据观察和经验，能够预测事件发生的概率。

社会领域

社会是指共同生活的人们通过各种关系形成的社会集合，主要的社会关系包含家庭关系、传统习俗和共同文化。宏观而言，社会是由长期合作的社会成员通过发展组织关系而形成的团体，并发展出机构、国家等组织形式。微观而言，社会强调同伴关系，并延伸出为共同利益而形成的联盟。

社会领域的教育以发展幼儿的社会性为主要目标，以增进幼儿的社会认知、激发幼儿的社会情感、引导幼儿的社会行为和技能发展为主要内容。

社会

自我意识

解释：

是指儿童对自我以及自我与周围关系的认识，包括自我认知（自我概念、自我形象、自我评价、独立性等）、自我情感体验（自尊心、自信心、自我价值感、成就感、进取心等）、自我控制（自制力、自觉性、坚持性、自我延迟满足等）。

自我认知

成长指标：

0—1岁

◎通过对身体、玩具的不同感受，逐渐唤醒自我知觉。

◎开始萌发自我意识，发展观察力。

◎能够体验每个手指或脚趾被触摸的舒适感，感知自己的手和脚。

◎能够模仿微笑。学习认识自己的脸。

◎望着镜中人影笑，伸手拍打镜中人，在镜子中认识自己。利用镜子认识五官。

◎发展思维能力，认识自己，增进智力发育。

◎了解头、眼睛、嘴的部位，建立相应的名称和概念，提升自我意识。

◎观察镜中人，认识脸部的五官，认识自己身体的部位。

◎在照片上认出自己，发展自我认知能力。

◎发展感觉能力，知道自己的名字。初步显示独立性。

1—2岁

◎喜欢单独玩。

◎在活动中感知手、脚、眼睛、鼻子等身体部位的特点，产生初步探索身体的兴趣。

◎爱表现自己。

◎逐渐提高自我意识，刺激机体的敏锐性。

2—3岁

◎有做好孩子的愿望，并对“好孩子行为”感兴趣，喜欢尝试展现“好孩子行为”。

◎认识自我，知道自己的姓名、性别和年龄。

◎愿意动手学做一些力所能及的事情。例如：系扣子等。

◎知道家人的姓名、工作单位、职业等简

单情况。

◎能用好听的声音向好朋友介绍自己的家人。

◎乐于模仿自己熟悉的事物，学习新本领。如：喜欢玩“开汽车”“当警察”“过家家”“照顾植物”等角色扮演游戏。

3—4岁

◎知道自己的姓名、年龄、性别等。初步通过自己的名字，理解父母在自己身上寄予的期望。

◎感受自己在长大，会做很多事情（自己穿衣服、起床、吃饭、上厕所，在班上帮小朋友做事，在家中帮妈妈做事），体验自我价值感。

4—5岁

◎知道自己是中国人，知道要尊重国旗、国徽。

◎知道更多关于家和家庭情况的信息。如：家庭住址、父母的姓名、父母的工作单位等。

◎能通过谈话感受自己在长大，会做许多事，体验自我价值感。

◎认识并喜欢自己的名字，了解自己名字的来历。能将自己名字的寓意较为清晰地讲述出来。

5—6岁

◎知道每个人都有自己的长处和短处，了解自己的优点，增强自信心。

◎通过观察、比较，发现自己与别人的不同。

◎在活动中能明确自己的任务，做事认真，有始有终，形成初步的责任感。

◎通过对比发现自己是在不断成长变化的，感受成长，增强自信。

◎有上小学的愿望，大胆表达自己的真实想法，能主动与老师、同伴交流。

自我情感体验

成长指标：

0—1岁

◎吃饱了，睡足了，表现出愉快、安静的情绪。

◎饥饿、身体不适时，表现出哭闹、消极、不愉快的行为和情绪。

◎发展自我意识，感受家人的爱。

◎体验身体不同部位的感受，感受家人对自己的爱。

◎在游戏中增进愉快的情绪体验。

◎哭的时间减少。

◎3—4 个月，在成人的逗引下能大声笑。

◎看到玩具时，表示高兴。

◎会表示害怕、愤怒、焦急、同情。

1—2 岁

◎克服面对新事物的恐惧感，对他人建立信任，一起分享游戏的乐趣。

◎看图学习词汇“哭”和“笑”，初步了解“哭了不好”“笑了好”。

◎学习表达情绪情感的正确方式，培养交往能力、适应能力和语言表达能力。

2—3 岁

◎能感受到脸部表情的变化。

◎理解“原谅”的含义，尝试学习宽容他人，保持好心情。

3—4 岁

◎逐渐建立对老师或同伴的信任，和老师、同伴一起游戏时情绪愉快。

◎培养秩序感，能排成一路纵队，一个跟一个地走。

◎培养情感和责任心。

4—5 岁

◎延续上一年龄段的经验，深化情感体验。

5—6 岁

◎感受父母对自己的关爱，体会家庭的温暖。能够尝试表达自己的感受。

自尊的发展

成长指标：

0—1 岁

◎受到批评时会哭，初步拥有羞愧之心。

1—2 岁

◎能大胆说出自己的名字，增强与人交往的能力。

◎培养坚强勇敢的意志，学会对准目标投射的技能。例如：将小球投进洞里。

2—3岁

◎不怕黑、不怕冷、不怕陌生人、不怕打针等，培养勇敢精神。

◎知道不跟陌生人走，不让陌生人碰。

◎不怕困难，遇到问题，自己尝试解决。

◎愿意说出自己的困难，乐于在他人的帮助和鼓励下，思考解决问题的办法，尝试克服困难。

3—4岁

◎能够感受独立做事的快乐和满足，对自己有信心。

◎遇到挫折、困难时不害怕，会寻求帮助。

◎做自己力所能及的事情（例如：穿鞋、穿衣服、刷牙等），能够感受独立做事的快乐和满足，对自己有信心。

4—5岁

◎能够主动地参与各项活动，对自己完成活动任务有自信心。

◎乐于参加体育游戏，培养坚强、勇敢、不怕寒冷等品格。

◎努力解决遇到的问题，体验获得成功的感受，增强自信。

5—6岁

◎展示自己长处的活动中增强自信心，同时正确看待自己的短处。

◎在日常生活中，尤其是遇到挫折时，能够积极地面对困难和问题。

◎能主动参与各项活动，努力实现自己的想法、愿望和活动计划，获得成功的体验，增强自尊、自信。

◎能坚持做完一件事，学习克服困难，独立解决问题。

◎能够在遇到挫折的时候，在家长的引导下提升抗挫折能力。

自我控制

成长指标：

0—1岁

◎刺激身体触觉，激发情感能力的表达。例如：当感觉到痛的时候，能够用某些方式告诉成人。

◎学习独立活动。例如：自己拿奶瓶、水瓶等。

1—2 岁

◎培养大胆、独立地完成任务的能力。例如：能够按照成人的提示完成游戏任务。

◎独立大胆地完成任务，初步形成次序感。例如：能够按照自己认可的提示将自己的玩具整理好。

◎学会等待，建立初步的集体秩序感。例如：和其他小朋友一起游戏时，在需要等待的时候能够等待。

2—3 岁

◎知道不能独自离开成人，不和陌生人走。

◎在成人的提示下，能够逐渐做到不独自离开成人，不和陌生人走。

3—4 岁

◎能够做到外出时不离开成人，不接受陌生人给的东西，不跟陌生人走。

◎能够在成人的鼓励和帮助下，坚持做完一件事，获得成功的体验。例如：自己画完一幅画、自己组装一个玩具等。

4—5 岁

◎学会控制自己的情绪与行为。例如：在幼儿园的课堂上，不大声说话；在公共场合，不追跑打闹；吃饭时，要保持安静，知道安静的环境有利于适度进餐。

◎遇到危险时知道躲避，会呼喊求救。例如：经过危险的房屋时，知道要绕路走。

◎形成初步的规则意识，学会自律，控制自己的情绪和行为。例如：知道过马路时要看红绿灯，红灯停、绿灯行；知道多个小朋友一起玩滑梯时，要轮流玩。

5—6 岁

◎按照自己的需要制订适宜的计划，并按照计划执行。

◎在讨论中接纳他人好的意见与建议，对自己的计划进行调整。

◎学习调控自己的情绪和行为的技能，提高抗挫折能力。

◎获得控制自己的情绪和行为的技能，增强遵守规则的能力。

◎学会按计划完成相应任务，感受自我服务的快乐，实现自我价值的体现。

自我评价

成长指标：

4—5岁

◎学会简单地评价自己和他人的行为。

◎初步判断某些行为的对与错，做错了事能承认，并愿意改正。

◎能逐步将事情叙述清楚，进行简单的自我评价，并对他人进行评价。

5—6岁

◎认识到每个人都有自己的优点和强项，从而赏识他人。

◎认识到每个人的强项都是长期学习、练习的结果，知道做事要持之以恒，坚持能够带来变化。

社会认知

解释：

是指儿童对自我和社会的人、社会环境、社会规范等方面的认知，包括对行为动机和后果的分辨能力、对同伴意见的理解和采纳能力、角色承担能力、对成人要求的理解和采纳能力、对社会和道德规则的理解能力等。

对自己和他人的认知

成长指标：

0—1岁

◎能认识自己、爸爸和妈妈，以及日常生活中与自己接触较多的人。例如：爷爷、奶奶、外公、外婆等。

◎熟悉并能分辨周围人的角色。

1—2岁

◎用普通话说爷爷、奶奶、叔叔、阿姨以及汽车、杯子、积木等名称，发音正确。

◎熟悉同伴的名字，主动、大胆地与人交往。

◎练习说话，并记住家人的名字。

◎知道自己的脚小、爸爸妈妈的脚大，激发自己渴望长大的愿望。

◎学习初步的社会性常识。例如：知道离开时要说“再见”。

◎激发参与活动的积极性。例如：与妈妈一起去公园、与小伙伴一起游戏等。

◎培养与祖辈的情感。

2—3岁

◎了解爸爸，增强喜爱爸爸的情感。例如：记住爸爸的名字、工作单位等信息；学会感谢爸爸给自己的关心和爱护等。

◎能够关心、关注他人的情感。例如：妈妈下班了，会问候："妈妈辛苦啦！"

◎关注身边的人。例如：家人、幼儿园的小朋友等。

◎坚持在日常生活中学做和独立做自己力所能及的事情。如：进餐、饮水、如厕、穿脱衣服等。

◎知道一家人的毛巾要专人专用。

◎愿意帮助他人做事。例如：吃饭时，帮妈妈拿筷子；爸爸下班回来时，帮爸爸拿拖鞋等。

◎在成人的帮助下，学习整理衣服。

◎学习关心人，知道在别人休息时不吵闹。

3—4岁

◎知道父母的姓名及他们喜欢做的事情，感受他们对自己的爱。

◎认识经常接触的成人，感受他们对自己的关爱，初步懂得尊重为自己服务的人。

◎愿意与同伴交往和游戏，知道同伴的名字。

◎喜欢在生活中模仿事物的形象和动态。

4—5岁

◎了解每个人有不同的兴趣爱好和想法，懂得尊重别人的意见。

◎为他人提供服务（如在幼儿园中学做值日生等），逐步培养责任感。

◎关注父母和其他亲人的兴趣爱好，感受他们对自己的爱，会用简单的方式表达对他们的爱。

◎认识经常为自己服务的人（如医生、售货员、司机、炊事员、保育员、保健员等），知道尊重和珍惜他们的劳动成果。

◎能正确认识自己和他人，对他人和社会有亲近、合作的态度，学习初步的人际交往技能。

◎关注父母及家族中其他长辈的兴趣爱好，会用简单的方式表达自己对他们的爱。

◎能够对父母的职业和工作进行简单的描述。

◎了解其他国家和民族，对世界上不同肤色、服饰、语言和风俗的民族有初浅的认识，懂得尊重他们的文化和风俗习惯。

5—6 岁

◎能关注他人的情绪、情感，能主动关心和安慰他人。例如：关心弟弟妹妹，理解他们的情绪，并尝试表达对他们的关心。

◎通过了解自己及同伴名字的来历，感受父母对子女的关爱和期望。

◎理解爸爸妈妈，知道他们的辛苦，了解他们的生活与工作。

◎理解、关心他人的情感需要，能主动关心和安慰他人。例如：奶奶买菜回来很辛苦，宝宝能主动接过奶奶手中的菜篮子，放到适当的位置。

◎关注周围设施、公共场所，以及在那里经常为我们服务的人，尊重这些人及他们的劳动，理解人们在相互服务。

◎知道每个少数民族都有自己独特的风俗习惯、服饰、用品等，尊重少数民族。

对环境的认知与理解

成长指标：

0—1 岁

◎增强对周围环境的感知。例如：自己的床、被子、玩具等。

1—2 岁

◎丰富对不同活动的体验，锻炼身体协调能力。

◎认识红绿灯，知道在路上走要遵守交通法规。

◎初步体验集体（和多个小朋友在一起）游戏的快乐。

2—3 岁

◎喜爱动物和花草，懂得关心、爱护动物和身边的花草树木。

◎初步了解在生活中需要遵守一些规则。例如：多个小朋友一起玩滑梯时，要排队；在超市购物结账时，要排队；买东西要付钱等。

3—4岁

◎认识家庭和幼儿园周围的环境。

◎关注周围的事物和现象，对它们感兴趣，有好奇心，喜欢探索。

◎认识几种常见交通工具，如汽车、火车等。

◎关注自己身边的环境，有初步的环境意识和行为。例如：不乱丢垃圾。

◎初步理解常见生活用品与人的关系。例如：了解冰箱、洗衣机、饮水机等常用家电的作用，知道不随便碰电器的电源插座。

◎喜欢、爱护植物，愿意参加给植物浇水的活动。

◎喜欢、爱护小动物，愿意用自己攒的零用钱捐助保护动物。

4—5岁

◎了解常见交通工具的特点及其与人们生活的关系，认识常见的交通标志，知道要遵守的交通法规。

◎初步知道节日的意义，能够感受节日的快乐气氛，如春节、端午节、中秋节、元宵节、清明节等。

◎了解家乡的风景名胜、饮食文化等，能用自己喜欢的形式表达对家乡的热爱。

◎知道北京是中国的首都，是国际大都市，并了解北京正在发生的大事。

◎认识周围环境中的常见标志，知道爱护公共设施。

◎认识周围环境中的设施（如公园、商店、医院、邮局等）和常见标志。

◎能说出自己喜欢和不喜欢的一些环境和事物现象，以力所能及的方式保护周围的事物和环境。

◎了解世界上的其他国家和民族，各民族有不同的服饰、语言和风俗，懂得尊重他们的文化和风俗习惯。

◎认识周围的环境和公共设施，如公园、超市、健身设备等。

5—6岁

◎了解周围的社会设施、工作场所，以及在那里经常为我们服务的人，尊重这些人及他们的劳动，理解人们在相互服务。

◎关心和了解发生在身边的事情。例如：幼儿园里发生了哪些变化？

◎认识常见的交通标志，知道它们的含义和作用。

◎关注各种特殊用途的交通工具，发现它们的用途和特殊结构之间的内在联系。

◎认识各种交通标志，丰富安全知识，在生活、游戏中主动遵守交通法规。

◎了解和喜爱自己家乡的文化。

◎了解中国主要的风景名胜。

◎了解和尊重少数民族的文化和风俗习惯。

◎了解中国是一个多民族、多文化的国家，懂得尊重少数民族。

◎知道中国很大，了解一些新的地名。

◎积极参加丰富有趣的活动，感受浓厚的亲情、友情和民俗气氛。

◎发展对中国传统文化的兴趣。知道十二属相分别是什么。

◎知道我们的国旗、国歌等代表我们的国家，是我们国家的标志。知道在升旗过程中要行注目礼，唱国歌。

◎认识常见标志、符号，理解它们的作用，尝试自己设计标志。例如：停车标志、下水道的标志等。

◎乐于关注周围环境及自己生活中的变化。

◎关注周围环境状况，体会环境与人生存的关系，有初步的环保意识和节约资源的意识。

◎进一步了解小学生的生活，有目的地获取自己想要了解的信息。

角色承担

成长指标：

1—2岁

◎能清楚地说出自己的名字。

◎愿意与大家打招呼，挥挥手说：“大家好！”

2—3岁

◎学会做力所能及的事，体验做事的快乐。例如：能够自己穿裤子、背心、衣服、袜子等。

◎知道自己的事情自己做。学会说短句：“我自己穿。”“我会……”

◎游戏结束时，能将玩具放回原处。

◎喜欢做力所能及的事情，学习使用肥皂给塑料娃娃洗澡。

◎有初步的责任感，了解简单的自我保护

方法，如不和陌生人走、不摸危险的物品等。

◎喜欢独立做事。例如：不要成人抱、自己搬小椅子、自己吃饭等。

3—4 岁

◎会自己选择活动，做自己能做的事情，如穿脱衣服、收放玩具等。

◎能够感受独立做事的快乐和满足，对自己有信心。

◎感受别人对自己的关爱，并学习关心别人。例如：关心家里的老人、邻居家的弟弟妹妹等。

◎知道不打扰父母的工作和休息。

4—5 岁

◎愿意做力所能及的事，养成初步的独立意识。

◎做自己力所能及的事情（如收拾玩具、整理被褥、擦桌椅等），培养初步的独立意识，提升独立应对问题的能力。

◎记住自己的家庭地址，知道与成人走散时不乱走，积极寻求帮助。

◎能主动为他人服务，有初步的责任感。例如：帮妈妈打扫卫生、帮爸爸抬小板凳等。

◎能够自己选择活动主题，制订、实现自己的计划。

◎当事情有一定难度时，能努力做好，不怕困难，有初步的责任感。

◎尊敬父母、长辈、老师，爱护同伴和比自己小的孩子。

◎能在成人的帮助下通过多种途径获得（劳动者、不同职业等）知识，感受快乐。

◎能为他人服务，有初步的责任感。例如：在幼儿园里做值日生。

◎能自己选择活动主题，学习制订活动计划，并执行计划。

◎积极配合成人的帮助，接受疾病的预防和治疗。

◎能够对父母讲出自己知道的道理。例如：饭前、饭后要洗手。

5—6 岁

◎在开放的环境中，乐于实施自己的想法、愿望和活动计划，获得成功的体验，增强自尊心、自信心。

◎能明确自己的任务，做事认真，有始有终，形成初步的责任感。

◎能主动为集体、为他人服务。例如：主持班会、给小朋友们分发水果等。

◎乐于帮助家里做力所能及的事情，在参与家庭管理的过程中，萌发初步的任务意识和责任感。例如：扫地、帮父母拿东西等。

◎运用已有的生活经验，学会有计划地做事。有参与活动的主动性，做事有目的、有计划。

◎能积极主动地为他人服务，发展初步的服务意识。在服务的过程中，从他人的角度思考，具有利他行为。例如：主动参与幼儿园举行的环保活动。

◎乐于为自己的毕业活动制订计划，在活动中能与同伴进行协商并达成一致。

对成人要求的理解与采纳

成长指标：

0—1岁

◎（6—8个月）对“不”的语音有反应。

◎听从劝阻。

1—2岁

◎知道睡前要如厕，愿意听从成人的引导。

2—3岁

◎能听从成人有关安全的提示，知道不离开成人和集体，知道不触碰危险的物品。

◎喜欢在成人的带领下进行模仿游戏，根据成人的指令行动。

◎知道正确取放玩具，在成人的陪同下能“将玩具送回家”。

3—4岁

◎能够听从成人的教导，了解外出遇到陌生人时自我保护的方法。

◎能够听从成人的指令，远离危险的物品或地方。

◎能够注意用眼卫生，在成人的提示下，控制看动画片的时间。

◎能够认真听老师安排的任务。

4—5岁

◎养成注意倾听的习惯，理解日常生活用

语和成人的要求。

◎能够在成人的教导下，自己整理小书包。

5—6 岁

◎能在成人的提示下，学习控制自己的情绪和行为，增强遵守规则的能力。

◎有初步的任务意识和责任意识，并能在成人的指导下认真做事，有始有终。

对社会、道德和规则的理解

成长指标：

2—3 岁

◎懂得遵守生活和游戏的规则，建立初步的规则意识。

◎学习使用礼貌用语，知道与人见面时主动问好；当别人道歉时，会回应说“没关系”。

◎知道不能打扰别人睡觉。

◎懂得做事时不要影响他人。

◎按照自己的兴趣，积极选择装饰物，参加装扮游戏。

◎愿意接受各种食物，能对成人的劳动表示感谢。

◎知道要遵守交通法规。

3—4 岁

◎懂得有秩序地上、下大型运动器械。

◎会使用简单的礼貌用语与成人打招呼。轻轻敲门，会说“请、欢迎、谢谢、再见”等礼貌用语。

◎知道迎接客人或者去别人家里做客的基本礼节。

4—5 岁

◎理解并遵守日常生活中基本的行为规则。例如：外出时注意安全，不在马路上玩耍、乱跑，在成人的带领下过马路。

◎认识并理解基本的社会行为规则，体验规则在各种活动中的意义。例如：交通法规、游戏规则、观看演出的规则等。

◎了解各种场合、情景下的礼仪规范，能够体验礼貌用语和礼节行为在人们交往中的作用。

◎认识、体验并理解基本的社会行为规则，体会规则在各种活动中的意义。例如：爱护玩具和其他物品，爱护公物和公共环境等。

◎认识、制订图书收放规则，体会规则在活动中的意义。

◎体会规则在各种活动中的意义，在遵守规则的过程中，学会控制自己的情绪和行为。

5—6岁

◎理解和遵守与自身关系密切的社会行为规则，能够做到初步自律，有初步的社会公德意识。例如：不乱丢垃圾，观看演出时不大声喧哗。

◎有初步的竞争意识和遵守规则的习惯。

◎初步理解规则与人们生活、活动的关系。认识常见的交通标志，理解它们的作用，懂得遵守交通法规，珍爱生命。

◎理解和遵守交通法规，有初步的社会公德意识。例如：在等候公共汽车时，主动排队。

◎能够通过讨论、体验等方法，理解和遵守与自己关系密切的社会行为规则。

依恋发展

解释：

依恋表现为婴儿与主要照顾者（一般为母亲）特别亲近，不愿分离，他们之间存在强烈、持久、亲密的情感联结。依恋是学前儿童早期生活中最重要的社会关系，是个体社会性发展的开端和组成部分。

成长指标：

0—1岁

◎感受亲子游戏的乐趣，增进亲子关系，表现出对母亲或亲人的依恋。

1—2岁

◎与家人建立亲密无间的关系。

◎学习抒发自己的感情。

2—3岁

◎情绪稳定、愉快，有安全感。

◎喜欢和家人在一起，也愿意认识新的朋友。

◎逐渐建立与幼儿园老师的依恋关系。

3—4岁

◎情绪稳定、愉快，有安全感。

◎喜欢和家人在一起，也愿意认识新的朋友。

性别角色

解释：

指属于特定性别的个体在一定的社会和群体中占有适当的位置，以及被该社会和群体规定了的行为模式。换言之，性别角色是指特定社会对男性和女性社会成员所期待的适当行为的总和。

成长指标：

0—1 岁

◎初步表现出喜欢和自己的性别角色特性相一致的玩具。

1—2 岁

◎知道自己是女孩或者男孩，愿意了解同性别和不同性别的外显特征。

◎在选择玩具的时候，出现较为明显的性别倾向性。

2—3 岁

◎初步了解与性别相关的一些行为习惯。例如：男孩、女孩不同的小便方式等。

◎更加明显地喜欢性别区隔度较高的玩具。例如：女孩更喜欢布娃娃，男孩更喜欢车、船、变形金刚模型等玩具。

3—4 岁

◎愿意深入了解一些和性别相关的外显特征和行为方式。

◎能够正确说明小伙伴的性别。

◎初步了解一些与性别相关的行为规范和意志品质特征。

4—5 岁

◎对性别特征有更为稳定的认识，并能遵守相关行为规范。

◎初步理解性别特征是稳定的，不因为服装、发型等外在特征的改变而改变。

5—6 岁

◎强化性别认知，理解性别不因为发型、

服装等外在特征的改变而改变。

◎理解性别是先天形成的，不随着自己的愿望改变而改变。

◎理解不同性别儿童要遵守的一些社会规范和应具有的品德意志等。

◎悦纳自己的性别，并能够尊重另一性别的社会规范和行为准则。

亲社会行为

解释：

指人们在社会交往中所表现出来的谦让、帮助、合作、共享等有利于他人和社会的行为。

成长指标：

0—1岁

◎能够把手中的东西同别人分享。例如：将自己的食物分给妈妈吃。

1—2岁

◎学会“照顾”他人。例如：照顾玩具娃娃。

◎乐于分享，感受分享的快乐。例如：能够接受小伙伴一起玩自己的玩具。

2—3岁

◎喜欢与小朋友一起分享食物、玩具。

◎知道同伴间应互相帮助。

3—4岁

◎初步学习与同伴分享玩具和图书。

◎能够与同伴或家长分享自己在某些事情和问题上的看法和想法。

4—5岁

◎初步学会互助与合作，尝试通过协作的方式解决游戏和生活中出现的问题。

◎乐于分享。例如：把自己的玩具带到幼儿园与大家一起分享，与他人一起分享自己的食物。

◎有同情心，能够主动关心身边的残疾人，主动为他们提供力所能及的帮助。

◎学习互助。例如：帮助小朋友打扫卫生，和小朋友一起收拾玩具。

◎初步学会谦让，能尝试解决游戏和生活中出现的问题。例如：分享玩具、食物等。

5—6岁

◎能够体验合作的快乐和意义，增强遵守规则的能力。

◎在游戏中学会与同伴友好地合作和协商，体会合作游戏的快乐。

◎具有协同合作能力和竞争意识，在协作竞争中加深友谊。

◎初步学习小组内的分工协作，以及同伴之间的相互帮助和相互合作。

◎能理解、关心他人的情感体验，培养自己的同情心。

◎体会同伴之间互相帮助的良好关系，知道要在朋友困难的时候主动提供帮助。

◎意识到朋友的重要性，体验有朋友的幸福，学会朋友之间相互关心、帮助。

社会适应

解释：

指儿童对新环境的适应能力、对陌生人的适应能力、对同伴交往的适应能力等。

成长指标：

0—1岁

◎喜欢和妈妈一起游戏，体验自己的头、鼻子、额头等部位被触摸的感觉。

◎认识身体部位，能和妈妈玩互动游戏。

◎通过有意识地与同龄人接触，发展交往能力。

◎喜欢有人跟自己玩。见人会笑。

◎对陌生人表现出明显的拒绝态度（6—8个月以后）。

1—2岁

◎乐意与别人进行身体接触，有安全感。

◎会大胆、自主地选用衣饰打扮妈妈，体验爱妈妈的情感。

◎喜欢和同伴合作，一起玩游戏。

◎主动对同伴打招呼，促进同伴之间的情感交流。

◎初步学会交朋友，学着说“点点头”“握握手”“拉个圈”等。

◎初步具有乐于同别人交往的意识与能力。

◎知道用“我”来代表自己。

2—3岁

◎喜欢听成人讲故事。

◎知道有需要的时候向成人表达。会使用“帮助”一词。

◎会与同伴友好地做游戏。

◎喜爱小伙伴，愿意与同伴一起做游戏。

◎喜欢通过安全的方式慢慢地接触客人。例如：先躲在较远的地方或另外的房间观察一段时间，感觉安全时再慢慢接近客人。

◎愿意认识新朋友。

3—4岁

◎会使用简单的礼貌用语与成人打招呼。例如："老奶奶，您慢点走！""阿姨辛苦了！""谢谢大姐姐帮助我！"

◎愿意与同伴交往和游戏。

◎初步懂得用适宜的语言和行为与同伴交往，会说："你愿意做我的好朋友吗？""我愿意。""我能和你一起玩吗？""咱们一起做游戏，好吗？"

◎喜欢幼儿园，喜欢老师和同伴。

4—5岁

◎在交流中会使用礼貌语言。例如："请""谢谢""对不起"等礼貌用语。

◎积极主动与同伴交往，学会分享、谦让与合作。

◎初步学会轮流、分享、谦让、互助和合作。

◎形成对他人亲近、合作的态度，与同伴建立良好的关系。

◎乐意与同伴交流关于劳动者的职业、工作等，体验交流的意义。

◎乐意与人交往，能用普通话进行交流。

◎愿意与人交流自己的经验和知识，分享学习到的词汇。

5—6岁

◎感受家长和其他人对自己的关爱，萌发感恩的心。

◎能够与同伴交流、分享，欣赏自己和他人的作品。

◎愿意在集体中发挥自己的长处，同时学习其他小朋友的长处。

社会行为技能

解释：

指儿童在与人交往和参与活动时所表现出来的行为技能，包括交往的技能，倾听和交谈的技能，非言语交往的技能，辨别和表达自己感情的技能，合作、轮流、遵守规则、解决冲突等技能。

交往的技能

成长指标：

0—1岁

◎（1—2个月）以微笑来表示应答。

◎会表示“不要”。

◎从宝宝手中拿走东西时，他会表现出强烈的反抗情绪；与他进行沟通后，他会表示理解、接纳。

1—2岁

◎能够学习按游戏规则进行活动，愉快地参加游戏。

◎愿意在大家面前介绍自己。

◎尝试说：“我叫××，你好！”体验不同的问好方法。

◎熟悉“打电话”的游戏规则，学习怎样自我介绍。

2—3岁

◎听到别人叫自己时能回应，愿意说出自己的名字。

◎学习使用“你好”“再见”等礼貌用语。

◎与人交往时，乐于用语言表达自己的需求。

3—4岁

◎能够进行自我表现，并初步体验与他人沟通和交往的快乐。

◎愿意用语言与人交往，主动应答。

4—5岁

◎在交流过程中，会使用适当的礼貌用语。例如：“辛苦了”“您好”“谢谢”“再见”“对不起”等。

◎愿意展示和交流自己的作品，理解每个人都可以有自己的表现方式，感受个人不同的艺术风格。

◎能够展示和欣赏不同人的作品，理解每个人都可以有自己的表现方式。懂得尊重和爱护别人的作品。

◎能在集体、小组的展示和表演活动中，自然、大方地讲话。

◎主动运用语言与别人交往，大胆运用词汇，体验语言交流对自己的意义。

5—6岁

◎主动、友好地与他人交往，体验分享、

互助、合作的快乐与意义，掌握一定的交往技能，尝试独立解决交往中的问题。

◎调动原有经验，思考和尝试与比自己年龄小的孩子（弟弟、妹妹）交往的具体方法，学习初步的交往技能。

倾听交谈的技能

成长指标：

2—3岁

◎会安静地听别人说话，能听懂简单的语言指令，会用简单的语言与别人对话或表达自己的愿望。

◎在情绪稳定的状态下，愿意与客人交流。如：与客人对视，介绍自己的玩具，在成人的鼓励下向客人打招呼，接受客人的礼物。

◎有事能向成人诉说。

◎喜欢念儿歌，愿意与人交流。

3—4岁

◎能够注意倾听他人讲话，听懂日常生活用语，并能有相应的反应。

◎用简短的语句与熟悉的人交往，喜欢问答式的交谈方式。

◎初步了解打电话的方法，提升语言表达能力。

4—5岁

◎养成注意倾听的习惯，理解日常生活用语、成人要求、儿童文学作品以及与其生活经验相关的语言信息。

◎能注意倾听别人的讲述，尝试理解别人的观点。

◎有良好的倾听习惯，能注意理解别人的观点和表达的意思。

5—6岁

◎愿意与人交流自己的想法和感受。

◎能用自己喜欢的方式，将自己感兴趣的事表达出来。

◎乐意与大家分享自己的快乐和收获。

◎通过学说广告，了解广告语的特点，并能够为自己喜欢的东西做广告。例如：为自己的玩具娃娃做广告。

非言语交往技能

成长指标：

2—3岁

◎在与客人接触的过程中，通过体态动作或语言，让客人欣赏自己喜欢的玩具和用品。

3—4 岁

4—5 岁

◎喜欢用肢体语言表达自己对哪些事感兴趣，表达自己的生活经历，喜欢模仿日常生活或艺术作品中人物的语言、表情、动作，愿意尝试创编与合作表演简单的故事情节。

5—6 岁

◎理解手语的作用，能用肢体动作来表达自己的想法。

◎通过游戏体会语言的重要作用，激发对聋哑人的关爱情感。

辨别和表达自己感情的技能

成长指标：

2—3 岁

◎乐于对关心、帮助自己的人表示感谢。能使用“您能帮助我么”、“谢谢”、“谢谢您帮我找到了玩具”等语句。

◎遇到伤心或不愉快的事情时乐于向成人诉说。

◎能够用自己的行动表达对爸爸妈妈的爱。例如：亲亲爸爸、亲亲妈妈。

◎感受父母与宝宝之间的亲密和关爱之情，会说短句：“妈妈，亲亲!”“爸爸，抱抱!”

◎尝试用自己喜欢的方式表达各种感受，如涂涂画画、唱唱跳跳、说说讲讲等。

3—4 岁

◎愿意向成人和同伴表达自己的情绪。

◎愿意参加有趣的节日活动。

◎能够以语言、动作等形式自由表达自己的感知以及操作活动中的感受和发现。

◎知道爸爸妈妈的爱好，学会表达对他们的爱。

4—5 岁

◎能用合理的方式宣泄自己的情绪，保持愉悦的心情。

◎知道保护嗓子，不大声喊叫。

◎能用简单的方式表达对同伴、老师和家

人的爱。

◎能从阅读中体会快乐，愿意与别人交流自己的感受。

5—6岁

◎能运用已有的生活经验，用完整连贯的语言表达自己的感受。

合作、轮流、遵守规则、解决冲突等技能

成长指标：

2—3岁

◎在日常生活中，了解简单的对与错，学习运用简单的方法调整自己的行为。例如：和他人意见不同时，要主动诉说理由；有了冲突，能尝试让步、道歉。

◎喜欢参加集体活动，情绪积极，有初步的规则意识，基本上能遵守规则，会分享，懂轮流，知道爱护玩具。

3—4岁

◎了解什么是轮流，体验规则的作用，初步形成遵守规则的意识。

◎能遵守轮流游戏的规则，体验共同游戏的快乐。

◎在集体生活中，敢于大胆提出自己的想法和要求，能在成人的支持下尝试解决问题。

4—5岁

◎能积极主动地与同伴交往，学会轮流、分享。

◎尝试解决游戏和活动中遇到的问题，获得成功的感受，获得自信。

◎学习按轮流的方式解决游戏和生活中出现的问题。

◎能解决生活中遇到的问题，获得成功的感受，体验自尊和自信。

5—6岁

◎能围绕一个话题进行讨论，并能做到轮流发言，理解并尊重别人的观点。

◎遇到问题，先自己想办法解决，如果解决不了，应向他人求助。

习惯领域

习惯，就是人的行为倾向，也就是说，习惯一定是行为，而且是稳定的，甚至是自动化的。

习惯领域的教育，指帮助幼儿在基本生活方面具有良好的行为方式，包括进餐、着装、睡眠、学习、行为等各个方面。

习惯

生活习惯

卫生与健康习惯

饮食习惯

运动习惯

理财习惯

文明的行为习惯

道德习惯

学习习惯

生活习惯

解释：

指人们为了生存和发展在参与各种活动中积久养成的一种生活规范与行为方式。

成长指标：

0—1 岁

◎能在一种安静祥和的气氛中入睡，养成良好的睡眠习惯。

◎5—6 个月，能够抱奶瓶自己喝奶。

◎11 个月，能伸手、伸脚配合穿衣。

◎12 个月，在别人帮助下用杯子喝水。

1—2 岁

◎13－18 个月，喜欢模仿大人做家务，养成勤劳的习惯。

◎会用勺子吃饭，但洒得多，开始培养独立用餐并避免浪费的习惯。

◎养成用杯子喝水或喝奶的习惯。

◎配合穿衣，看到袖筒会伸手，看到裤筒会伸腿，逐步学会脱衣、脱裤，培养自理的习惯。

2—3 岁

◎能积极配合成人穿脱衣服，将衣服放在固定的地方。

◎养成定时睡眠的习惯。能尝试独立睡眠，知道这是个好习惯。

◎知道应该有规律地生活，早晨按时起床。

◎养成餐前洗手，餐后擦嘴、漱口的习惯。

◎口渴了，要用水杯喝水，养成有规律地喝水的习惯。

◎乐于主动进餐，逐步养成自己吃饭的习惯。

◎自己进餐，养成不浪费的好习惯。

◎知道要保持衣物整洁。

3—4 岁

◎养成良好的睡眠习惯。

◎知道小肚皮露在外面自己会受凉生病。学会在秋冬季节穿衣时将内衣掖到裤子里。

◎认识袜子的特征，学习穿脱袜子，养成自己穿脱袜子的习惯。

◎认识鞋的外形、特征，通过比较来练习

穿鞋，能做到左右脚不反穿鞋。

◎学习洗单衣、袜子的方法，体验父母劳动的辛苦。激发喜欢参加劳动的情感，养成热爱劳动的习惯。

◎开始参加家务劳动，学习一些简单的家务劳动技能，体验父母平时劳动的辛苦。

◎学习正确、安全地使用小剪刀的方法。培养正确使用小剪刀的良好习惯。

4—5岁

◎认识常见安全标志并了解其内涵，探讨这些标志与人类生活的密切关系，并懂得避让不安全因素，在生活和体育锻炼中增强自我保护意识。

◎知道烫的东西会对人造成伤害，学习烫伤后的简单处理方法。在生活中逐渐摸索和积累生活经验，学习保护自己身体的各个部位。

5—6岁

◎安静入睡，睡姿正确。

◎了解火的起源以及它给人类带来的益处和危险。通过火灾逃生演习，了解正确的火灾自救方法。

◎知道自己长大了，可以为长辈做力所能及的事。

◎通过一些活动，培养幼儿尊敬长辈、关爱长辈的意识。例如：帮助妈妈倒洗脚水，帮助奶奶拿菜篮子等。

卫生与健康习惯

解释：

指有益于促进保持卫生和促进身心健康的一系列相关行为的总和。

成长指标：

0—1岁

◎注意口腔卫生，每次喝完奶之后喝几口白开水。

◎学习坐坐便器大小便，培养自理技能。

◎养成大小便坐盆的习惯。

1—2岁

◎想大小便时，会有所表示：大便会“唔”，小便会“嘘”，或自己下蹲等。

◎养成大小便坐盆的习惯。

◎饭前便后，能在成人的帮助下洗手。

2—3岁

◎懂得大小便时主动寻求成人的帮助，大便后会请成人帮助清洁身体。

◎当身体不舒服或有特殊需要时，能主动告诉成人。

◎乐于在成人的帮助下清洁自己的身体，学会洗手，养成爱清洁的习惯。

◎能够独立如厕，逐渐养成独立如厕的习惯。

◎知道应该讲卫生，毛巾要用自己的。会使用手绢，养成讲卫生的习惯。

◎养成勤洗头、洗脚的习惯。有做个讲卫生的小朋友的强烈愿望。

◎坚持饭前便后洗手，餐后漱口、擦嘴，早晚刷牙，勤洗澡、洗头等。

3—4岁

◎做到饭前洗手，饭后擦嘴、漱口。

◎会用正确的方法洗手、洗脸，并做到早晚刷牙。

◎知道并做到使用自己的毛巾、水杯和清洁的手绢或纸巾。

◎知道不用脏手揉眼睛，不将手或其他异物放入口、鼻中。

◎学会如厕，养成定时大便、不憋尿的习惯。

◎认识漱口的重要性，掌握和巩固正确的漱口方法，养成吃食物后漱口的习惯。

◎养成勤盥洗的习惯。

4—5岁

◎知道每个人的手都不一样，都是独特的，懂得保护手的基本常识。

5—6岁

◎注意服装卫生、饮食卫生、睡眠卫生、牙齿卫生、皮肤卫生等。

◎饭前便后洗手，自己擦鼻涕，会用指甲刀剪指甲，能自己洗澡等。

饮食习惯

解释：

指人们对食品和饮品的偏好，其中包括对饮食材料的偏好、烹调方法的偏好，以及对烹调风味及佐料的偏好。

成长指标：

0—1岁

◎养成喝白开水的习惯。

◎建立合理的生物钟，养成有规律地进食的习惯。

1—2岁

◎初步学习使用调羹，能用调羹将食物放在嘴里。

2—3岁

◎喜欢吃蔬菜，养成不挑食的习惯。

◎知道贪吃、挑食和吃零食对身体不好。

3—4岁

◎喜欢喝白开水，养成经常喝水的习惯。

4—5岁

◎了解蔬菜的营养价值，知道多吃蔬菜对身体有很多好处，养成不挑食的习惯。

◎通过动手操作，激发探究的兴趣，知道蔬菜里含有菜汁和粗纤维，有利于身体健康。

5—6岁

◎不吃不干净的食物。

◎少吃洋快餐。

◎能够抵御甜食的诱惑，吃甜食要有节制。

◎少吃零食，按时三餐。

◎不边看电视边吃饭。

运动习惯

解释：

指对促进幼儿生长发育、训练幼儿体能、提高幼儿机能，增强幼儿适应外界环境能力的运动方式的偏好。

成长指标：

0—1岁

◎乐于在成人的帮助下做一些简单的体操动作。

1—2岁

◎在成人的鼓励下，能够主动参与运动量较大一些的活动。例如：追着成人走。

◎愿意参加运动类游戏，提高身体各部位

的整体协调能力。

◎喜欢参与运动量较大的游戏活动。例如：推拉小车的活动。

2—3 岁

◎能够自觉地参与运动量较大一些的活动。例如：追着成人跑。

◎喜欢参与运动量较大的游戏活动。

◎喜欢在儿童乐园与小朋友们一起玩运动量较大的游戏。

3—4 岁

◎喜欢参加幼儿园的体育活动。

◎能够感受在幼儿园集体中与小伙伴们一起运动的乐趣。

4—5 岁

◎热爱运动，认真学习正确的运动方法。

◎能够主动积极地创设一些有趣的运动方式与方法。

5—6 岁

◎乐于享受运动的乐趣。

◎坚持正确的锻炼方法，充分使用各种玩具进行身体的锻炼和心智的训练。

理财习惯

解释：

指人们在处理财务方面的行为方式偏好，例如：节约、储蓄、计划等。

成长指标：

3—4 岁

◎认识钱币，能够初步理解不同面额的钱币代表的币值不同。

◎知道钱可以用来购买物品，不同的物品需要钱的数量不同。

◎初步了解家里的钱是爸爸妈妈辛苦工作赚来的，不能随意花费。

4—5 岁

◎初步认识“钱”，了解钱的用途。

◎知道钱可以用来购买物品，但是不应该随意购买用处不大的物品。

◎初步了解购物时要遵守的一些基本规范。

5—6岁

◎初步认识“钱”，了解家庭经济状况，逐步具有节省钱的意识。

◎养成理智消费的习惯。

◎花钱要有节制。

◎要能够有计划地使用钱。

◎能够自己去购买一些小物品。

文明的行为习惯

解释：

文明是指人类所创造的财富的总和，特指精神财富，如文学、艺术、教育、科学等，也指社会发展到较高阶段表现出来的状态。文明的行为习惯，指日积月累形成的与人类文明积累、实践和传承相关的行为方式的总和。

成长指标：

0—1岁

◎知道自己的奶瓶、玩具等要放在指定的位置。

1—2岁

◎知道不能把小玩具含在嘴里。

◎不随便乱丢玩具等物品。

2—3岁

◎知道不乱丢废物，而要放进垃圾箱（或垃圾桶）里，养成爱清洁的习惯。

◎吃完水果后，知道不乱扔果皮，而要放进垃圾箱（或垃圾桶）里。

◎知道做事要有条理，不慌张，能一步一步地做事情。

◎知道擦完嘴后，要把纸巾扔进垃圾箱（或垃圾桶）里。

◎知道不能乱丢食品包装，而应该放进垃圾箱（或垃圾桶）里。

3—4岁

◎不冲着别人咳嗽、打喷嚏，咳嗽、打喷嚏时要用手或者手绢捂着。

◎能专注地听别人讲话，懂得尊重别人。

◎知道在相应的场合（如有人休息时）要轻声走路，不大声说话。培养心中有他人的意识。

◎知道在电梯等公共场所要遵守公共秩序。例如：不吵闹，不乱涂乱画。

◎懂得爱护环境卫生，能够做到不乱丢垃圾。

◎了解残疾人的不幸及他们在生活中的困难。主动关心、帮助残疾人和生活有困难的人。

◎发现身边需要帮助的人，并主动帮助他们。培养关心周围人和事物的主动性。

◎学会把自己喜欢的东西与别人分享，能体验分享的快乐。

◎初步具有简单的社会交往行为，知道好朋友之间要友好、和睦地相处。

◎学习分类整理的方法。知道东西不能乱放，养成整理物品的习惯。

◎能够勇敢地表达自己的想法。能够较为完整地表达自己的想法，并会使用礼貌用语“请”“谢谢”等。

4—5 岁

◎养成在生活中守秩序的好习惯。例如：在游乐场玩时，若有很多小朋友同玩一个游乐设施，要排队轮流玩。

◎懂得做客的基本礼节，到别人家里做客，能够做到遵守礼节。

◎学会爱护公共财物。例如：不随意践踏草坪，不攀折花木，不涂抹墙壁。

◎学习区分明显的对与错，明白爱护环境要从小事做起。例如：将垃圾丢到垃圾箱里，不踩踏草地上的小草等。

◎学会关爱比自己小的伙伴。培养在异龄交往中的接纳意识和责任感。培养关爱行为和交往能力。

◎懂得玩别人的玩具要先征得别人的同意，学会与同伴友好地玩耍。

◎学会主动跟客人打招呼，会用适当的语言与他人交流，友好相处。

◎大胆、清楚地讲述自己关爱他人和他人关爱自己的故事，培养良好的情感，强化正确的行为。

◎知道生活中处处需要合作。主动地邀请同伴一起玩，学会分享，体验这些行为带来的快乐。

◎懂得不随意打断别人说话，养成倾听他人说话的良好习惯。

5—6 岁

◎做力所能及的事，巩固自理、独立做事

的行为习惯。

◎懂得要礼貌待人，不随便打扰别人，并知道遇事时要与人商量。

◎能够体会残疾人的不幸和不便利，适宜地表达对残疾人的同情和尊重。

◎在生活中，学会轮流与等待，养成互相谦让的行为习惯。

◎知道如何按照高矮顺序排队，了解在什么样的场合要遵守排队的规则。

◎了解逛超市的时候哪里需要有秩序地排队。

◎学习迎接客人时接待的要求和程序。学习做客的礼节，主动与主人打招呼。

◎关爱同伴，能够体验关爱同伴的快乐，不断激发同情心和爱心。

◎遵守游戏中的规则，体验在合作中遵守规则带来的快乐，培养规则意识和遵守规则的习惯。

◎学会倾听他人讲话，在自己需要说话的时候能够大胆发言。

◎知道并能够做到爱护家里的物品。例如：桌了、椅子等要摆放到相应的位置，地面、餐桌等要保持干净。

道德习惯

解释：

良好的道德行为，具有关心他人、乐群、合作、诚实、分享、助人、利他、有礼貌、守纪律等特质。道德习惯指这些美好特质作用于人的成长与发展所产生的行为方式的总和。

成长指标：

0—1岁

◎喜欢听成人讲各种传统美德题材的故事。

1—2岁

◎喜欢听成人讲各种传统美德故事。

◎喜欢看传统美德故事题材的绘本和故事书。

◎能够模仿传统美德故事中主人公的行为，来应对身边的事情。

2—3岁

◎能够主动听、看各种传统美德题材的故事。

◎初步理解一些美德行为。例如：分享、

谦让、合作等。

◎在生活中，能够展现美德行为。例如：与小伙伴分享食物，轮流玩玩具。

◎了解长辈对自己的爱护，也懂得要爱护长辈。例如：妈妈下班了，很辛苦，主动拥抱和问候妈妈，表达自己的关心。

3—4 岁

◎喜欢听传统美德故事，并能够开始尝试把这些故事讲给他人听。

◎主动将传统美德故事中的好行为迁移到自己的生活中。例如：将自己的玩具与伙伴分享，主动整理自己的玩具等。

4—5 岁

◎喜欢听、看传统美德故事，并能够将故事中的好行为迁移到日常生活中。

◎在做事的过程中，培养有耐心、有信心的良好品质。

◎在克服困难、体验成功的活动过程中，培养勇敢、坚毅的品质。

◎能够感受自己与他人的不同，学习欣赏自己和悦纳他人。

◎在不同活动中，尝试与同伴合作，学会合作的方法，体验合作的乐趣。

5—6 岁

◎喜欢听、看传统美德故事，并能够将故事中的好行为迁移到日常生活中。

◎在做事的过程中，培养有耐心、有信心、有计划、有责任感的良好品质。

◎在克服困难、体验成功的过程中，树立自信心。

◎能够感受自己与他人的不同，学习欣赏自己和他人。

◎能够发现他人的优点，愿意向他人学习。

◎愿意展示自己的优点，做有助于增强自信心的事情。

◎知道自己的长处并会发扬它，能总结成功的原因，并获得自信。

◎懂得做事不怕困难，只要努力一定成功的道理。在做事的过程中，能坚持不懈，持之以恒。

学习习惯

解释：

指在学习过程中经过反复练习形成并

发展成为一种个体需要的自觉学习的行为方式的总和。

成长指标：

0—1岁

◎积极观察、学习成人，并尝试模仿。

◎乐于体验学习中的乐趣。

1—2岁

◎愿意整理散落的玩具，养成收拾、整理玩具的好习惯。

◎在爸爸妈妈的陪同下，能安静地看书。

◎初步学习按游戏规则进行活动，能够愉快地参加游戏。

◎学着把玩具收好，养成爱惜玩具、按位归还物品的好习惯。

◎学会观察物品，能够集中注意力。

2—3岁

◎会选择自己喜爱的玩具进行游戏，会收放简单的玩具。

◎养成收拾、整理自己的玩具和用品的习惯。

◎懂得爱护图书和玩具。

3—4岁

◎初步养成有序摆放和安全使用工具、材料的良好习惯。

◎激发与他人共同做事的兴趣，懂得人多力量大的道理。

◎乐于与同伴相互配合，共同做一件事，体验大家一起做一件事的快乐。

◎养成正确地看书习惯，学会爱护图书。

◎激发喜欢看书的兴趣，学会倾听故事和欣赏画面，了解故事的主要内容。

◎学习看书的正确方法，会一页一页轻轻地翻阅图书。

◎初步培养对表演活动的兴趣。有序地取、放乐器，并学习分类摆放。

◎初步学会有序地摆放活动材料。

◎能够与同伴分享自己的玩具，感受分享带来的快乐。

◎了解正确的看书方法，能够与同伴一起友好地看书。在学习和模仿的过程中，培养良好的阅读习惯。

◎通过实际操作，学会自己整理玩具，培养良好的秩序感。

◎学习握笔方法，能够正确地使用笔。

4—5岁

◎能够从前到后有顺序地阅读，认真观察和理解画面内容，了解故事的情节。

◎能够学会一页一页地按顺序看书，培养良好的阅读习惯。

◎能够用心观察、感知周围事物，并有好奇心和求知欲。

◎喜欢参加剪纸等艺术活动，并能大胆地使用剪刀连续剪直线，进行创造性的想象和制作，同步发展手、眼协调能力。

◎能够按照数字顺序进行连线。发展对数序的认知能力。

◎主动学习，掌握正确的握笔画线的方法。

◎能制订合理的学习计划，并根据执行情况及时调整计划，以获得更好的效果。

◎学习正确的握笔方法。

5—6岁

◎学习协商与合作，能够体验协商、合作的重要性。

◎能够按分工进行合作，体验分工合作带来的快乐。

◎学习根据需要改变合作游戏的形式，发展应变与合作的能力。

◎能够与他人合作完成任务，体验大家齐心协力共同做好一件事情的乐趣。

◎了解安全的重要性，学习制订相应的规则。

◎学会协商讨论，对大家的提议进行取舍和比较。

◎学会进行比较，能够明确地分工合作。

◎能够通过续编漫画活动，培养阅读兴趣，养成爱思考的学习习惯。

◎了解图书种类的丰富，知道要分类取、放图书。

◎有兴趣阅读自己制作的图书，有制作图书的良好愿望，并能够制订计划进行操作。

◎有参与实验活动的兴趣，并在活动中学习自己记录实验结果。

◎养成爱护文具和安全使用文具的习惯。

◎激发感知和探索周围事物的兴趣，学习用统计的方法记录观察到的事物。

◎不长时间看书，书本与眼睛保持适当的距离，阅读时保持正确的姿势。

◎能够结合自己的生活创编儿歌，激发学习兴趣以及上小学的愿望。

美术领域

美术，指运用一定的物质材料，通过构图、透视、用光等艺术手段，在一定的空间中塑造直接可视的平面形象或立体形象的艺术。

美术领域的教育，指顺应幼儿视觉上的主动选择性，给他们提供充分的视觉资源，发展其审美感知能力和审美想象力。

美术

色彩与形状感知

工具和材料

绘画

手工

装饰与美化

美术情绪体验与表达

色彩与形状感知

解释：

包括对色彩的感知（学习辨认色彩的三要素：色相、色度和色性）和对形状感知。

成长指标：

0—1岁

◎3个月，婴儿能在排除明度干扰的情况下，分辨红、黄、蓝、绿四种基本色。

◎5个月，婴儿能够初步感知红色、黄色和蓝色。

◎能够观察颜色在水中的变化。

◎初步感知色彩，促进视觉的发展。训练对色彩的敏感度，发展观察力、注意力和视觉跟踪能力。

◎能够初步感知物体的大和小。

◎感受圆形。对有意义的图形感兴趣。例如：人脸等。

1—2岁

◎能够观察颜色在水中的变化。

◎喜欢观察有意义的图形。

◎对鲜艳的色彩感兴趣。

2—3岁

◎25—30个月，能够认识两三种颜色，对各种色彩感兴趣。

◎能根据物品的颜色、花纹配对。

◎能分辨红、黄、绿三种颜色，了解色彩和物体的关联。

3—4岁

◎初步感知和探究物体的特征。如：物体的颜色、形状、大小等。

◎分辨红、橙、黄、绿、天蓝、蓝、紫七种颜色的百分率为97%，4岁以后达到100%。

4—5岁

◎能够开展有关颜色的探究活动（如混色、退色等），通过进行比较，发现颜色的变化。

◎掌握具有动感的线条和多种色彩的运用。

◎初步了解作品的色彩特点，了解作品的内容。

◎渐渐具有区别颜色深浅和色调的倾向。

◎在动手操作的过程中，发现混合两种颜色可以得到另一种颜色。

◎感受颜色变化带来的乐趣，对变色产生兴趣。

5—6岁

◎能大胆用色，大胆表达。

◎能够根据对冷、暖色的不同感觉选择颜色作画；感觉冷、暖色及主体与背景的关系。

◎尝试将各种色彩进行搭配，感受色彩调和、变化的美。

◎初步体验颜色变化的原因和规律，感受创作的乐趣。

◎尝试调和出不同的颜色。

◎能控制手的动作，顺着形象的轮廓，用方向一致的线条均匀地涂色，不留空白，不涂出边线。

工具和材料

解释：

包括绘画工具与材料和手工工具与材料。

成长指标：

0—1岁

◎感知画布纸等不同的材料和不同的颜色，产生全新的触觉体验。

1—2岁

◎能区别简单工具的形状。例如：三角形、圆形、方形。

◎对色彩的敏感性逐渐增强。

2—3岁

◎会用剪刀剪一下东西。

◎在成人的帮助下，能够学习用小刷子刷颜料，感受作画材料的特性。

◎能够用粉笔画密密长长的直线，充分享受画画的乐趣。

◎能接触到的绘画工具包括蜡笔、铅笔、粉笔、钢笔，甚至是树枝、木棍等。

◎有意识地接触能留下痕迹的平面材料。如：纸、书、墙、地板等。

3—4岁

◎喜欢操作易于使用的美术工具和材料。如：粗毛笔、小牙刷、小刷子、大画纸、颜料等。

◎学习握笔方法，能够以正确的姿势用笔。

◎能够初步感知和探究物体的特征。如：大小、颜色、形状、软硬、粗糙、光滑和滚动、转动、静止等。

4—5岁

◎在绘画过程中，坐姿正确，能对笔有较好的控制能力。

◎尝试运用多种美术工具、材料（包括专用材料、自然物或废旧材料），能够自由选择并正确使用它们，大胆表现，做自己感兴趣的东西。

◎尝试使用表现色彩的材料和工具，感知不同材料表现出的美感特征。

◎对选择、使用美术材料和工具有独特的设想，感知不同材料表现出的美感特征。

◎能正确使用更多的美术工具、材料。如：沙画纸、软陶、彩色扭扭棒等。

◎能够认识、选择国画工具和材料，掌握国画工具和材料的简单使用方法，尝试用国画的方法表达自己的感受。

◎能够认识、选择各种植物果实进行美术创作，感知不同果实表现出的美感特征。

◎能够认识、选择水分较多的材料和海绵等，大胆地尝试、设想与创作。

◎能够尝试用水溶性绘画材料感知、再现其艺术风格，感知作品的魅力。

◎能够选择适宜的彩砂纸和油画棒再现作品的艺术风格，感知作品的魅力。

◎能够尝试使用剪纸的材料和工具进行创作，并有独特的设想。

5—6岁

◎学习用铅笔画画，提高控制笔的能力。

◎感知宣纸的特性，并尝试运用不同的方法进行染纸操作。

◎会自主选择合适的材料制作奖牌。

◎感知各种美术材料（包括专用材料、自然物或废旧材料）和工具的特性，尝试自主选择并利用它们的形状与质地等特点大胆修改、添加、组合、设计和制作。

◎能够搜集各种可用于美术创作的工具、材料，并根据需要恰当使用。

◎能够用各类插塑材料拼插雪花，表现雪花是六角形的特征。

绘画

解释：

指用各种笔、纸等工具和材料，运用线条、造型、色彩、构图等艺术语言创造出视觉形象，从而表达创作者思想、情感的一种活动。

成长指标：

0—1 岁

◎认识纸、笔等基本绘画工具。

◎喜欢观察色彩明丽的画面。

1—2 岁

◎能初步尝试控制绘画的速度。

◎能够模仿画直线与圆形。

◎初步建立简单的图画概念，学会辨别物体的特殊细节。

◎学会用食指点画。例如：点画小雨点儿。

2—3 岁

◎画画时，能用画笔勾画出一个轮廓。一般来讲，3 岁左右的幼儿把轮廓画出来就完了，很少再给它涂色。

◎喜欢学习用手指蘸颜料进行点画。

◎喜欢涂鸦。拿到笔后，能够画一些凌乱的线条，还不知道用笔画出特定形象。

◎25—30 个月，能临摹画直线、水平线和交叉线。

◎会用油画棒大胆地画各种彩色线条，感受绘画的乐趣。

◎尝试使用玩具汽车进行滚画，能够感受与同伴共同创作的乐趣。

◎喜欢画画，能够尝试画曲线。

3—4 岁

◎能运用简单的图形和自己喜欢的颜色，大胆地、有意识地表现熟悉的事物。

◎喜欢涂色。涂色非常杂乱无顺序，涂得不均匀，有的地方在一起过于浓密，有的地方又过于稀疏留下许多空白，还经常涂出轮廓线，是此年龄段幼儿正常的表现。

4—5岁

◎能够利用各种美术工具和材料，尝试表现较夸张的造型。

◎能够初步尝试利用国画的绘画工具表达自己的所见、所知、所想。

◎能够初步掌握国画的绘画方法。如：墨的浓淡及笔的控制等。

◎学习用毛笔点染画一些常见的东西。例如：花朵、小草、睡莲等。

◎能够抓住绘画作品中线条和色彩的主要特征，通过绘画大胆表现。

◎能从油画作品中了解色彩、线条的多种表现方法，感受其美感特点和视觉冲击力。

◎尝试运用绘画、制作等美术手段表达自己对规则的理解，以及由故事、儿歌引发的想象和科学探索的过程等。

◎肢体舒展地在可擦的墙壁上进行自由创作，用色彩、线条表达自己的情绪。

◎发现周围事物美的规律，并能够按照这些规律用绘画或制作的方式进行创作。

◎初步学会小面积涂色。

5—6岁

◎能够大胆地进行独创性表现，能较完整地组合画面。

◎根据主要少数民族的服饰特点，尝试画或制作少数民族娃娃。

◎能够用绘画的形式表现整点或半点开始的活动，进一步巩固时间概念。

◎能够学会用油画棒擦画的方法进行创作。

手工

解释：

指使用各种工具和材料，运用剪、撕、贴、折、塑等手段制作出平面或立体的物体形象，从而发展儿童动作的灵活性、协调性，培养儿童实际操作的能力以及工作计划性和条理性的一种活动。

成长指标：

1—2岁

◎能用橡皮泥在模具上压制圆饼。

◎能够学习拓印，感知圆形，感受添画的奇妙。

◎初步学习用手指在纸上点画，训练手指

的灵活性，培养对美术活动的兴趣。

◎能够学习大胆地“撕”的动作，能够撕出不规则的纸条。

◎能够学会用双手揉球、压扁的技能。

◎能够学会粘贴，促进手指的灵活性。

2—3岁

◎25—30个月，能够尝试用剪刀剪东西（使用儿童剪刀）。

◎25—30个月，能够学会印画，体验成功的喜悦。

◎尝试用手掌印画，感知美丽的色彩。

◎学习插的技能，感知颜色的对应，促进手、眼协调能力的发展。

◎能够使用浆糊进行粘贴。

◎能够将纸撕成细长条，体验动手操作带来的快乐。

◎将纸撕成一片一片后粘贴。

◎学习用两手抓握的方法团纸球，感受纸团印画的乐趣。

◎能用自己的方法撕纸，尝试说出撕的是什么或像什么。

◎能用对角折的方法折叠或粘贴。例如：折叠或粘贴小鱼的鳞片。

◎掌握撕纸的方法，能尝试把纸撕碎，能按图形轮廓撕纸。

◎会使用印章，愿意用印章在纸上反复印出图案。

◎31—36个月，能够掌握折纸的基本技能，并在成人指导下折出一些简单造型。例如：接近正方形、长方形的图形等。

3—4岁

◎尝试用多种材料拓印。了解拓印的基本方法，探索拓印的奥秘。对拓印产生兴趣。

◎乐意探索，发现让拓印更清楚的方法。能与同伴交流自己的想法及尝试操作的过程。

◎能够初步感受泥工、剪纸、绘画等的美。

◎能够欣赏剪纸。

4—5岁

◎能够利用纸张、彩笔等材料，运用折、粘、剪等方式表达自己的感受。

◎能够运用剪纸的方式制作不同图案的拉花。

◎能用剪纸的方式表达自己对事物的印象

与情感体验，发展艺术表现能力。

◎认识和选择能表现色彩的美术材料和工具，在剪、贴中再现美术欣赏作品的艺术风格，体会作品的艺术魅力。

◎初步了解泥塑作品的表现方法，感受彩陶花瓶的美感特点。喜欢用雕塑的方式表达自己对彩陶花瓶的印象，发展艺术表现能力。

◎尝试用画案和拓印台，肢体舒展地进行创作，培养良好的美术创作习惯。

◎喜欢用添画和粘贴的制作方式，表达自己的所见、所感、所想和对事物的印象与情感体验，获得心理上的满足。

◎喜欢用泥塑的方式，表达自己的所见、所知、所想和对事物的印象与情感体验，美化环境。

◎一般来说，孩子要到4岁才开始学习折纸。开始时，用正方形或者长方形的纸折叠一些简单的物体和玩具（如书、房子、飞镖、钢琴），但时常折不好，边角不齐，折缝不直。到5岁时，能折出比较复杂的东西，而且折得比较平整、端正。

◎一般四五岁的孩子剪出的图形都是非常简单的，轮廓变化也不大。这时孩子不大会灵活地用剪刀，尤其是不会配合剪刀转动纸。

5—6岁

◎主动参与各种美术活动。如：绘画、纸工、泥塑、废旧材料制作、编织等。

◎能够把照片、图片牢牢地贴在硬纸上。

◎能在动物图片、照片上自己设计线条，并按照线条剪开做成拼图。

◎尝试用剪的方式，创作出二方连续的剪纸纹样。

◎能够主动探究用自己的方法剪出对称的心形。

◎能够看折叠图示练习折纸，会按照折纸步骤完成折纸。

◎按照需要的大小裁剪纸张。

◎能利用纸的形状与质地的特点，大胆地进行折、剪、染的制作活动。

◎能用沙画的形式创作美术作品。

◎能剪出像热带鱼、轿车、熊猫这样一些形状复杂、轮廓曲折的形象，剪出的边缘也比较光滑匀称。（但形状太复杂细小的部分孩子剪起来还是比较困难，常常剪断。）

装饰与美化

解释：

指从美的形式、规律出发进行创作的一类活动，对幼儿学习与掌握美的形式、培养幼儿的美感有极好的作用。

成长指标：

2—3 岁

◎爱拿自己能接触到的工具（如蜡笔、铅笔、粉笔、钢笔，甚至是树枝、木棍等），在能留下痕迹的平面材料（如纸、书、墙、地板等）上涂涂画画，看到自己画出的线条时，感到非常高兴和满意。

◎对粘贴活动感兴趣，喜欢尝试用粘贴工具进行简单的装饰。

3—4 岁

◎运用自己熟悉、喜爱的图形、材料进行多种简单装饰。

◎能够感受环境布置中的美，抓住其主要特征。

◎利用身边的物品制作成手工艺品，美化自己的生活。

4—5 岁

◎能用不同品种和层次的创作材料表达对重复美的理解，并能按这些规律进行装饰。

◎能够尝试运用手工制作及装饰的形式表达对对称美、韵律美的理解。

◎能够尝试利用身边的物品或废旧材料制作玩具、手工艺品，美化自己的生活。

◎能够尝试为戏剧表演、主题游戏自制道具和装饰物。

5—6 岁

◎能主动发现和运用多种方法（如剪、贴、折、画等），装饰生活用品和美化环境。

◎学会穿针线，会系线扣；学会看布的正反面进行缝制，尝试让缝制的针脚大小一样。

◎喜欢用作品装扮自己、美化环境或作为礼物送给别人。

美术情绪体验与表达

解释：

指感受和欣赏美术作品、自然景物和

社会环境中的美好事物，丰富美感经验，培养审美情感、审美评价能力和审美创造力的一种活动。

成长指标：

2—3岁

◎2岁多的幼儿极爱看图画，大约到3岁时，对艺术形象和实物都不加区别，把画上的东西也看作是有生命的、有人的情感的。

◎2—3岁的幼儿在欣赏绘画作品时，能说出单个物体的名字和动作，但看不出画面中形象之间的联系，更不能区别主要形象和次要形象。因此，他们不会概括出若干形象组成的画面情节和主题，往往被觉得好玩、有趣、色彩鲜艳的东西所吸引。

3—4岁

◎喜欢摆弄画笔，用颜色涂涂抹抹，但这大多与再现事物的客观色彩和表现情感无关，幼儿是在探索和认识色彩。

◎幼儿开始能用特殊的动作、线条、形状、声音和物体来代表他们头脑中对某些事物的印象和情感。

◎感受女性的美感特点，初步了解表现的方法。感受不同女性（如妈妈、阿姨、奶奶等）的美，包括形象、衣着、发型及内在的美。

◎能够利用各种美术工具和材料，尝试对不同类型女性的特点进行表达。

◎能够欣赏一些著名的美术作品。例如：欣赏米罗的作品《女人和鸟》，激发幼儿表现的愿望。

◎乐于肢体舒展地在画板上进行自由创作，养成良好的美术创作习惯。

◎能够简单理解写实作品中所表现的生活情节。

◎能够选择各种材料和工具，在制作中大胆地尝试、设想与创造。

4—5岁

◎尝试从作品中感受夸张的表现方法，理解作品的美感特点。

◎初步感知国画与其他绘画不同的表现方法，感受国画作品的艺术魅力。喜欢用国画的方式表达自己的所感、所想与情感体验，发展艺术表现力。

◎能够利用美术工具和色彩材料，尝试制作与自然景色有关的作品。

◎乐意对欣赏的图片、插图等画面情景进行讲述。

◎愿意尝试用多种材料对同一个主题进行不同表现。

◎尝试从作品中理解色彩与情感的关系，感受鲜艳色彩给人带来的心理体验。

◎能够感受剪纸和拉花等特殊艺术形式的美。

◎能够利用各种美术工具和材料，尝试用美术方式表达自己的所见、所知、所想。

◎感受动画片等艺术作品中的美。

◎通过观察美术作品，发现其美的规律，并按照这些规律用绘画、制作、剪纸等美术方式进行表达。

◎认识抽象作品的特殊表达方式，能够利用各种美术工具和材料，尝试创作抽象作品。

◎能够尊重他人对美的表达方式，体会艺术创作无对错。

◎喜欢用绘画和制作的方式宣泄自己的情绪，获得心理上的满足。

◎从欣赏环境布置中感受雕塑艺术的美，发展审美情趣。

◎认识各种泥塑作品所表现的内容，感知作品的美感特点，初步了解和体验其表现方法。

◎能够尝试用适宜的材料和工具，感知、再现美术欣赏作品的艺术风格，体会其创作魅力。

◎欣赏各种年画（如门神、财神、灶神、花神、鱼莲娃娃、五谷丰登、风调雨顺等），了解美术作品表达的内容和寓意。

◎能够稳定地、有明确意图地进行创作表现。

5—6岁

◎能够用一句话表达自己的绘画作品的意思。

◎能大胆地用连续的几个画面表达自己想表达的内容。

◎了解和发现中国民间艺术品的美。

◎观察、比较绘画与剪纸的异同，探索剪纸的特点和方法，能够体验合作创作剪纸作品的乐趣。

◎感知民间剪纸作品热烈、喜庆、简约、夸张的艺术造型及用色特点。

◎通过对折剪、对折压印等活动，感知对称美术作品的特点。

◎能感受美好事物和艺术作品中的美，多角度欣赏艺术作品。

◎喜欢用绘画、手工制作、泥工等多种方式，表达自己的所见、所为、所知、所想，并从中获得愉快的情绪体验。

◎珍爱自己的作品，愿意与同伴分享自己的创作成果。

插画：宋雪

音乐领域

物体规则震动发出的声音称为乐音。由有组织的乐音来表达人们思想感情、反映现实生活的一种艺术就是音乐，分为声乐和器乐两大部门。在所有的艺术类型中，比较而言，音乐是最抽象的艺术。

音乐领域的教育，指教导幼儿认识表现音乐的各种符号手段，掌握必要的演唱和演奏技巧，并同时学会感受音乐、理解音乐和表现音乐，在精神和心灵方面获得更多有益的东西。

音乐

听辨

歌唱

韵律

节奏

乐器

表演

音乐欣赏

听辨

解释：

倾听声音，并对声音进行分辨识别。

成长指标：

0—1 岁

◎2—3 天的新生儿就能对不同的音色建立起条件反射，对不同频率的声音也能产生分化反应。

◎5 天的新生儿就能辨别声音的位置，听见声音能完全停止正在进行的动作，表现出听觉集中的现象。

◎0—2.5 个月，能从各种声音中区分出人的嗓音，并表现出一定的敏感。

◎1—2 个月，能聆听各种不同的声音，刺激听觉的发展。可给婴幼儿播放有田园音乐的声音，如轻柔动听的小溪流水声、小鸟叫声等，也可以是滴水声、拍手声等。

◎1—3 个月，能持续倾听 30 秒钟人的声音。

◎2—3 个月，已经有初步的音乐记忆，并有初步的感受能力。可以抱着宝宝按旋律、节奏跳舞。避免音乐声音过大。

◎3—4 个月，喜欢听节奏鲜明的儿歌或歌曲，情绪愉快；能够感受音乐的节奏，随着音乐节奏的起伏运动；能感受高音和低音。

◎6—8 个月，感受多种物品混合在一起发出的声音。

◎6—10 个月，是发展听觉辨别能力的关键期。

◎7—12 个月，能够体验不同乐器的声音，模仿简单动作。可用乐器锻炼宝宝的听力。

1—2 岁

◎14 个月，能够感知小鼓等发出的声音。

◎19 个月，能够在游戏中提高听辨能力，培养节奏感。

◎17—21 个月，能主动模仿环境中的各种声音。

2—3 岁

◎能听出音乐结束，并迅速有所反应。

◎能感受歌曲中声音的强弱、快慢变化，尝试模仿、表现。

◎喜欢参加音乐活动，能够分辨出高低、轻重音，尝试用模仿动作表现出来。

◎能根据音乐的高音区、低音区分别做出风车转、风车停的动作。

3—4岁

◎对生活中各种声音感兴趣，尝试探索身体、自然界、乐器等发出的声响。

◎喜欢自发倾听周围环境中的声音，尝试摆弄能发出声响的物品，喜欢用身体动作对声音作出回应。如：串铃、小鼓、沙锤、五彩琴等。

◎能够初步感知各种声音的不同。

4—5岁

◎初步感知音乐的开始和结束，初步感知音乐的前奏。

◎进一步感知、探索和体验音乐音色的变化，从中获得美的感受。

◎整体感知音乐的开始、结束和前奏。

◎初步感知二拍子、三拍子的不同。

◎初步感知音乐的开始、结束、节奏。

◎比较准确地感知二拍子与三拍子的区别。

◎能辨识音高、音区，能重复简单的节奏。

◎听觉的分化能力提高，对嗓音的控制能力增强，能较为准确地听辨教师的歌声并准确地模仿，较为准确地唱出歌曲的旋律与节奏，完整地唱出一首歌曲。

5—6岁

◎欣赏、辨别音乐中的重复、对比及变化明显的乐句或乐段，从中获得美的感受。

◎能够辨别音乐中变化明显的乐段，从中获得美的感受。

◎感受乐曲中快乐的情绪，巩固对四分音符、八分音符的认识。

◎能理解、分辨响亮之声与柔和之声。能从一些简单的旋律或节奏模式中辨认出相同的部分。

歌唱

解释：

根据学龄前儿童音乐活动的特点，歌唱表演形式主要有独唱、齐唱、接唱、对唱、领唱、齐唱、轮唱、合唱等。

成长指标：

0—1 岁

◎1—5 个月，可以用不同高低、长短、强弱的声音来表达自己不同程度的需要。

◎2.5—4.5 个月，能够嘴巴一张一合更有节奏地哭，而不单纯是哇哇大哭。

◎5.5—6.5 个月，能有兴趣咿呀学语。

◎5—6 个月，能够用咿咿呀呀的方式对听见的音乐作出回应。

1—2 岁

◎13—16 个月，能够努力地尝试跟着成人一起唱出歌曲的音调，但还不能完整地唱，只是唱出其中的某一小句或某个小节。

◎1 岁半开始，能哼出从周围熟悉的歌曲中听来的小片段或独特的旋律短句。这是幼儿歌唱与节奏活动的正式开端。

◎18—23 个月，能尝试着学习成人用歌词唱歌。

2—3 岁

◎23—27 个月，能较为完整地唱出歌曲中的某个乐句。

◎学唱歌曲，喜欢参加音乐活动。

◎能够感知歌词的内容。可以弹奏钢琴或者播放歌曲，吸引幼儿进行跟唱。

◎喜欢唱歌，能够伴随音乐演唱歌曲，能够较为完整地演唱。

◎了解歌词内容，能说出歌词的大意，并学用好听的声音唱歌。

◎愿意学唱歌曲，能随歌曲边唱边拍手，体验音乐活动的乐趣。

◎学习用一问一答的形式演唱歌曲。能根据歌词做模仿动作。

◎喜欢听歌曲，愿意跟随歌曲表演，并学说简单的问候语。

◎喜欢玩手指歌谣。

◎能够尝试用不同的动物名称创编歌曲。

◎愿意与同伴一起愉快地唱歌，并能替换歌词演唱。

◎能模仿唱出所听到的歌曲片段。

◎智力发展较快的 2—3 岁孩子能更多地模仿一首歌曲中较长的旋律片段，其他大多数孩子能发出音高近似的歌声，并开始尝试伴随音乐“跳舞”。

◎30—36个月，会背诵一些简单的儿歌。

3—4岁

◎能够学唱六度范围内（C1—A1）五声音调的歌曲，能大胆表现歌曲的内容、情感。

◎能够初步用自然的声音演唱，不喊唱。

◎愿意模仿自然、美好的歌声。进入音乐创造力的萌芽期。

◎对富有喜剧色彩、情绪热烈的歌曲产生很大的兴趣。

◎能即兴哼唱一些自己编的旋律和短句，歌词会经常重复，曲调也近似于所学过的歌曲。

◎能够在游戏中很有兴致地哼唱一些自己编的短歌，并以此为乐。

4—5岁

◎能够学唱二拍子的歌曲，初步尝试按歌曲节拍的特点、速度、力度和情感，富有表现力地歌唱。

◎能够基本音准地唱八度范围内（C1—C2）五声音调的歌曲。

◎能够尝试按歌曲节拍的特点、速度、力量和情感，富有表现力地歌唱。

◎能够学唱2/4拍、雄壮有力的歌曲，尝试按照歌曲节拍的特点、速度和情感，富有表现力地歌唱。

◎能够学唱叙事歌曲，按歌曲的情感富有表现力地歌唱。

◎能够学唱3/4拍、优美柔和的摇篮曲，尝试按歌曲节拍的特点、速度、力度和情感，富有表现力地歌唱。

◎能够基本音准地唱八度范围内（C1—C2）五声音调的歌曲。

◎能够用断顿和跳跃的歌声来表现雨的大小，富有表现力地歌唱。

◎不仅喜欢独唱，而且喜欢小组唱、分组唱、问答唱等多种演唱形式。

5—6岁

◎能够学唱优美、舒缓、活泼等不同风格的歌曲。

◎能够尝试唱八度范围内（C1—C2）五声音调和少量七声音调的歌曲。

◎能够用基本准确的节奏和音调表现歌曲

的情感，学会唱有附点音符的歌曲。

◎能够尝试将歌词与歌曲的旋律相结合，并大胆地演唱。

◎能够记忆歌词内容，体验A—B—A—B歌曲段式。

◎能够借助对秋天景色的感知和经验，理解歌唱的拟人手法，学习用拟人手法创编新歌词。

◎能够用自然、神气的声音演唱歌曲，唱出歌曲所表现的形象。例如：唱出小闹钟铃声的节奏。

◎能够按节拍和速度，用自然的声音和正确的姿势唱歌。

◎基本掌握四分音符、八分音符的唱法，并用舒缓的情绪有情感地唱歌。

◎学民谣，理解民俗节日的特点，感受浓厚的亲情和友情。

◎能够欣赏、学唱歌曲，并在原曲的基础上尝试创编歌曲。

◎学唱歌曲，以基本准确的节奏和音调表达歌曲的情绪、情感。

◎体验歌曲欢快的情绪，理解歌词大意，能用自然声演唱。

◎能够在情景表演过程中，理解歌曲的性质、内容与情感，用不同的方式，真切、自然地进行表演。

◎能够能字正腔圆、有京腔地演唱京剧曲目。

◎大多数儿童能够较为准确地唱一些简单的幼儿歌曲，音域扩大了，节奏更准了，对力度、速度的控制更细腻，表现力更丰富了。

韵律

解释：

指幼儿的韵律活动中所有伴随音乐进行的艺术表演活动。这种活动主要可以分为创造性律动和集体舞蹈两种类型。

成长指标：

0—1岁

◎4—6个月，能够表现出明显的乐感。

◎6—8个月，能伴随节奏鲜明的儿歌歌曲，转动手腕，扭动身体。

◎12个月，能辨别两个差别很小的音乐旋律。

1—2岁

◎19个月，初步感受乐曲的强与弱。

2—3岁

◎能够感知音乐快慢的不同，用动作表现出来。

◎能够感受舒缓的和欢快的歌曲旋律；喜欢演唱和律动。

◎能够在游戏过程中熟悉歌曲旋律和主要内容，愿意模仿小动物的叫声。

3—4岁

◎初步感知对比鲜明的声音的强弱、高低和快慢，并从中获得美的感受。

◎愿意听旋律优美的歌曲。

4—5岁

◎能够感知歌谣、歌曲和生活中的节拍与节奏，从中感受韵律美。

◎能够用不同方式进一步感知、探索和体验音乐的强弱、快慢，以及音调的高低变化，从中获得美的感受。

5—6岁

◎敢于大胆表现，并用自己喜欢的动作、表情来表现音乐欢快、活泼的旋律。

◎通过学唱歌曲，感受十六分音符的节奏和旋律。

节奏

解释：

指时值的长短关系、节拍和速度。

成长指标：

1—2岁

◎13—18个月，表现出明显的对音乐节奏的敏感性，能够运用感官感知音乐舒缓的节奏，喜欢随着音乐的节奏玩，做相应的动作。

◎16个月，能听音乐做游戏，乐意随音乐左右摇摆。

◎20个月，能够学习跟着音乐拍手，培养自己的节奏感。

◎24个月，能够边唱边敲敲打打，感受音乐的节奏美，体验敲打的乐趣。

2—3岁

◎能够感知音乐欢快的节奏。

◎能按照音乐的节奏走路。

◎能够尝试跟随音乐的节奏，用脚尖走和蹲着走。

◎能够体验稳定的节奏，能在成人的带领下合拍地模仿动作。

◎喜欢唱歌，能够初步按音乐的节奏演唱歌曲。

◎能够用歌声和动作表现声音的强弱。

◎喜欢唱歌、表演，能跟随伴奏整齐地开始和结束。

◎能够感受音乐的强弱，并尝试用歌声表现出来。

◎能够学习跟着音乐的节奏，手拉手地走圆圈。

3—4 岁

◎能够感知旋律轮廓。

◎能够开始学习某种乐器，培养自己的绝对音高感。

◎能够尝试用不同的方法来表达对音乐的感受。比如：给幼儿一两样节奏乐器，他会想办法打出一些不同的节奏。虽然打出的节奏还不十分准确、合拍，但是对动作的控制能力会有明显的进步。

4—5 岁

◎随着音乐的节奏自由地做模仿动作、律动和简单的舞蹈动作，动作基本协调。

◎能够尝试运用乐器，按简单的固定节奏为儿歌即兴伴奏，表达情感和体验，具有初步的协调配合能力。

◎能够尝试用动作表现音乐的力度变化和情感。

◎能够随音乐的节奏，按自己的想象，自由地模仿舞蹈动作。动作基本协调、优美。

◎能够尝试结合语言、歌谣即兴表演，创编简单的节奏短句。

◎能够感知附点节奏的特点，感受韵律美。

◎能够随音乐的节奏，尝试按自己的想象自由地做模仿动作、律动和简单的舞蹈动作，逐步做到动作协调、优美，尝试表现音乐的力度、速度变化和情感。

5—6 岁

◎能够积极主动地为歌曲配不同的节奏，体验各种节奏的不同。

◎会以基本准确的节奏和音调表现不同歌

曲的情绪和情感。

◎能够大胆地根据歌曲内容创编相应动作。例如：能够感知歌曲《中国功夫》的快慢节奏特点，并根据内容创编相应动作。

◎能够体验并掌握歌曲中的切分节奏，并能准确地表现出来。

◎能够感知歌曲欢快的节奏特点以及用渐强渐弱表现事物远近的独特音乐表现方式。

◎能够掌握十六分音符的节奏，用具有跳跃感的声音表现歌曲欢快的情绪。

◎能够根据音乐节奏的快慢做出相应的动作。

乐器

解释：

泛指可以用各种方法奏出一定音律或节奏的工具。

成长指标：

0—1岁

◎2.5—4个月，对拨浪鼓产生浓厚的兴趣，愿意自己拿着玩。

1—2岁

◎19个月，能够学习运用沙锤，并体验音乐活动的乐趣。

◎22个月，能随着音乐敲击三角铁。

2—3岁

◎喜欢听音乐，愿意用简单乐器伴随音乐做动作。

◎愿意敲击打击乐器为歌曲助兴。

◎感受乐器演奏的乐趣；认识小铃铛，初步学习用小铃铛打节奏。

◎能够主动学习用沙球伴奏。

◎爱护乐器，乐意参加乐器演奏活动。

◎逐渐开始对更多乐器发生兴趣。

3—4岁

◎对音乐活动的乐器感兴趣，喜欢摆弄各种乐器。

◎关注形象鲜明的器乐曲，并自发地做出表情和动作。

◎认识几种易于敲击的打击乐器，通过自由探索和尝试，学习敲击的方法，表达自己的情感。常见易操作的乐器：金属类——铃鼓、撞钟、手铃；木质类——沙锤；自制玩具——自制腰鼓、塑料响瓶等。

◎初步学会使用表演道具。

◎喜欢摆弄打击乐器，随意地敲击。

◎掌握同种乐器不同的演奏方法，体验正确使用乐器的意义。

4—5 岁

◎学习掌握几种打击乐器正确的敲击方法，以简单的固定节奏为歌曲、乐曲、舞蹈等即兴伴奏。打击乐器有铃鼓、三角铁、双向棒子、响板等。

◎使用自制乐器，按简单固定的节奏为歌曲即兴伴奏。自制乐器：在空瓶子里装上不同的物品（如豆、米、小米、小沙砾等，感受不同乐器音色的差异。）

◎开始用乐器学习演奏。

◎能识别一些节奏乐器的音色，学习区别不同的节奏，在成人帮助下，用节奏乐器为学过的歌曲伴奏，甚至自己创编一些简单的节奏，自由地选择乐器，自编歌曲伴奏。

5—6 岁

◎会按简单的节奏进行打击乐合奏练习和表演，具有初步的协调、配合能力。

◎能够尝试自己制作乐器，喜欢用自制乐器参与音乐活动。

◎在进行打击乐合奏时集中注意力看指挥。

◎能够自由敲打并探索乐器的声音特点与实用技巧。能够选择相应的乐器为歌曲自由地伴奏。打击乐器包含鼓、钹、锣、铃鼓、响棒、响板、三角铁等。

表演

解释：

指演奏乐曲、上演剧本、朗诵诗词等直接或者借助技术设备的方式，以声音、表情、动作公开再现作品。

成长指标：

0—1 岁

◎11－12 个月，能够随着节奏鲜明的音乐自发地手舞足蹈、做动作，并出现咿咿呀呀的独白语言。

1—2岁

◎20个月，能够根据音乐做操，体验儿歌表演的乐趣，提高身体大动作的协调能力。

◎22个月，能随着音乐做模仿动作，与同伴建立朋友关系。例如：模仿小象走、卷鼻子的动作。

◎24个月，学会用手臂挥舞毛线，训练手臂动作。

◎22—24个月，在看见电视、图片、玩具或纸贴画中的各种动物形象时，会模仿相应的动物叫声。

2—3岁

◎愿意用动作表现歌曲内容，喜欢跟随音乐做动作；能跟随音乐和根据成人变换的不同动作进行模仿。

◎喜欢用动作有节奏地表现音乐。

◎能够初步理解音乐内容，乐于和他人一起做模仿动作，在游戏中体验音乐游戏的快乐。

◎喜欢学习模仿各种小动物的声音和动作。

◎喜欢听音乐，愿意在同龄人面前大胆地表现。

◎能够大胆地随音乐跳舞，在音乐伴奏下做简单舞蹈动作。

◎喜欢音乐游戏，能按照节奏做动作，体验游戏的快乐。

◎能够按节拍和内容模仿动作。

◎喜欢听音乐、看表演，能边唱边模仿动作。

◎能够跟随成人自然地演唱歌曲，感受歌曲表现出来的愉快情绪。

◎能边唱歌边模仿动作。例如：摘苹果、吃苹果、洗苹果，小鸟飞等动作。

◎能够初步尝试替换歌词进行游戏。

◎能够跟随音乐边唱边做摸耳朵的动作，初步感知左右。

◎能够学会用小手表演蝌蚪摇摇尾巴、点点头的动作；愿意听着音乐学青蛙跳。

◎愿意伴随着音乐的旋律有节奏地模仿成人用剪刀剪东西的动作。

◎能够享受与同伴一起舞蹈的乐趣。

◎喜欢节奏鲜明的音乐，能随音乐自发地点头、跳跃、转圈、摇摆和摆动手臂等。

3—4岁

◎喜欢参加音乐活动，在活动中体验快乐和满足。

◎能够随音乐做简单律动进行自我表现，并初步体验与他人沟通、交往的快乐。

◎愿意观看成人或同伴的音乐活动，并逐渐加入其中。

◎喜欢在生活和游戏中模仿事物的形象与动态。

◎愿意对自己熟悉、喜爱的歌曲和乐曲进行即兴表演，有参与戏剧表演活动的初步愿望。

◎喜欢自由创编歌词和动作，表达自己的感受和体验。

◎同伴间喜欢相互模仿滑稽、有趣的动作。

◎愿意在集体游戏中自发地观察、模仿、表现自己感兴趣的动物、人物的动作和表情。

◎随音乐做动作时能注意到音乐的进行，并尝试使自己的动作与音乐的节奏相一致。

◎能够较为准确地像成年人一样唱好一首简单的儿歌。

4—5 岁

◎能够在轻松、和谐的氛围中参加各种音乐表演活动，从中获得愉悦和美感。

◎喜欢用口头语言、肢体语言表现感兴趣的事情和自己的生活经历。

◎喜欢模仿日常生活或艺术作品中人物的语言、表情、动作，愿意尝试创编与合作表演简单的故事情节。

◎能够大胆地进行艺术表现和创作，富有个性地表达自己的情感和体验。

◎乐于模仿舞蹈动作，激发表演的兴趣。

◎能够尝试结合语言、歌谣即兴表演，创编简单的节奏短句和旋律短句。

◎能够自编律动、舞蹈动作，创造性地为歌曲、舞蹈即兴伴奏，充分表达自己的情感和想象。

◎能够积极参与戏剧性表演活动（对白、场记、肢体表演、表情）。

◎具有参加表演活动的良好习惯。例如：遵守秩序，有序收放表演物品、乐器等习惯。

◎能够在表演中参与舞台背景的制作（幼儿园里）；能够为扮演活动自制简单的道具。

◎能够尝试用动作表演表达对音乐的感受；能够体验歌曲诙谐幽默的情绪和情

感，并尝试用动作表达。

◎乐意扮演故事人物，并学习表演故事情节，进一步激发参与戏剧性表演活动的兴趣。

◎通过欣赏作品，能够发现不同作品的表现规律，并能尝试按这些规律进行创作。

◎能够尝试模仿新疆舞蹈的动作。

◎能够尝试合作表演简单的故事情节。

5—6岁

◎积极主动地参加音乐活动，并能够从活动中获得愉悦和美感。

◎主动参与儿童集体舞及自娱性的音乐表演。

◎尝试用不同方法为儿歌伴奏，积极主动地参加音乐活动，感受按照不同节奏类型说儿歌的快乐。

◎尝试将生活中自己感兴趣的事物编成歌词，大胆地表现自我，充分地感受创造的乐趣。

◎能够主动参与表演活动，表演时能够做到自然、从容、放松，并从中体会到快乐。

◎尝试用活泼、愉快的情绪演唱歌曲，表达爱祖国的情感。

◎对为动画片配音感兴趣，并能够尝试与同伴合作进行配音表演。

◎能够积极参与制订化装舞会计划，有参与表演的兴趣。

◎能够根据故事情节的发展，用表情、肢体、生动的语言表现自己对剧本及角色的理解和体验。

◎在排练中学会分配角色、合作表演。

◎能够感受与大家在一起表演的快乐。

◎能大胆地用多种表演方式表达自己的情感，并从中获得扮演不同角色的快乐体验。

◎能够主动学习三拍子的基本舞步，能随音乐节拍愉快地舞蹈。

◎感受音乐欢快活泼的节奏，尝试创编简单的舞蹈动作。

◎能够主动创编民族歌舞“扭秧歌”，感受浓郁的民俗氛围。

◎能够用歌表演的形式，表达爱妈妈的情感。

◎了解皮影戏的大致特点和独特的表演方式，能够大胆地表达对作品的理解，有初步表演的欲望。

◎能够尝试用动作、表情大胆地、有创意地表达对音乐的感受。

◎能够尝试在跳舞毯上随音乐有节奏地向不同方位跳跃，发展动作的协调性。

◎能够较为协调、优美地跳舞，手脚的动作能够自然地跟上音乐的节奏和节拍；在成人指导下还会一些简单的舞步和舞蹈动作，并对上舞蹈课表现出热情和兴趣。

音乐欣赏

解释：

音乐欣赏是怀着欣喜之情反复倾听音乐的活动。欣赏音乐，首先要有参与、理解和欣赏的兴趣和愿望，其次要有感知音乐的音响并从中获得积极体验的能力。

成长指标：

0—1岁

◎7—12个月，喜欢听音乐，增强听音乐的兴趣和对音乐的感受力。

1—2岁

◎21个月，能够感受音乐的柔美，随着音乐快乐地手舞足蹈。

2—3岁

◎喜欢听音乐、歌曲，感受音乐、歌曲的轻柔优美。

◎喜欢听父母或者老师唱儿歌，感受歌曲中愉悦的情绪。

◎能够感受和家长一起玩音乐游戏的快乐。

◎进行音乐游戏时，能安静地坐着或躺着倾听音乐，每次能持续几分钟。

◎18—30个月，对摇篮曲、无意义的韵文、诗和歌谣表现出极大的兴趣。

3—4岁

◎能够从优美动听、形象鲜明的歌曲、器乐曲、舞蹈音乐等作品中获得美的感受，初步理解其内容和情感，并尝试以自由律动参与欣赏，或用语言、表情、动作表达自己的感受。

◎喜欢听简单的与生活经验相关的歌曲。

◎愿意跟唱或演唱自己喜欢和熟悉的歌曲。

◎喜欢欣赏歌谣、故事、木偶剧、动画

片、皮影戏、儿童剧、小歌剧等形式的艺术作品。

◎关注形象鲜明的歌曲、器乐曲、舞蹈音乐等作品，并有表情、动作。

◎愿意观看木偶剧。能模仿剧中人物的表情、动作、语言等，或随音乐做各种动作。

◎在听音乐或学唱歌时，能够逐渐明白乐句、乐段等构成音乐的某些组成部分，并能从听觉上去感受音乐的最简单的曲式结构。

◎能够欣赏各民族舞蹈，对模仿汉族舞蹈动作感兴趣。

◎欣赏生活中的美好事物，并乐于表达自己的感受。

◎对音乐的感受能力显著增强，能够借助一些词汇（如“安静优美的”“雄壮有力的”“欢快活泼的”等）来描述对音乐情绪的体验，能逐渐从音乐中获得更多的享受，从而更加喜欢倾听音乐。

◎乐意倾听一些不同性质的歌曲，以便从中领略不同的情绪、风格。

4—5岁

◎能够用语言、绘画、动作表演等形式表达对音乐的感受。

◎喜欢欣赏故事、动画片，能够感受其中的美。

◎喜欢欣赏内容丰富的简单音乐作品，并能够尝试体验这些作品表现的基本情绪和情感。

◎愿意参加音乐游戏活动，从中获得愉悦和美感。

◎体验音乐表现的基本情绪和情感，尝试用舞蹈动作表达对音乐的感受。

5—6岁

◎在音乐活动中，能够积极体验和有创意地表达美好的情感。

◎能够感受歌曲所表达的欢快情感，并初步随音乐伴奏完整地演唱。

◎通过体验，感知与发现差异明显的乐曲的不同，如进行曲、摇篮曲等，从中获得美的感受。

◎喜欢观看舞蹈，从明显的服装、动作中理解所表达的含义，获得美感体验。

◎用自己喜欢的方式大胆地表现对音乐的感受。例如：对于喜庆的音乐，可以自由选择打击乐器、跳舞的道具，把喜庆的气氛表现出来。

◎能够欣赏中国的戏剧。例如：能够欣赏京剧，感受京剧的艺术魅力，从中获得美的感受。

插画：宋雪

综合领域

综合，指将已有的关于研究对象各个部分、方面、因素和层次的认识联结起来，形成对研究对象统一、整体的认识，结果是往往导致新的发现的产生。

综合领域的教育，指帮助幼儿获得将已有的关于研究对象各个部分、方面、因素和层次的认识联结起来，形成对研究对象统一、整体的认识，导致新的发现的产生的素质与能力。

综合

感知

探索

观察、问题与假设

建构知识

信息组织与理解

问题解决

学习品质

媒体素养与信息技术

感知

解释：

利用感官对物体获得的有意义的印象。

成长指标：

0—1岁

◎能够使用一个或多个感官感知周围环境中的事物、生物和自然现象。

1—2岁

◎能够用一个或多个感官感知周围环境中的事物、生物和自然现象（扩大范围进行探索）。

2—3岁

◎对环境中的事物、生物和自然现象表现出明显的好奇。

◎使用多个感官感知周围环境中的事物、生物和自然现象（再扩大范围进行探索）。

探索

解释：

多方寻求答案，以便解决问题。

成长指标：

0—1岁

◎利用所有感官探索，并从环境中学习。

1—2岁

◎利用所有感官探索，并从环境中学习（扩大范围进行探索）。

2—3岁

◎利用所有感官探索，并从环境中学习。

◎表现出对他人活动或行为的兴趣，并愿意与其接触。

◎理解在不同场景下获得的学习经验。

观察、问题与假设

解释：

儿童基于自己的观察，提出问题和假设。

成长指标：

3—4岁

◎学习考察事物、生物的基本属性。例如：形状、大小、颜色等。

◎描述事物、生物和自然环境的变化。

◎乐于并敢于提出问题。例如：天空为什么有彩虹？

◎在活动或解决问题的过程中，能大胆地猜想和细致地观察。

4—5岁

◎观察并能够尝试描述周围环境中的事物、生物和自然环境之间的关系。

◎为了明白某一问题而提问，并寻找与之相关的信息。

◎能尝试回答关于事物、生物和自然环境之间关系的问题。

◎乐于并敢于提出问题，能围绕简单的问题和探究的任务，运用自己的经验进行猜测和假设。

5—6岁

◎能回答关于事物、生物和自然环境之间关系的问题。

◎基于观测，预测调查的结果。

◎能提出有探究意义的问题，充分调动自己的经验进行猜想和假设，尝试制订简单的观察和实验方案。

◎能搜集和使用适宜的方式记录数据和事实，并在此基础上进行解释，得出结论。

◎能主动发现问题、提出问题，并围绕一个话题进行讨论。

◎主动提出问题，能围绕一个话题进行讨论，积极回答问题。在小组讨论中能做到轮流发言，理解并尊重别人的观点。例如，提出问题："五官中什么最重要？"能在发言中注意倾听他人的观点，按照顺序来阐述自己的观点。

建构知识

解释：

在好奇心、情感和理智的促动下，了解建构知识时所采用的多种多样的方式，以及获得的内容、成果等。

成长指标：

3—4岁

◎利用所有感官探索，并从环境中有指向性地获取信息。

◎表现出对越来越多的主题、想法和任务的兴趣。

◎表现出对他人活动或行为的兴趣，并愿意与其接触。

◎越来越多地表现出参与活动的意愿，无论是熟悉的或者是全新的活动。

◎能够主动参与简单的规则游戏。

◎能用简单形象的方式记录自己的发现，敢于用简单的语言表达自己的疑问和发现。

4—5岁

◎表现出对越来越多的主题、想法和任务的兴趣。

◎能够区别适宜的或非适宜的学习方法，探索适合自己的学习方法。

◎越来越多地表现出参与活动的意愿，无论是熟悉的或者是全新的活动。意愿强烈程度较为明显地高于上一年龄阶段。

5—6岁

◎越来越多地表现出参与活动的意愿，无论是熟悉的还是不熟悉的活动。意愿强烈程度较为明显地高于上一年龄阶段。

◎能够参与有可能持续数日的复杂游戏。

◎逐渐能够按照事物的功用和本质特点进行分类（这个阶段儿童的抽象概括能力已经开始发展起来）。

◎能够初步整理已有的感知经验，发现事物的简单规律，并用语言进行表达。例如：能清楚、恰当地描述圆形的特征，根据表述就能使人知道是什么东西。

◎知道通过多种途径获取信息。

◎愿意将自己搜集的信息与大家交流，共同学习。

◎能大胆、清楚地讲述，表达自己对所搜集信息的理解。

◎能够主动学习用这个年龄段儿童可理解的统计方法记录观察到的事物。

信息组织与理解

解释：

在参与意识、有效注意和坚持性的协同作用下，分析有关任务目标、信息组织逻辑，以及归因方式等项目。

成长指标：

0—1岁

◎3个月开始，已经能够形成各种不同的范畴。例如：幼儿已经能够区分动物和家具，也能在这些范畴内进行进一步的区分，如能将床和桌子加以区分，将猫和鸟加以区分。

1—2岁

◎能注意成人提出的一步注意事项，并能遵循成人的指导完成这一步。

◎能够认真观察物体。

◎能够通过观摩和模仿去理解信息。

2—3岁

◎能注意成人提出的一到二步注意事项，并能遵循成人的指导完成这一步到二步。

◎能够认真观察物体，并试图理解它的用途。

◎以独特的方式利用材料去表现其他事物。

3—4岁

◎能注意成人给出的二步到三步注意事项，并能遵循成人的指导完成这二步到三步。

◎发起并促进活动的开展。

◎能够认真观察物体，并能确定常见物体的用途。

◎用不同的材料记录搜集的信息数据。

4—5岁

◎能够自始至终独立完成简单的任务、活动或项目。

◎能够认真观察物体，并能确定常见物体的用途，探索非常见物体的用途。

◎能够通过迁移，将已有经验运用到完成新的任务中。

◎能够将简单任务划分为若干步骤，并按步骤一次完成。

◎能够用不同的材料记录搜集的信息数据，并能够较为清楚地解释这些数据。

◎能够区分日常生活中一些较为明显的因果关系。

◎知道通过探究找到问题的答案或解决问题的方法，懂得事实证据的重要性。

5—6岁

◎能够为了完成某一任务而工作，并能排

除一些干扰。

◎将具有一定难度的任务进行拆分，并分步骤完成。

◎通过观察、探索和沟通，寻找自己需要的信息。

◎能够得出关于调查的逻辑结论。

◎当场景是幼儿熟悉的、问题也容易让幼儿理解时，幼儿能够站在别人的角度考虑问题。能够在比较复杂的情景中辨别他人的观点，包括他人与其他物体或者人的空间关系。

◎学习初步搜集和使用有助于问题解决的信息。

◎有顺序地观察、推理、判断，发现事物变化的规律。能够将有关联的事物进行联系并分析。

◎能够主动探索设计报名表，并用统计的方法对讨论的结果进行归类。

问题解决

解释：

指凭借自己的知识、经验以及个人独特的方法，判断什么是问题，提出解决问题的策略，并促进问题得到解决。

成长指标：

0—1 岁

◎在婴儿早期（至少在 3 个月以前），就能够采用启发式搜索策略的问题解决行为。这种行为贯穿整个婴儿期。

◎6 个月，婴儿能够进行模仿。

◎12 个月前，能够利用工具解决问题，并拥有手段——目的分析策略。

1—2 岁

◎问题解决能力进一步地发展。

2—3 岁

◎还不能很好地理解和采纳别人的观点，对事物的判断以自我为中心。

3—4 岁

◎随着各方面知识储备的增加，以及记忆、理解、注意、分析、判断、逻辑推理等各项能力的提升，能够解决问题的范围逐渐扩展，能够逐渐解决更复杂的问题。例如：当幼儿开始上幼儿园后，和小朋友在交往中出现问题的情境明显增加，解决此类问题的有效性也会逐渐增强。

◎积极参与解决问题的过程。

◎初步意识到通过探究能够找到问题的答案或解决问题。

◎当场景是幼儿熟悉的、问题也容易让幼儿理解时，幼儿能够开始从别人的角度考虑问题。

◎对于所熟悉的情景和问题，幼儿能够进行简单推理，但还不能区分一个物体看起来像什么或真的是什么，不能进行因果推理。

4—5 岁

◎尝试运用多种方法完成任务。

◎在成人的提示和指导下，能够识别和分析可能解决问题的方案。

◎能够分解任务，完成多阶段的任务。

◎执行任务失败后，能够尝试新的方案继续执行任务。

◎尝试运用观察和简单的实验方法解决问题。

◎能够尝试用各种不同的简单的方式进行记录。

◎能够初步提出自己的结论，乐于与同伴交流和分享。

◎当场景是幼儿熟悉的、问题也容易让幼儿理解时，幼儿能够开始从别人的角度考虑问题。

◎当问题以简化的方式呈现、内容是幼儿所熟悉的时，幼儿能够进行相对复杂的推理。

5—6 岁

◎在语言、思维、认知、智力、情绪、个性等各项目进一步发展后，幼儿解决问题的能力也会进一步发展。能够调动自己所储备的知识和已经具备的能力，解决较为复杂的问题。例如：当家长与幼儿讨论是否上某个兴趣班时，幼儿已经不单单仅从喜欢与否考虑问题，而是能够考虑更多的因素，然后作出判断。

◎为了完成任务，能够尝试多种方式。

◎能够识别和分析问题可能的解决方案。

◎尝试独立完成一项具有一定难度的任务。

◎能够按照自己的想法和愿望制订活动计划，愿意主动实施计划，增强自尊、自信。

◎会制订简单的活动计划，并想办法完成

计划。

学习品质

解释：

指个体在学习中形成，并在学习活动中表现出来的影响学习效果的稳定的心理倾向或个人特征，包括好奇心、主动性、坚持性、创造性、自信心、想象力等。

成长指标：

0—1岁

◎对周围的人和事物充满好奇。

1—2岁

◎对周围的人和事物有强烈的好奇心。

◎能够主动模仿身边的人，做一些动作或事情。

2—3岁

◎乐于模仿身边的人，做一些较为复杂的动作和事情。

◎通过利用各种材料、语言等来进行创造性的游戏和活动。例如：用塑料小动物玩具来创建有趣的场景或进行角色扮演的游戏。

3—4岁

◎在活动中，能够对不同的任务提出富有创造力的想法。例如：提出“我有个好主意，让我们把腿绑在一起，走路时不摔跤”。

◎能够主动关注一些自己感兴趣的事情。

4—5岁

◎对于一项任务，比如制作一些东西或是从一个地方到另一个地方等，能够提出更加有创造性、更不同寻常的主意。例如：提出“让我们用这些彩纸与硬纸盒来做一个花园，花园里可以有什么、用什么材质做”等问题。

5—6岁

◎乐于与同伴分享与交流探究的过程和结果，敢于对同伴和成人的意见提出质疑。

◎能围绕一个主题进行讨论，接纳、尊重同伴的想法。

媒体素养与信息技术

解释：

媒体素养，指在各类处境中取用、理解及产制媒体信息的能力。信息技术，是主要用于管理和处理信息所采用的各种技术的总称。

成长指标：

2—3 岁

◎媒体素养与信息技术能力获得初步发展。

◎喜欢阅读图书，能够从中获取信息。

3—4 岁

◎媒体素养与信息技术能力获得进一步发展。例如：能够使用一些常见电子产品。

◎经过培训后，可以运用一些基础的计算机技术。

◎喜欢看广告，并能够初步理解广告中传递的信息。

4—5 岁

◎认识到信息技术可以用于搜集信息。例如：根据导航提示，找到自己需要的信息。

◎经过培训后，可以运用一些计算机技术，处理一些简单的事情。例如：利用计算机看有教育意义的动画片，使用计算机软件画简笔画等。

◎能够在成人的指导下，找到有关话题的信息。

5—6 岁

◎认识到信息技术可以用于搜集信息。

◎经过培训后，可以运用适宜年龄特征的计算机技术。

◎能够在一堆资料中找到有关话题的某些信息。

◎能够利用图书、电脑、口语交流等多种途径和方式，发现与学习内容或自己感兴趣的事物相关的信息。

更多内容，请访问芝兰玉树教育研究院网站（www.zlysedu.org）。

酒后驾驶

您喝下的不一定是美酒，

也可能是亲人的眼泪！

小河狸贝瓦·爱·公益

创意：温世军

插画：乔瀚慧

国家政策文件

3—6 岁儿童学习与发展指南

教育部 2012年9月

说　明

一、为深入贯彻《国家中长期教育改革和发展规划纲要（2010—2020年）》和《国务院关于当前发展学前教育的若干意见》（国发〔2010〕41号），指导幼儿园和家庭实施科学的保育和教育，促进幼儿身心全面和谐发展，制定《3－6岁儿童学习与发展指南》（以下简称《指南》）。

二、《指南》以为幼儿后继学习和终身发展奠定良好素质基础为目标，以促进幼儿体、智、德、美各方面的协调发展为核心，通过提出3－6岁各年龄段儿童学习与发展目标和相应的教育建议，帮助幼儿园教师和家长了解3－6岁幼儿学习与发展的基本规律和特点，建立对幼儿发展的合理期望，实施科学的保育和教育，让幼儿度过快乐而有意义的童年。

三、《指南》从健康、语言、社会、科学、艺术五个领域描述幼儿的学习与发展。每个领域按照幼儿学习与发展最基本、最重要的内容划分为若干方面。每个方面由学习与发展目标和教育建议两部分组成。

目标部分分别对3～4岁、4～5岁、5～6岁三个年龄段末期幼儿应该知道什么、能做什么，大致可以达到什么发展水平提出了合理期望，指明了幼儿学习与发展的具体方向；教育建议部分列举了一些能够有效帮助和促进幼儿学习与发展的教育途径与方法。

四、实施《指南》应把握以下几个方面：

1. 关注幼儿学习与发展的整体性。儿童的发展是一个整体，要注重领域之间、目标之间的相互渗透和整合，促进幼儿身心全面协调发展，而不应片面追求某一方面或几方面的发展。

2. 尊重幼儿发展的个体差异。幼儿的发展是一个持续、渐进的过程，同时也表现出一定的阶段性特征。每个幼儿在沿着相似进程发展的过程中，各自的发展速度和到达某一水平的时间不完全相同。要充分理解和尊重幼儿发展进程中的个别差异，支持和引导他们从原有水平向更高水平发展，按照自身的速度和方式到达《指南》所呈现的发展"阶梯"，切忌用一把"尺子"衡量所有幼儿。

3. 理解幼儿的学习方式和特点。幼儿的学习是以直接经验为基础，在游戏和日常生活中进行的。要珍视游戏和生活的独特价值，创设丰富的教育环境，合理安排一日生活，最大限度地支持和满足幼儿通过直接感知、实际操作和亲身体验获取经验的需要，严禁"拔苗助长"式的超前教育和强化训练。

4. 重视幼儿的学习品质。幼儿在活动过程中表现出的积极态度和良好行为倾向是终身学习与发展所必需的宝贵品质。要充分尊重和保护幼儿的好奇心和学习兴趣，帮助幼儿逐步养成积极主动、认真专注、不怕困难、敢于探究和尝试、乐于想象和创造等良好学习品质。忽视幼儿学习品质培养，单纯追求知识技能学习的做法是短视而有害的。

一 健康

健康是指人在身体、心理和社会适应方面的良好状态。幼儿阶段是儿童身体发育和机能发展极为迅速的时期，也是形成安全感和乐观态度的重要阶段。发育良好的身体、愉快的情绪、强健的体质、协调的动作、良好的生活习惯和基本生活能力是幼儿身心健康的重要标志，也是其他领域学习与发展的基础。

为有效促进幼儿身心健康发展，成人应为幼儿提供合理均衡的营养，保证充足的睡眠和适宜的锻炼，满足幼儿生长发育的需要；创设温馨的人际环境，让幼儿充分感受到亲情和关爱，形成积极稳定的情绪情感；帮助幼儿养成良好的生活与卫生习惯，提高自我保护能力，形成使其终身受益的生活能力和文明生活方式。

幼儿身心发育尚未成熟，需要成人的精心呵护和照顾，但不宜过度保护和包办代替，以免剥夺幼儿自主学习的机会，养成过于依赖的不良习惯，影响其主动性、独立性的发展。

（一）身心状况

目标 1　具有健康的体态

3—4 岁	4—5 岁	5—6 岁
1. 身高和体重适宜。参考标准： 男孩： 身高：94.9—111.7 厘米 体重：12.7—21.2 公斤 女孩： 身高：94.1—111.3 厘米 体重：12.3—21.5 公斤 2. 在提醒下能自然坐直、站直。	1. 身高和体重适宜。参考标准： 男孩： 身高：100.7—119.2 厘米 体重：14.1—24.2 公斤 女孩： 身高：99.9—118.9 厘米 体重：13.7—24.9 公斤 2. 在提醒下能保持正确的站、坐和行走姿势。	1. 身高和体重适宜。参考标准： 男孩： 身高：106.1—125.8 厘米 体重：15.9—27.1 公斤 女孩： 身高：104.9—125.4 厘米 体重：15.3—27.8 公斤 2. 经常保持正确的站、坐和行走姿势。

注：身高和体重数据来源：《2006 年世界卫生组织儿童生长标准》4、5、6 周岁儿童身高和体重的参考数据。

教育建议：

1. 为幼儿提供营养丰富、健康的饮食。如：
   1. 参照《中国孕期、哺乳期妇女和 0～6 岁儿童膳食指南》，为幼儿提供谷物、蔬菜、水果、肉、奶、蛋、豆制品等多样化的食物，均衡搭配。
   2. 烹调方式要科学，尽量少煎炸、烧烤、腌制。
2. 保证幼儿每天睡 11～12 小时，其中午睡一般应达到 2 小时左右。午睡时间可根据幼儿的年龄、季节的变化和个体差异适当减少。
3. 注意幼儿的体态，帮助他们形成正确的姿势。如：
   3. 提醒幼儿要保持正确的站、坐、走姿势；发现有八字脚、罗圈腿、驼背等骨骼发育异常的情况，应及时就医矫治。
   4. 桌、椅和床要合适。椅子的高度以幼儿写画时双脚能自然着地、大腿基本保持水平状为宜；桌子的高度以写画时身体能坐直，不驼背、不耸肩为宜；床不宜过软。
4. 每年为幼儿进行健康检查。

目标 2　情绪安定愉快

3—4 岁	4—5 岁	5—6 岁
1. 情绪比较稳定，很少因一点小事哭闹不止。 2. 有比较强烈的情绪反应时，能在成人的安抚下逐渐平静下来。	1. 经常保持愉快的情绪，不高兴时能较快缓解。 2. 有比较强烈情绪反应时，能在成人提醒下逐渐平静下来。 3. 愿意把自己的情绪告诉亲近的人，一起分享快乐或求得安慰。	1. 经常保持愉快的情绪。知道引起自己某种情绪的原因，并努力缓解。 2. 表达情绪的方式比较适度，不乱发脾气。 3. 能随着活动的需要转换情绪和注意。

教育建议：

1. 营造温暖、轻松的心理环境，让幼儿形成安全感和信赖感。如：

5. 保持良好的情绪状态，以积极、愉快的情绪影响幼儿。

6. 以欣赏的态度对待幼儿。注意发现幼儿的优点，接纳他们的个体差异，不简单与同伴作横向比较。

7. 幼儿做错事时要冷静处理，不厉声斥责，更不能打骂。

2. 帮助幼儿学会恰当表达和调控情绪。如：

8. 成人用恰当的方式表达情绪，为幼儿做出榜样。如生气时不乱发脾气，不迁怒于人。

9. 成人和幼儿一起谈论自己高兴或生气的事，鼓励幼儿与人分享自己的情绪。

10. 允许幼儿表达自己的情绪，并给予适当的引导。如幼儿发脾气时不硬性压制，等其平静后告诉他什么行为是可以接受的。

11. 发现幼儿不高兴时，主动询问情况，帮助他们化解消极情绪。

目标 3　具有一定的适应能力

3—4 岁	4—5 岁	5—6 岁
1. 能在较热或较冷的户外环境中活动。 2. 换新环境时情绪能较快稳定，睡眠、饮食基本正常。 3. 在帮助下能较快适应集体生活。	1. 能在较热或较冷的户外环境中连续活动半小时左右。 2. 换新环境时较少出现身体不适。 3. 能较快适应人际环境中发生的变化。如换了新老师能较快适应。	1. 能在较热或较冷的户外环境中连续活动半小时以上。 2. 天气变化时较少感冒，能适应车、船等交通工具造成的轻微颠簸。 3. 能较快融入新的人际关系环境。如换了新的幼儿园或班级能较快适应。

教育建议：

1. 保证幼儿的户外活动时间，提高幼儿适应季节变化的能力。

    12. 幼儿每天的户外活动时间一般不少于两小时，其中体育活动时间不少于 1 小时，季节交替时要坚持。

    13. 气温过热或过冷的季节或地区应因地制宜，选择温度适当的时间段开展户外活动，也可根据气温的变化和幼儿的个体差异，适当减少活动的时间。

2. 经常与幼儿玩拉手转圈、秋千、转椅等游戏活动，让幼儿适应轻微的摆动、颠簸、旋转，促进其平衡机能的发展。

3. 锻炼幼儿适应生活环境变化的能力。如：

    14. 注意观察幼儿在新环境中的饮食、睡眠、游戏等方面的情况，采取相应的措施帮助他们尽快适应新环境。

    15. 经常带幼儿接触不同的人际环境，如参加亲戚朋友聚会，多和不熟悉的小朋友玩，使幼儿较快适应新的人际关系。

（二）动作发展

目标1　具有一定的平衡能力，动作协调、灵敏

3—4岁	4—5岁	5—6岁
1. 能沿地面直线或在较窄的低矮物体上走一段距离。 2. 能双脚灵活交替上下楼梯。 3. 能身体平稳地双脚连续向前跳。 4. 分散跑时，能躲避他人的碰撞。 5. 能双手向上抛球。	1. 能在较窄的低矮物体上平稳地走一段距离。 2. 能以匍匐、膝盖悬空等多种方式钻爬。 3. 能助跑跨跳过一定距离，或助跑跨跳过一定高度的物体。 4. 能与他人玩追逐、躲闪跑的游戏。 5. 能连续自抛自接球。	1. 能在斜坡、荡桥和有一定间隔的物体上较平稳地行走。 2. 能以手脚并用的方式安全地爬攀登架、网等。 3. 能连续跳绳。 4. 能躲避他人滚过来的球或扔过来的沙包。 5. 能连续拍球。

教育建议：

1. 利用多种活动发展身体平衡和协调能力。如：

16. 走平衡木，或沿着地面直线、田埂行走。

17. 玩跳房子、踢毽子、蒙眼走路、踩小高跷等游戏活动。

2. 发展幼儿动作的协调性和灵活性。如：

18. 鼓励幼儿进行跑跳、钻爬、攀登、投掷、拍球等活动。

19. 玩跳竹竿、滚铁环等传统体育游戏。

3. 对于拍球、跳绳等技能性活动，不要过于要求数量，更不能机械训练。

4. 结合活动内容对幼儿进行安全教育，注重在活动中培养幼儿的自我保护能力。

目标 2　具有一定的力量和耐力

3—4 岁	4—5 岁	5—6 岁
1. 能双手抓杠悬空吊起 10 秒左右。 2. 能单手将沙包向前投掷 2 米左右。 3. 能单脚连续向前跳 2 米左右。 4. 能快跑 15 米左右。 5. 能行走 1 公里左右（途中可适当停歇）。	1. 能双手抓杠悬空吊起 15 秒左右。 2. 能单手将沙包向前投掷 4 米左右。 3. 能单脚连续向前跳 5 米左右。 4. 能快跑 20 米左右。 5. 能连续行走 1.5 公里左右（途中可适当停歇）。	1. 能双手抓杠悬空吊起 20 秒左右。 2. 能单手将沙包向前投掷 5 米左右。 3. 能单脚连续向前跳 8 米左右。 4. 能快跑 25 米左右。 5. 能连续行走 1.5 公里以上（途中可适当停歇）。

教育建议：

1. 开展丰富多样、适合幼儿年龄特点的各种身体活动，如走、跑、跳、攀、爬等，鼓励幼儿坚持下来，不怕累。

2. 日常生活中鼓励幼儿多走路、少坐车；自己上下楼梯、自己背包。

目标 3　手的动作灵活协调

3—4 岁	4—5 岁	5—6 岁
1. 能用笔涂涂画画。 2. 能熟练地用勺子吃饭。 3. 能用剪刀沿直线剪，边线基本吻合。	1. 能沿边线较直地画出简单图形，或能边线基本对齐地折纸。 2. 会用筷子吃饭。 3. 能沿轮廓线剪出由直线构成的简单图形，边线吻合。	1. 能根据需要画出图形，线条基本平滑。 2. 能熟练使用筷子。 3. 能沿轮廓线剪出由曲线构成的简单图形，边线吻合且平滑。 4. 能使用简单的劳动工具或用具。

教育建议：

1. 创造条件和机会，促进幼儿手的动作灵活协调。如：

20. 提供画笔、剪刀、纸张、泥团等工具和材料，或充分利用各种自然、废旧材料和常见物品，让幼儿进行画、剪、折、粘等美工活动。

21. 引导幼儿生活自理或参与家务劳动，发展其手的动作。如练习自己用筷子吃饭、扣扣子，帮助家人择菜叶、做面食等。

22. 幼儿园在布置娃娃家、商店等活动区时，多提供原材料和半成品，让幼儿有更多机会参与制作活动。

2. 引导幼儿注意活动安全。如：

23. 为幼儿提供的塑料粒、珠子等活动材料要足够大，材质要安全，以免造成异物进入气管、铅中毒等伤害。提供幼儿用安全剪刀。

24. 为幼儿示范拿筷子、握笔的正确姿势以及使用剪刀、锤子等工具的方法。

25. 提醒幼儿不要拿剪刀等锋利工具玩耍，用完后要放回原处。

（三）生活习惯与生活能力

目标1　具有良好的生活与卫生习惯

3—4岁	4—5岁	5—6岁
1. 在提醒下，按时睡觉和起床，并能坚持午睡。 2. 喜欢参加体育活动。 3. 在引导下，不偏食、挑食。喜欢吃瓜果、蔬菜等新鲜食品。 4. 愿意饮用白开水，不贪喝饮料。 5. 不用脏手揉眼睛，连续看电视等不超过15分钟。 6. 在提醒下，每天早晚刷牙、饭前便后洗手。	1. 每天按时睡觉和起床，并能坚持午睡。 2. 喜欢参加体育活动。 3. 不偏食、挑食，不暴饮暴食。喜欢吃瓜果、蔬菜等新鲜食品。 4. 常喝白开水，不贪喝饮料。 5. 知道保护眼睛，不在光线过强或过暗的地方看书，连续看电视等不超过20分钟。 6. 每天早晚刷牙、饭前便后洗手，方法基本正确。	1. 养成每天按时睡觉和起床的习惯。 2. 能主动参加体育活动。 3. 吃东西时细嚼慢咽。 4. 主动饮用白开水，不贪喝饮料。 5. 主动保护眼睛。不在光线过强或过暗的地方看书，连续看电视等不超过30分钟。 6. 每天早晚主动刷牙，饭前便后主动洗手，方法正确。

教育建议：

1. 让幼儿保持有规律的生活，养成良好的作息习惯。如：早睡早起、每天午睡、按时进餐、吃好早餐等。

2. 帮助幼儿养成良好的饮食习惯。如：

26. 合理安排餐点，帮助幼儿养成定点、定时、定量进餐的习惯。

27. 帮助幼儿了解食物的营养价值，引导他们不偏食不挑食、少吃或不吃不利于健康的食品；多喝白开水，少喝饮料。

28. 吃饭时不过分催促，提醒幼儿细嚼慢咽，不要边吃边玩。

3. 帮助幼儿养成良好的个人卫生习惯。如：

29. 早晚刷牙、饭后漱口。

30. 勤为幼儿洗澡、换衣服、剪指甲。

31. 提醒幼儿保护五官，如不乱挖耳朵、鼻孔，看电视时保持 3 米左右的距离等。

4. 激发幼儿参加体育活动的兴趣，养成锻炼的习惯。如：

32. 为幼儿准备多种体育活动材料，鼓励他选择自己喜欢的材料开展活动。

33. 经常和幼儿一起在户外运动和游戏，鼓励幼儿和同伴一起开展体育活动。

34. 和幼儿一起观看体育比赛或有关体育赛事的电视节目，培养他对体育活动的兴趣。

目标 2　具有基本的生活自理能力

3—4 岁	4—5 岁	5—6 岁
1. 在帮助下能穿脱衣服或鞋袜。 2. 能将玩具和图书放回原处。	1. 能自己穿脱衣服、鞋袜、扣纽扣。 2. 能整理自己的物品。	1. 能知道根据冷热增减衣服。 2. 会自己系鞋带。 3. 能按类别整理好自己的物品。

教育建议：

1. 鼓励幼儿做力所能及的事情，对幼儿的尝试与努力给予肯定，不因做不好或做得慢而包办代替。

2. 指导幼儿学习和掌握生活自理的基本方法，如穿脱衣服和鞋袜、洗手洗脸、擦鼻涕、擦屁股的正确方法。

3. 提供有利于幼儿生活自理的条件。如：

35. 提供一些纸箱、盒子，供幼儿收拾和存放自己的玩具、图书或生活用品等。

36. 幼儿的衣服、鞋子等要简单实用，便于自己穿脱。

目标 3　具备基本的安全知识和自我保护能力

3—4 岁	4—5 岁	5—6 岁
1. 不吃陌生人给的东西，不跟陌生人走。 2. 在提醒下能注意安全，不做危险的事。 3. 在公共场所走失时，能向警察或有关人员说出自己和家长的名字、电话号码等简单信息。	1. 知道在公共场合不远离成人的视线单独活动。 2. 认识常见的安全标志，能遵守安全规则。 3. 运动时能主动躲避危险。 4. 知道简单的求助方式。	1. 未经大人允许不给陌生人开门。 2. 能自觉遵守基本的安全规则和交通规则。 3. 运动时能注意安全，不给他人造成危险。 4. 知道一些基本的防灾知识。

教育建议：

1. 创设安全的生活环境，提供必要的保护措施。如：

37. 要把热水瓶、药品、火柴、刀具等物品放到幼儿够不到的地方；阳台或窗台要有安全保护措施；要使用安全的电源插座等。

38. 在公共场所要注意照看好幼儿；幼儿乘车、乘电梯时要有成人陪伴；不把幼儿单独留在家里或汽车里等。

2. 结合生活实际对幼儿进行安全教育。如：

39. 外出时，提醒幼儿要紧跟成人，不远离成人的视线，不跟陌生人走，不吃陌生人给的东西；不在河边和马路边玩耍；要遵守交通规则等。

40. 帮助幼儿了解周围环境中不安全的事物，不做危险的事。如不动热水壶，不玩火柴或打火机，不摸电源插座，不攀爬窗户或阳台等。

41. 帮助幼儿认识常见的安全标识，如：小心触电、小心有毒、禁止下河游泳、紧急出口等。

42. 告诉幼儿不允许别人触摸自己的隐私部位。

3. 教给幼儿简单的自救和求救的方法。如：

43. 记住自己家庭的住址、电话号码、父母的姓名和单位，一旦走失时知道向成人求助，并能提供必要信息。

44. 遇到火灾或其他紧急情况时，知道要拨打 110、120、119 等求救电话。

45. 可利用图书、音像等材料对幼儿进行逃生和求救方面的教育，并运用游戏方式模拟练习。

46. 幼儿园应定期进行火灾、地震等自然灾害的逃生演习。

二、语言

语言是交流和思维的工具。幼儿期是语言发展，特别是口语发展的重要时期。幼儿语言的发展贯穿于各个领域，也对其他领域的学习与发展有着重要的影响：幼儿在运用语言进行交流的同时，也在发展着人际交往能力、理解他人和判断交往情境的能力、组织自己思想的能力。通过语言获取信息，幼儿的学习逐步超越个体的直接感知。

幼儿的语言能力是在交流和运用的过程中发展起来的。应为幼儿创设自由、宽松的语言交往环境，鼓励和支持幼儿与成人、同伴交流，让幼儿想说、敢说、喜欢说并能得到积极回应。为幼儿提供丰富、适宜的低幼读物，经常和幼儿一起看图书、讲故事，丰富其语言表达能力，培养阅读兴趣和良好的阅读习惯，进一步拓展学习经验。

幼儿的语言学习需要相应的社会经验支持，应通过多种活动扩展幼儿的生活经验，丰富语言的内容，增强理解和表达能力。应在生活情境和阅读活动中引导幼儿自然而然地产生对文字的兴趣，用机械记忆和强化训练的方式让幼儿过早识字不符合其学习特点和接受能力。

（一）倾听与表达

目标 1　认真听并能听懂常用语言

3—4 岁	4—5 岁	5—6 岁
1. 别人对自己说话时能注意听并做出回应。 2. 能听懂日常会话。	1. 在群体中能有意识地听与自己有关的信息。 2. 能结合情境感受到不同语气、语调所表达的不同意思。 3. 方言地区和少数民族幼儿能基本听懂普通话。	1. 在集体中能注意听老师或其他人讲话。 2. 听不懂或有疑问时能主动提问。 3. 能结合情境理解一些表示因果、假设等相对复杂的句子。

教育建议：

1. 多给幼儿提供倾听和交谈的机会。如：经常和幼儿一起谈论他感兴趣的话题，或一起看图书、讲故事。

2. 引导幼儿学会认真倾听。如：

47. 成人要耐心倾听别人（包括幼儿）的讲话，等别人讲完再表达自己的观点。

48. 与幼儿交谈时，要用幼儿能听得懂的语言。

49. 对幼儿提要求和布置任务时要求他注意听，鼓励他主动提问。

3. 对幼儿讲话时，注意结合情境使用丰富的语言，以便于幼儿理解。如：

50. 说话时注意语气、语调，让幼儿感受语气、语调的作用。如对幼儿的不合理要求以比较坚定的语气表示不同意；讲故事时，尽量把故事人物高兴、悲伤的心情用不同的语气、语调表现出来。

51. 根据幼儿的理解水平有意识地使用一些反映因果、假设、条件等关系的句子。

目标 2　愿意讲话并能清楚地表达

3—4 岁	4—5 岁	5—6 岁
1. 愿意在熟悉的人面前说话，能大方地与人打招呼。 2. 基本会说本民族或本地区的语言。 3. 愿意表达自己的需要和想法，必要时能配以手势动作。 4. 能口齿清楚地说儿歌、童谣或复述简短的故事。	1. 愿意与他人交谈，喜欢谈论自己感兴趣的话题。 2. 会说本民族或本地区的语言，基本会说普通话。少数民族聚居地区幼儿会用普通话进行日常会话。 3. 能基本完整地讲述自己的所见所闻和经历的事情。 4. 讲述比较连贯。	1. 愿意与他人讨论问题，敢在众人面前说话。 2. 会说本民族或本地区的语言和普通话，发音正确清晰。少数民族聚居地区幼儿基本会说普通话。 3. 能有序、连贯、清楚地讲述一件事情。 4. 讲述时能使用常见的形容词、同义词等，语言比较生动。

教育建议：

1. 为幼儿创造说话的机会并体验语言交往的乐趣。

52. 每天有足够的时间与幼儿交谈。如谈论他感兴趣的话题，询问和听取他对自己事情的意见等。

53. 尊重和接纳幼儿的说话方式，无论幼儿的表达水平如何，都应认真地倾听并给予积极的回应。

54. 鼓励和支持幼儿与同伴一起玩耍、交谈，相互讲述见闻、趣事或看过的图书、动画片等。

55. 方言和少数民族地区应积极为幼儿创设用普通话交流的语言环境。

2. 引导幼儿清楚地表达。如：

56. 和幼儿讲话时，成人自身的语言要清楚、简洁。

57. 当幼儿因为急于表达而说不清楚的时候，提醒他不要着急，慢慢说；同时要耐心倾听，给予必要的补充，帮助他理清思路并清晰地说出来。

目标 3　具有文明的语言习惯

3—4 岁	4—5 岁	5—6 岁
1. 与别人讲话时知道眼睛要看着对方。 2. 说话自然，声音大小适中。 3. 能在成人的提醒下使用恰当的礼貌用语。	1. 别人对自己讲话时能回应。 2. 能根据场合调节自己说话声音的大小。 3. 能主动使用礼貌用语，不说脏话、粗话。	1. 别人讲话时能积极主动地回应。 2. 能根据谈话对象和需要，调整说话的语气。 3. 懂得按次序轮流讲话，不随意打断别人。 4. 能依据所处情境使用恰当的语言。如在别人难过时会用恰当的语言表示安慰。

教育建议：

1. 成人注意语言文明，为幼儿做出表率。如：

58. 与他人交谈时，认真倾听，使用礼貌用语。

59. 在公共场合不大声说话，不说脏话、粗话。

60. 幼儿表达意见时，成人可蹲下来，眼睛平视幼儿，耐心听他把话说完。

2. 帮助幼儿养成良好的语言行为习惯。如：

61. 结合情境提醒幼儿一些必要的交流礼节。如对长辈说话要有礼貌，客人来访时要打招呼，得到帮助时要说谢谢等。

62. 提醒幼儿遵守集体生活的语言规则，如轮流发言，不随意打断别人讲话等。

63. 提醒幼儿注意公共场所的语言文明，如不大声喧哗。

（二）阅读与书写准备

目标 1　喜欢听故事，看图书

3—4 岁	4—5 岁	5—6 岁
1. 主动要求成人讲故事、读图书。 2. 喜欢跟读韵律感强的儿歌、童谣。 3. 爱护图书，不乱撕、乱扔。	1. 反复看自己喜欢的图书。 2. 喜欢把听过的故事或看过的图书讲给别人听。 3. 对生活中常见的标识、符号感兴趣，知道它们表示一定的意义。	1. 专注地阅读图书。 2. 喜欢与他人一起谈论图书和故事的有关内容。 3. 对图书和生活情境中的文字符号感兴趣，知道文字表示一定的意义。

教育建议：

1. 为幼儿提供良好的阅读环境和条件。如：

64. 提供一定数量、符合幼儿年龄特点、富有童趣的图画书。

65. 提供相对安静的地方，尽量减少干扰，保证幼儿自主阅读。

2. 激发幼儿的阅读兴趣，培养阅读习惯。如：

66. 经常抽时间与幼儿一起看图书、讲故事。

67. 提供童谣、故事和诗歌等不同体裁的儿童文学作品，让幼儿自主选择和阅读。

68. 当幼儿遇到感兴趣的事物或问题时，和他一起查阅图书资料，让他感受图书的作用，体会通过阅读获取信息的乐趣。

3. 引导幼儿体会标识、文字符号的用途。如：

69. 向幼儿介绍医院、公用电话等生活中的常见标识，让他知道标识可以代表具体事物。

70. 结合生活实际，帮助幼儿体会文字的用途。如买来新玩具时，把说明书上的文字念给幼儿听，了解玩具的玩法。

目标 2　具有初步的阅读理解能力

3—4 岁	4—5 岁	5—6 岁
1. 能听懂短小的儿歌或故事。 2. 会看画面，能根据画面说出图中有什么，发生了什么事等。 3. 能理解图书上的文字是和画面对应的，是用来表达画面意义的。	1. 能大体讲出所听故事的主要内容。 2. 能根据连续画面提供的信息，大致说出故事的情节。 3. 能随着作品的展开产生喜悦、担忧等相应的情绪反应，体会作品所表达的情绪情感。	1. 能说出所阅读的幼儿文学作品的主要内容。 2. 能根据故事的部分情节或图书画面的线索猜想故事情节的发展，或续编、创编故事。 3. 对看过的图书、听过的故事能说出自己的看法。 4. 能初步感受文学语言的美。

教育建议：

1. 经常和幼儿一起阅读，引导他以自己的经验为基础理解图书的内容。如：

71. 引导幼儿仔细观察画面，结合画面讨论故事内容，学习建立画面与故事内容的联系。

72. 和幼儿一起讨论或回忆书中的故事情节，引导他有条理地说出故事的大致内容。

73. 在给幼儿读书或讲故事时，可先不告诉名字，让幼儿听完后自己命名，并说出这样命名的理由。

74. 鼓励幼儿自主阅读，并与他人讨论自己在阅读中的发现、体会和想法。

2. 在阅读中发展幼儿的想象和创造能力。如：

75. 鼓励幼儿依据画面线索讲述故事，大胆推测、想象故事情节的发展，改编故事部分情节或续编故事结尾。

76. 鼓励幼儿用故事表演、绘画等不同的方式表达自己对图书和故事的理解。

77. 鼓励和支持幼儿自编故事，并为自编的故事配上图画，制成图画书。

3. 引导幼儿感受文学作品的美。如：

78. 有意识地引导幼儿欣赏或模仿文学作品的语言节奏和韵律。

79. 给幼儿读书时，通过表情、动作和抑扬顿挫的声音传达书中的情绪情感，让幼儿体会作品的感染力和表现力。

目标 3　具有书面表达的愿望和初步技能

3—4 岁	4—5 岁	5—6 岁
喜欢用涂涂画画表达一定的意思。	1. 愿意用图画和符号表达自己的愿望和想法。 2. 在成人提醒下，写写画画时姿势正确。	1. 愿意用图画和符号表现事物或故事。 2. 会正确书写自己的名字。 3. 写画时姿势正确。

教育建议：

1. 让幼儿在写写画画的过程中体验文字符号的功能，培养书写兴趣。如：

80. 准备供幼儿随时取放的纸、笔等材料，也可利用沙地、树枝等自然材料，满足幼儿自由涂画的需要。

81. 鼓励幼儿将自己感兴趣的事情或故事画下来并讲给别人听，让幼儿体会写写画画的方式可以表达自己的想法和情感。

82. 把幼儿讲过的事情用文字记录下来，并念给他听，使幼儿知道说的话可以用文字记录下来，从中体会文字的用途。

2. 在绘画和游戏中做必要的书写准备，如：

83. 通过把虚线画出的图形轮廓连成实线等游戏，促进手眼协调，同时帮助幼儿学习由上至下、由左至右的运笔技能。

84. 鼓励幼儿学习书写自己的名字。

85. 提醒幼儿写画时保持正确姿势。

二 社会

幼儿社会领域的学习与发展过程是其社会性不断完善并奠定健全人格基础的过程。人际交往和社会适应是幼儿社会学习的主要内容，也是其社会性发展的基本途径。幼儿在与成人和同伴交往的过程中，不仅学习如何与人友好相处，也在学习如何看待自己、对待他人，不断发展适应社会生活的能力。良好的社会性发展对幼儿身心健康和其他各方面的发展都具有重要影响。

家庭、幼儿园和社会应共同努力，为幼儿创设温暖、关爱、平等的家庭和集体生活氛围，建立良好的亲子关系、师生关系和同伴关系，让幼儿在积极健康的人际关系中获得安全感和信任感，发展自信和自尊，在良好的社会环境及文化的熏陶中学会遵守规则，形成基本的认同感和归属感。

幼儿的社会性主要是在日常生活和游戏中通过观察和模仿潜移默化地发展起来的。成人应注重自己言行的榜样作用，避免简单生硬的说教。

（一）人际交往

目标1　愿意与人交往

3—4岁	4—5岁	5—6岁
1. 愿意和小朋友一起游戏。 2. 愿意与熟悉的长辈一起活动。	1. 喜欢和小朋友一起游戏，有经常一起玩的小伙伴。 2. 喜欢和长辈交谈，有事愿意告诉长辈。	1. 有自己的好朋友，也喜欢结交新朋友。 2. 有问题愿意向别人请教。 3. 有高兴的或有趣的事愿意与大家分享。

教育建议：

1. 主动亲近和关心幼儿，经常和他一起游戏或活动，让幼儿感受到与成人交往的快乐，建立亲密的亲子关系和师生关系。

2. 创造交往的机会，让幼儿体会交往的乐趣。如：

86. 利用走亲戚、到朋友家做客或有客人来访的时机，鼓励幼儿与他人接触和交谈。

87. 鼓励幼儿参加小朋友的游戏，邀请小朋友到家里玩，感受有朋友一起玩的快乐。

88. 幼儿园应多为幼儿提供自由交往和游戏的机会，鼓励他们自主选择、自由结伴开展活动。

目标2　能与同伴友好相处

3—4岁	4—5岁	5—6岁
1. 想加入同伴的游戏时，能友好地提出请求。 2. 在成人指导下，不争抢、不独霸玩具。 3. 与同伴发生冲突时，能听从成人的劝解。	1. 会运用介绍自己、交换玩具等简单技巧加入同伴游戏。 2. 对大家都喜欢的东西能轮流、分享。 3. 与同伴发生冲突时，能在他人帮助下和平解决。 4. 活动时愿意接受同伴的意见和建议。 5. 不欺负弱小。	1. 能想办法吸引同伴和自己一起游戏。 2. 活动时能与同伴分工合作，遇到困难能一起克服。 3. 与同伴发生冲突时能自己协商解决。 4. 知道别人的想法有时和自己不一样，能倾听和接受别人的意见，不能接受时会说明理由。 5. 不欺负别人，也不允许别人欺负自己。

教育建议：

1. 结合具体情境，指导幼儿学习交往的基本规则和技能。如：

89. 当幼儿不知怎样加入同伴游戏，或提出请求不被接受时，建议他拿出玩具邀请大家一起玩；或者扮成某个角色加入同伴的游戏。

90. 对幼儿与别人分享玩具、图书等行为给予肯定，让他对自己的表现感到高兴和满足。

91. 当幼儿与同伴发生矛盾或冲突时，指导他尝试用协商、交换、轮流玩、合作等方式解决冲突。

92. 利用相关的图书、故事，结合幼儿的交往经验，和他讨论什么样的行为受大家欢迎，想要得到别人的接纳应该怎样做。

93. 幼儿园应多为幼儿提供需要大家齐心协力才能完成的活动，让幼儿在具体活动中体会合作的重要性，学习分工合作。

2. 结合具体情境，引导幼儿换位思考，学习理解别人。如：

94. 幼儿有争抢玩具等不友好行为时，引导他们想想“假如你是那个小朋友，你有什么感受”，让幼儿学习理解别人的想法和感受。

3. 和幼儿一起谈谈他的好朋友，说说喜欢这个朋友的原因，引导他多发现同伴的优点、长处。

目标 3　具有自尊、自信、自主的表现

3—4 岁	4—5 岁	5—6 岁
1. 能根据自己的兴趣选择游戏或其他活动。 2. 为自己的好行为或活动成果感到高兴。 3. 自己能做的事情愿意自己做。 4. 喜欢承担一些小任务。	1. 能按自己的想法进行游戏或其他活动。 2. 知道自己的一些优点和长处，并对此感到满意。 3. 自己的事情尽量自己做，不愿意依赖别人。 4. 敢于尝试有一定难度的活动和任务。	1. 能主动发起活动或在活动中出主意、想办法。 2. 做了好事或取得了成功后还想做得更好。 3. 自己的事情自己做，不会的愿意学。 4. 主动承担任务，遇到困难能够坚持而不轻易求助。 5. 与别人的看法不同时，敢于坚持自己的意见并说出理由。

教育建议：

1. 关注幼儿的感受，保护其自尊心和自信心。如：

95. 能以平等的态度对待幼儿，使幼儿切实感受到自己被尊重。

96. 对幼儿好的行为表现多给予具体、有针对性的肯定和表扬，让他对自己优点和长处有所认识并感到满足和自豪。

97. 不要拿幼儿的不足与其他幼儿的优点作比较。

2. 鼓励幼儿自主决定，独立做事，增强其自尊心和自信心。如：

98. 与幼儿有关的事情要征求他的意见，即使他的意见与成人不同，也要认真倾听，接受他的合理要求。

99. 在保证安全的情况下，支持幼儿按自己的想法做事；或提供必要的条件，帮助他实现自己的想法。

100. 幼儿自己的事情尽量放手让他自己做，即使做得不够好，也应鼓励并给予一定的指导，让他在做事中树立自尊和自信。

101. 鼓励幼儿尝试完成有一定难度的任务，并注意调整难度，让他感受经过努力获得的成就感。

目标 4　关心尊重他人

3—4 岁	4—5 岁	5—6 岁
1. 长辈讲话时能认真听，并能听从长辈的要求。 2. 身边的人生病或不开心时表示同情。 3. 在提醒下能做到不打扰别人。	1. 会用礼貌的方式向长辈表达自己的要求和想法。 2. 能注意到别人的情绪，并有关心、体贴的表现。 3. 知道父母的职业，能体会到父母为养育自己所付出的辛劳。	1. 能有礼貌地与人交往。 2. 能关注别人的情绪和需要，并能给予力所能及的帮助。 3. 尊重为大家提供服务的人，珍惜他们的劳动成果。 4. 接纳、尊重与自己的生活方式或习惯不同的人。

教育建议：

1. 成人以身作则，以尊重、关心的态度对待自己的父母、长辈和其他人。如：

102. 经常问候父母，主动做家务。

103. 礼貌地对待老年人，如坐车时主动为老人让座。

104. 看到别人有困难能主动关心并给予一定的帮助。

2. 引导幼儿尊重、关心长辈和身边的人，尊重他人劳动及成果。如：

105. 提醒幼儿关心身边的人，如妈妈累了，知道让她安静休息一会儿。

106. 借助故事、图书等给幼儿讲讲父母抚育孩子成长的经历，让幼儿理解和体会父爱与母爱。

107. 结合实际情境，提醒幼儿注意别人的情绪，了解他们的需要，给予适当的关心和帮助。

108. 利用生活机会和角色游戏，帮助幼儿了解与自己关系密切的社会服务机构及其工作，如商场、邮局、医院等，体会这些机构给大家提供的便利和服务，懂得尊重工作人员的劳动，珍惜劳动成果。

3. 引导幼儿学习用平等、接纳和尊重的态度对待差异。如：

109. 了解每个人都有自己的兴趣、爱好和特长，可以相互学习。

110. 利用民间游戏、传统节日等，适当向幼儿介绍我国主要民族和世界其他国家和民族的文化，帮助幼儿感知文化的多样性和差异性，理解人们之间是平等的，应该互相尊重，友好相处。

（二）社会适应

目标 1　喜欢并适应群体生活

3—4 岁	4—5 岁	5—6 岁
1. 对群体活动有兴趣。 2. 对幼儿园的生活好奇，喜欢上幼儿园。	1. 愿意并主动参加群体活动。 2. 愿意与家长一起参加社区的一些群体活动。	1. 在群体活动中积极、快乐。 2. 对小学生活有好奇和向往。

教育建议：

1. 经常和幼儿一起参加一些群体性的活动，让幼儿体会群体活动的乐趣。如：参加亲戚、朋友和同事间的聚会以及适合幼儿参加的社区活动等，支持幼儿和不同群体的同伴一起游戏，丰富其群体活动的经验。
2. 幼儿园组织活动时，可以经常打破班级的界限，让幼儿有更多机会参加不同群体的活动。
3. 带领大班幼儿参观小学，讲讲小学有趣的活动，唤起他们对小学生活的好奇和向往，为入学作好心理准备。

目标2　遵守基本的行为规范

3—4岁	4—5岁	5—6岁
1. 在提醒下，能遵守游戏和公共场所的规则。 2. 知道不经允许不能拿别人的东西，借别人的东西要归还。 3. 在成人提醒下，爱护玩具和其他物品。	1. 感受规则的意义，并能基本遵守规则。 2. 不私自拿不属于自己的东西。 3. 知道说谎是不对的。 4. 知道接受了的任务要努力完成。 5. 在提醒下，能节约粮食、水电等。	1. 理解规则的意义，能与同伴协商制订游戏和活动规则。 2. 爱惜物品，用别人的东西时也知道爱护。 3. 做了错事敢于承认，不说谎。 4. 能认真负责地完成自己所接受的任务。 5. 爱护身边的环境，注意节约资源。

教育建议：

1. 成人要遵守社会行为规则，为幼儿树立良好的榜样。如：答应幼儿的事一定要做到、尊老爱幼、爱护公共环境，节约水电等。

2. 结合社会生活实际，帮助幼儿了解基本行为规则或其他游戏规则，体会规则的重要性，学习自觉遵守规则。如：

111. 经常和幼儿玩带有规则的游戏，遵守共同约定的游戏规则。

112. 利用实际生活情境和图书故事，向幼儿介绍一些必要的社会行为规则，以及为什么要遵守这些规则。

113. 在幼儿园的区域活动中，创设情境，让幼儿体会没有规则的不方便，鼓励他们讨论制定规则并自觉遵守。

114. 对幼儿表现出的遵守规则的行为要及时肯定，对违规行为给予纠正。如：幼儿主动为老人让座时要表扬；幼儿损害别人的物品或公共物品时要及时制止并主动赔偿。

3. 教育幼儿要诚实守信。如：

115. 对幼儿诚实守信的行为要及时肯定。

116. 允许幼儿犯错误，告诉他改了就好。不要打骂幼儿，以免他因害怕惩罚而说谎。

117. 小年龄幼儿经常分不清想象和现实，成人不要误认为他是在说谎。

118. 发现幼儿说谎时，要反思是否是因自己对幼儿的要求过高过严造成的。如果是，要及时调整自己的行为，同时要严肃地告诉幼儿说谎是不对的。

119. 经常给幼儿分配一些力所能及的任务，要求他完成并及时给予表扬，培养他的责任感和认真负责的态度。

目标3 具有初步的归属感

3—4岁	4—5岁	5—6岁
1. 知道和自己一起生活的家庭成员及与自己的关系，体会到自己是家庭的一员。 2. 能感受到家庭生活的温暖，爱父母，亲近与信赖长辈。 3. 能说出自己家所在街道、小区（乡镇、村）的名称。 4. 认识国旗，知道国歌。	1. 喜欢自己所在的幼儿园和班级，积极参加集体活动。 2. 能说出自己家所在地的省、市、县（区）名称，知道当地有代表性的物产或景观。 3. 知道自己是中国人。 4. 奏国歌、升国旗时能自动站好。	1. 愿意为集体做事，为集体的成绩感到高兴。 2. 能感受到家乡的发展变化并为此感到高兴。 3. 知道自己的民族，知道中国是一个多民族的大家庭，各民族之间要互相尊重，团结友爱。 4. 知道国家一些重大成就，爱祖国，为自己是中国人感到自豪。

教育建议：

1. 亲切地对待幼儿，关心幼儿，让他感到长辈是可亲、可近、可信赖的，家庭和幼儿园是温暖的。如：

120. 多和孩子一起游戏、谈笑，尽量在家庭和班级中营造温馨的氛围。

121. 通过和幼儿一起翻阅照片、讲幼儿成长的故事等，让幼儿感受到家庭和幼儿园的温暖、老师的和蔼可亲，对养育自己的人产生感激之情。

2. 吸引和鼓励幼儿参加集体活动，萌发集体意识。如：

122. 幼儿园和班级里的重大事情和计划，请幼儿集体讨论决定。

123. 幼儿园应经常组织多种形式的集体活动，萌发幼儿的集体荣誉感。

3. 运用幼儿喜闻乐见和能够理解的方式激发幼儿爱家乡、爱祖国的情感。如：

124. 和幼儿说一说或在地图上找一找自己家所在的省、市、县（区）名称。

125. 和幼儿一起外出游玩，一起看有关的电视节目或画报等；和他们一起搜集有关家乡、祖国各地的风景名胜、著名的建筑、独特物产的图片等，在观看和欣赏的过程中激发幼儿的自豪感和热爱之情。

126. 利用电视节目或参加升旗等活动，向幼儿介绍国旗、国歌以及观看升旗、奏国歌的礼仪。

127. 向幼儿介绍反映中国人聪明才智的发明和创造，激发幼儿的民族自豪感。

科学

幼儿的科学学习是在探究具体事物和解决实际问题中，尝试发现事物间的异同和联系的过程。幼儿在对自然事物的探究和运用数学解决实际生活问题的过程中，不仅获得丰富的感性经验，充分发展形象思维，而且初步尝试归类、排序、判断、推理，逐步发展逻辑思维能力，为其他领域的深入学习奠定基础。

幼儿科学学习的核心是激发探究兴趣，体验探究过程，发展初步的探究能力。成人要善于发现和保护幼儿的好奇心，充分利用自然和实际生活机会，引导幼儿通过观察、比较、操作、实验等方法，学习发现问题、分析问题和解决问题；帮助幼儿不断积累经验，并运用于新的学习活动，形成受益终身的学习态度和能力。

幼儿的思维特点是以具体形象思维为主，应注重引导幼儿通过直接感知、亲身体验和实际操作进行科学学习，不应为追求知识和技能的掌握，对幼儿进行灌输和强化训练。

（一）科学探究

目标1　亲近自然，喜欢探究

3—4岁	4—5岁	5—6岁
1. 喜欢接触大自然，对周围的很多事物和现象感兴趣。 2. 经常问各种问题，或好奇地摆弄物品。	1. 喜欢接触新事物，经常问一些与新事物有关的问题。 2. 常常动手动脑探索物体和材料，并乐在其中。	1. 对自己感兴趣的问题总是刨根问底。 2. 能经常动手动脑寻找问题的答案。 3. 探索中有所发现时感到兴奋和满足。

教育建议：

1. 经常带幼儿接触大自然，激发其好奇心与探究欲望。如：

128. 为幼儿提供一些有趣的探究工具，用自己的好奇心和探究积极性感染和带动幼儿。

129. 和幼儿一起发现并分享周围新奇、有趣的事物或现象，一起寻找问题的答案。

130. 通过拍照和画图等方式保留和积累有趣的探索与发现。

2. 真诚地接纳、多方面支持和鼓励幼儿的探索行为。如：

131. 认真对待幼儿的问题，引导他们猜一猜、想一想，有条件时和幼儿一起做一些简易的调查或有趣的小实验。

132. 容忍幼儿因探究而弄脏、弄乱、甚至破坏物品的行为，引导他们活动后做好收拾整理。

133. 多为幼儿选择一些能操作、多变化、多功能的玩具材料或废旧材料，在保证安全的前提下，鼓励幼儿拆装或动手自制玩具。

目标 2　具有初步的探究能力

3—4 岁	4—5 岁	5—6 岁
1. 对感兴趣的事物能仔细观察，发现其明显特征。 2. 能用多种感官或动作去探索物体，关注动作所产生的结果。	1. 能对事物或现象进行观察比较，发现其相同与不同。 2. 能根据观察结果提出问题，并大胆猜测答案。 3. 能通过简单的调查搜集信息。 4. 能用图画或其他符号进行记录。	1. 能通过观察、比较与分析，发现并描述不同种类物体的特征或某个事物前后的变化。 2. 能用一定的方法验证自己的猜测。 3. 在成人的帮助下能制订简单的调查计划并执行。 4. 能用数字、图画、图表或其他符号记录。 5. 探究中能与他人合作与交流。

教育建议：

1. 有意识地引导幼儿观察周围事物，学习观察的基本方法，培养观察与分类能力。如：

134. 支持幼儿自发的观察活动，对其发现表示赞赏。

135. 通过提问等方式引导幼儿思考并对事物进行比较观察和连续观察。

136. 引导幼儿在观察和探索的基础上，尝试进行简单的分类、概括。如：根据运动方式给动物分类，根据生长环境给植物分类，根据外部特征给物体分类等等。

2. 支持和鼓励幼儿在探究的过程中积极动手动脑寻找答案或解决问题。如：

137. 鼓励幼儿根据观察或发现提出值得继续探究的问题，或成人提出有探究意义且能激发幼儿兴趣的问题。如：皮球、轮胎、竹筒等物体滚动时都走直线吗？怎样让橡皮泥球浮在水面上？

138. 支持和鼓励幼儿大胆联想、猜测问题的答案，并设法验证。如：玩风车时，鼓励幼儿猜测风车转动方向及速度快慢的原因和条件，并实际去验证。

139. 支持、引导幼儿学习用适宜的方法探究和解决问题，或为自己的想法搜集证据。如：想知道院子里有多少种植物，可以进行实地调查；想知道球在平地上还是在斜坡上滚得快，可以动手试一试；想证明影子的方向与太阳的位置有关，可以做个小实验进行验证等。

3. 鼓励和引导幼儿学习做简单的计划和记录，并与他人交流分享。如：

140. 和幼儿共同制订调查计划，讨论调查对象、步骤和方法等，也可以和幼儿一起设法用图画、箭头等标识呈现计划。

141. 鼓励幼儿用绘画、照相、做标本等办法记录观察和探究的过程与结果，注意要让记录有意义，通过记录帮助幼儿丰富观察经验、建立事物之间的联系和分享发现。

142. 支持幼儿与同伴合作探究与分享交流，引导他们在交流中尝试整理、概括自己探究的成果，体验合作探究和发现的乐趣。如一起讨论和分享自己的问题与发现，一起想办法搜集资料和验证猜测。

4. 帮助幼儿回顾自己的探究过程，讨论自己做了什么，怎么做的，结果与计划目标是否一致，分析一下原因以及下一步要怎样做等。

目标 3　在探究中认识周围事物和现象

3—4 岁	4—5 岁	5—6 岁
1. 认识常见的动植物，能注意并发现周围的动植物是多种多样的。 2. 能感知和发现物体和材料的软硬、光滑和粗糙等特性。 3. 能感知和体验天气对自己生活和活动的影响。 4. 初步了解和体会动植物和人们生活的关系。	1. 能感知和发现动植物的生长变化及其基本条件。 2. 能感知和发现常见材料的溶解、传热等性质或用途。 3. 能感知和发现简单物理现象，如物体形态或位置变化等。 4. 能感知和发现不同季节的特点，体验季节对动植物和人的影响。 5. 初步感知常用科技产品与自己生活的关系，知道科技产品有利也有弊。	1. 能察觉到动植物的外形特征、习性与生存环境的适应关系。 2. 能发现常见物体的结构与功能之间的关系。 3. 能探索并发现常见的物理现象产生的条件或影响因素，如影子、沉浮等。 4. 感知并了解季节变化的周期性，知道变化的顺序。 5. 初步了解人们的生活与自然环境的密切关系，知道尊重和珍惜生命，保护环境。

教育建议：

1. 支持幼儿在接触自然、生活事物和现象中积累有益的直接经验和感性认识。如：

143. 和幼儿一起通过户外活动、参观考察、种植和饲养活动，感知生物的多样性和独特性，以及生长发育、繁殖和死亡的过程。

144. 给幼儿提供丰富的材料和适宜的工具，支持幼儿在游戏过程中探索并感知常见物质、材料的特性和物体的结构特点。

2. 引导幼儿在探究中思考，尝试进行简单的推理和分析，发现事物之间明显的关联。如：

145. 引导 5 岁以上幼儿关注和思考动植物的外部特征、习性与生活环境对动植物生存的意义。如兔子的长耳朵具有自我保护的作用；植物种子的形状有助于其传播等。

146. 引导幼儿根据常见物质、材料的特性和物体的结构特点，推测和证实它们的用途。如：带轮子的物体方便移动；不同用途的车辆有不同的结构等等。

3. 引导幼儿关注和了解自然、科技产品与人们生活的密切关系，逐渐懂得热爱、尊重、保护自然。如：

147. 结合幼儿的生活需要，引导他们体会人与自然、动植物的依赖关系。如：动植物、季节变化与人们生活的关系、常见灾害性天气给人们生产和生活带来的影响等。

148. 和幼儿一起讨论常见科技产品的用途和弊端，如：汽车等交通工具给生活带来的方便和对环境的污染等。

（二）数学认知

目标 1　初步感知生活中数学的有用和有趣

3—4 岁	4—5 岁	5—6 岁
1. 感知和发现周围物体的形状是多种多样的，对不同的形状感兴趣。 2. 体验和发现生活中很多地方都用到数。	1. 在指导下，感知和体会有些物体可以用形状来描述。 2. 在指导下，感知和体会有些事物可以用数来描述，对环境中各种数字的含义有进一步探究的兴趣。	1. 能发现事物简单的排列规律，并尝试创造新的排列规律。 2. 能发现生活中许多问题都可以用数学的方法来解决，体验解决问题的乐趣。

教育建议：

1. 引导幼儿注意物体的形状特征，尝试用表示形状的词来描述物体，体会描述的生动形象性和趣味性。如：

149. 参观游览后，和幼儿一起谈论所看到的物体的形状，鼓励幼儿产生联想，并用自己的语言进行描述。如：熊猫的身体圆圆的，全身好像是一个个的圆形组成的。

150. 和幼儿交谈或读书讲故事时，适当地运用一些有关形状的词汇来描述物体，如看图片时，和幼儿讨论奥运会场馆的形状，体会为什么有的场馆叫“水立方”，有的叫“鸟巢”。

2. 引导幼儿感知和体会生活中很多地方都用到数，关注周围与自己生活密切相关的数的信息，体会数可以代表不同的意义。如：

151. 和幼儿一起寻找发现生活中用数字作标识的事物，如电话号码、时钟、日历和商品的价签等。

152. 引导幼儿了解和感受数用在不同的地方，表示的意义是不一样的。如天气预报中表示气温的数代表冷热状况；钟表上的数表明时间的早晚等。

153. 鼓励幼儿尝试使用数的信息进行一些简单的推理。如知道今天是星期五，能推断明天是星期六，爸爸妈妈休息。

3. 引导幼儿观察发现按照一定规律排列的事物，体会其中的排列特点与规律，并尝试自己创造出新的排列规律。如：

154. 和幼儿一起发现和体会按一定顺序排列的队形整齐有序。

155. 提供具有重复性旋律和词语的音乐、儿歌和故事，或利用环境中有序排列的图案（如按颜色间隔排列的瓷砖、按形状间隔排列的珠帘等），鼓励幼儿发现和感受其中的规律。

156. 鼓励幼儿尝试自己设计有规律的花边图案、创编有一定规律的动作，或者按某种规律进行搭建活动。

157. 引导幼儿体会生活中很多事情都是有一定顺序和规律的，如一周七天的顺序是从周一到周日，一年四季按照春夏秋冬轮回等。

4. 鼓励和支持幼儿发现、尝试解决日常生活中需要用到数学的问题，体会数学的用处。如：

158. 拍球、跳绳、跳远或投沙包时，可通过数数、测量的方法确定名次。

159. 讨论春游去哪里玩时，让幼儿商量想去哪里玩，每个想去的地方有多少人，根据统计结果作出决定。

160. 滑滑梯时，按照“先来先玩”的规则有序地排队玩。

目标 2　感知和理解数、量及数量关系

3—4 岁	4—5 岁	5—6 岁
1. 能感知和区分物体的大小、多少、高矮长短等量方面的特点，并能用相应的词表示。 2. 能通过一一对应的方法比较两组物体的多少。 3. 能手口一致地点数 5 个以内的物体，并能说出总数。能按数取物。 4. 能用数词描述事物或动作。如我有 4 本图书。	1. 能感知和区分物体的粗细、厚薄、轻重等量方面的特点，并能用相应的词语描述。 2. 能通过数数比较两组物体的多少。 3. 能通过实际操作理解数与数之间的关系，如 5 比 4 多 1；2 和 3 合在一起是 5。 4. 会用数词描述事物的排列顺序和位置。	1. 初步理解量的相对性。 2. 借助实际情境和操作（如合并或拿取）理解“加”和“减”的实际意义。 3. 能通过实物操作或其他方法进行 10 以内的加减运算。 4. 能用简单的记录表、统计图等表示简单的数量关系。

教育建议：

1. 引导幼儿感知和理解事物“量”的特征。如：

161. 感知常见物体的大小、多少、高矮、粗细等量的特征，学习使用相应的词汇描述这些特征。

162. 结合具体事物让幼儿通过多次比较逐渐理解“量”是相对的。如小亮比小明高，但比小强矮。

163. 收拾物品时，根据情况鼓励幼儿按照物体量的特征分类整理。如整理图书时按照大小摆放。

2. 结合日常生活，指导幼儿学习通过对应或数数的方式比较物体的多少。如：

164. 鼓励幼儿在一对一配对的过程中发现两组物体的多少。如，在给桌子上的每个碗配上勺子时，发现碗和勺子多少的不同。

165. 鼓励幼儿通过数数比较两样东西的多少。如数一数有多少个苹果、多少个梨，判断苹果和梨哪个多，哪个少。

3. 利用生活和游戏中的实际情境，引导幼儿理解数概念。如：

166. 结合生活需要，和幼儿一起手口一致点数物体，得出物体的总数。

167. 通过点数的方式让幼儿体会物体的数量不会因排列形式、空间位置的不同而发生变化。如鼓励幼儿将一定数量的扣子以不同的形式摆放，体会扣子的数量是不变的。

168. 结合日常生活，为幼儿提供“按数取物”的机会，如游戏时，请幼儿按要求拿出几个球。

4. 通过实物操作引导幼儿理解数与数之间的关系，并用“加”或“减”的办法来解决问题。如：

169. 游戏中遇到让 4 个小动物住进两间房子的问题，或生活中遇到将 5 块饼干分给两个小朋友的问题时，让幼儿尝试不同的分法。

170. 鼓励幼儿尝试自己解决生活中的数学问题。如家里来了 5 位客人，桌子上只有 3 个杯子，还需要几个杯子等。

171. 购少量物品时，有意识地鼓励幼儿参与计算和付款的过程等。

目标 3　感知形状与空间关系

3—4 岁	4—5 岁	5—6 岁
1. 能注意物体较明显的形状特征，并能用自己的语言描述。 2. 能感知物体基本的空间位置与方位，理解上下、前后、里外等方位词。	1. 能感知物体的形体结构特征，画出或拼搭出该物体的造型。 2. 能感知和发现常见几何图形的基本特征，并能进行分类。 3. 能使用上下、前后、里外、中间、旁边等方位词描述物体的位置和运动方向。	1. 能用常见的几何形体有创意地拼搭和画出物体的造型。 2. 能按语言指示或根据简单示意图正确取放物品。 3. 能辨别自己的左右。

教育建议：

1. 用多种方法帮助幼儿在物体与几何形体之间建立联系。如：

172. 引导幼儿感受生活中各种物品的形状特征，并尝试识别和描述。如感受和识别盘子、桌子、车轮、地砖等物品的形状特征。

173. 鼓励和支持幼儿用积木、纸盒、拼板等各种形状材料进行建构游戏或制作活动。如用长方形的纸盒加两个圆形瓶盖制作“汽车”。

174. 收拾整理积木时，引导幼儿体验图形之间的转换。如两个三角形可组合成一个正方形，两个正方形可组合成一个长方形。

175. 引导幼儿注意观察生活物品的图形特征，鼓励他们按形状分类整理物品。

2. 丰富幼儿空间方位识别的经验，引导幼儿运用空间方位经验解决问题。如：

176. 请幼儿取放物体时，使用他们能够理解的方位词，如把桌子下面的东西放到窗台上，把花盆放在大树旁边等。

177. 和幼儿一起识别熟悉场所的位置。如超市在家的旁边，邮局在幼儿园的前面。

178. 在体育、音乐和舞蹈活动中，引导幼儿感受空间方位和运动方向。

179. 和幼儿玩按指令找宝的游戏。对年龄小的幼儿要求他们按语言指令寻找，对年龄大些的幼儿可要求按照简单的示意图寻找。

三、艺术

艺术是人类感受美、表现美和创造美的重要形式，也是表达自己对周围世界的认识和情绪态度的独特方式。

每个幼儿心里都有一颗美的种子。幼儿艺术领域学习的关键在于充分创造条件和机会，在大自然和社会文化生活中萌发幼儿对美的感受和体验，丰富其想象力和创造力，引导幼儿学会用心灵去感受和发现美，用自己的方式去表现和创造美。

幼儿对事物的感受和理解不同于成人，他们表达自己认识和情感的方式也有别于成人。幼儿独特的笔触、动作和语言往往蕴含着丰富的想象和情感，成人应对幼儿的艺术表现给予充分的理解和尊重，不能用自己的审美标准去评判幼儿，更不能为追求结果的“完美”而对幼儿进行千篇一律的训练，以免扼杀其想象与创造的萌芽。

（一）感受与欣赏

目标1　喜欢自然界与生活中美的事物

3—4岁	4—5岁	5—6岁
1. 喜欢观看花草树木、日月星空等大自然中美的事物。 2. 容易被自然界中的鸟鸣、风声、雨声等好听的声音所吸引。	1. 在欣赏自然界和生活环境中美的事物时，关注其色彩、形态等特征。 2. 喜欢倾听各种好听的声音，感知声音的高低、长短、强弱等变化。	1. 乐于搜集美的物品或向别人介绍所发现的美的事物。 2. 乐于模仿自然界和生活环境中有特点的声音，并产生相应的联想。

教育建议：

1. 和幼儿一起感受、发现和欣赏自然环境和人文景观中美的事物。如：

180. 让幼儿多接触大自然，感受和欣赏美丽的景色和好听的声音。

181. 经常带幼儿参观园林、名胜古迹等人文景观，讲讲有关的历史故事、传说，与幼儿一起讨论和交流对美的感受。

2. 和幼儿一起发现美的事物的特征，感受和欣赏美。如：

182. 让幼儿观察常见动植物以及其他物体，引导幼儿用自己的语言、动作等描述它们美的方面，如颜色、形状、形态等。

183. 让幼儿倾听和分辨各种声响，引导幼儿用自己的方式来表达他对音色、强弱、快慢的感受。

184. 支持幼儿搜集喜欢的物品并和他一起欣赏。

目标 2　喜欢欣赏多种多样的艺术形式和作品

3—4 岁	4—5 岁	5—6 岁
1. 喜欢听音乐或观看舞蹈、戏剧等表演。 2. 乐于观看绘画、泥塑或其他艺术形式的作品。	1. 能够专心地观看自己喜欢的文艺演出或艺术品，有模仿和参与的愿望。 2. 欣赏艺术作品时会产生相应的联想和情绪反应。	1. 艺术欣赏时常常用表情、动作、语言等方式表达自己的理解。 2. 愿意和别人分享、交流自己喜爱的艺术作品和美感体验。

教育建议：

1. 创造条件让幼儿接触多种艺术形式和作品。如：

185. 经常让幼儿接触适宜的、各种形式的音乐作品，丰富幼儿对音乐的感受和体验。

186. 和幼儿一起用图画、手工制品等装饰和美化环境。

187. 带幼儿观看或共同参与传统民间艺术和地方民俗文化活动，如皮影戏、剪纸和捏面人等。

188. 有条件的情况下，带幼儿去剧院、美术馆、博物馆等欣赏文艺表演和艺术作品。

2. 尊重幼儿的兴趣和独特感受，理解他们欣赏时的行为。如：

189. 理解和尊重幼儿在欣赏艺术作品时的手舞足蹈、即兴模仿等行为。

190. 当幼儿主动介绍自己喜爱的舞蹈、戏曲、绘画或工艺品时，要耐心倾听并给予积极回应和鼓励。

（二）表现与创造

目标 1　喜欢进行艺术活动并大胆表现

3—4 岁	4—5 岁	5—6 岁
1. 经常自哼自唱或模仿有趣的动作、表情和声调。 2. 经常涂涂画画、粘粘贴贴并乐在其中。	1. 经常唱唱跳跳，愿意参加歌唱、律动、舞蹈、表演等活动。 2. 经常用绘画、捏泥、手工制作等多种方式表现自己的所见所想。	1. 积极参与艺术活动，有自己比较喜欢的活动形式。 2. 能用多种工具、材料或不同的表现手法表达自己的感受和想象。 3. 艺术活动中能与他人相互配合，也能独立表现。

教育建议：

1. 创造机会和条件，支持幼儿自发的艺术表现和创造。如：

191. 提供丰富的便于幼儿取放的材料、工具或物品，支持幼儿进行自主绘画、手工、歌唱、表演等艺术活动。

192. 经常和幼儿一起唱歌、表演、绘画、制作，共同分享艺术活动的乐趣。

2. 营造安全的心理氛围，让幼儿敢于并乐于表达表现。如：

193. 欣赏和回应幼儿的哼哼唱唱、模仿表演等自发的艺术活动，赞赏他独特的表现方式。

194. 在幼儿自主表达创作过程中，不作过多干预或把自己的意愿强加给幼儿，在幼儿需要时再给予具体的帮助。

195. 了解并倾听幼儿艺术表现的想法或感受，领会并尊重幼儿的创作意图，不简单用“像不像”、“好不好”等成人标准来评价。

196. 展示幼儿的作品，鼓励幼儿用自己的作品或艺术品布置环境。

目标 2　具有初步的艺术表现与创造能力

3—4 岁	4—5 岁	5—6 岁
1. 能模仿学唱短小歌曲。 2. 能跟随熟悉的音乐做身体动作。 3. 能用声音、动作、姿态模拟自然界的事物和生活情景。 4. 能用简单的线条和色彩大体画出自己想画的人或事物。	1. 能用自然的、音量适中的声音基本准确地唱歌。 2. 能通过即兴哼唱、即兴表演或给熟悉的歌曲编词来表达自己的心情。 3. 能用拍手、踏脚等身体动作或可敲击的物品敲打节拍和基本节奏。 4. 能运用绘画、手工制作等表现自己观察到或想象的事物。	1. 能用基本准确的节奏和音调唱歌。 2. 能用律动或简单的舞蹈动作表现自己的情绪或自然界的情景。 3. 能自编自演故事，并为表演选择和搭配简单的服饰、道具或布景。 4. 能用自己制作的美术作品布置环境、美化生活。

教育建议：

尊重幼儿自发的表现和创造，并给予适当的指导。如：

197. 鼓励幼儿在生活中细心观察、体验，为艺术活动积累经验与素材。如，观察不同树种的形态、色彩等。

198. 提供丰富的材料，如图书、照片、绘画或音乐作品等，让幼儿自主选择，用自己喜欢的方式去模仿或创作，成人不作过多要求。

199. 根据幼儿的生活经验，与幼儿共同确定艺术表达的主题，引导幼儿围绕主题展开想象，进行艺术表现。

200. 幼儿绘画时，不宜提供范画，特别不应要求幼儿完全按照范画来画。

201. 肯定幼儿作品的优点，用表达自己感受的方式引导其提高。如，“你的画用了这么多红颜色，感觉就像过年一样喜庆”、“你扮演的大灰狼声音真像，要是表情再凶一点就更好了”等。

全国家庭教育指导大纲

国家中长期教育改革和发展规划纲要（2010—2020年）

有关儿童的法律法规

◎联合国《儿童权利宣言》相关规定

◎《中华人民共和国宪法》相关规定

◎《中华人民共和国母婴保健法》相关规定

◎《中华人民共和国未成年人保护法》相关规定

◎《中华人民共和国义务教育法》相关规定

◎《中华人民共和国预防未成年人犯罪法》相关规定

◎《中华人民共和国收养法》相关规定

◎《中华人民共和国婚姻法》相关规定

◎《中华人民共和国劳动法》相关规定

◎《中华人民共和国妇女权益保障法》相关规定

◎《中共中央国务院关于进一步加强和改进未成年人思想道德建设的若干意见》相关规定

◎《关于进一步加强家庭教育工作的意见》

◎《关于全国家长学校工作的指导意见》

更多内容，请访问芝兰玉树教育研究院网站（www. zlysedu. org）。

参考文献

01 林崇德主编：《发展心理学》，人民教育出版社 2011 年版。

02 [美] 劳拉·E. 伯克著：《发展心理学》，北京师范大学出版社 2006 年版。

03 陈国媚、姜勇著：《幼儿教育心理学》，北京师范大学出版社 2009 年版。

04 方富熹、方格著：《儿童发展心理学》，人民教育出版社 2008 年版。

05 朱家雄、胡娟著：《学前教育课程》，华东师范大学出版社 2005 年版。

06 彭聃龄著：《普通心理学》，北京师范大学出版社 2009 年版。

07 桑标著：《当代儿童发展心理学》，上海教育出版社 2009 年版。

08 梁志燊著：《幼儿好行为养成指导手册》，北京师范大学出版社 2007 年版。

09 幼儿园快乐与发展课程组：《幼儿园快乐与发展课程》，北京师范大学出版社 2010 年版。

10 赵寄石、唐淑著：《幼儿园渗透式领域课程》，南京师范大学出版社 2009 年版。

11 张明红著：《学前儿童社会教育》，华东师范大学出版社 2008 年版。

12 林琳、朱家雄著：《学前儿童美术教育》，华东师范大学出版社 2006 年版。

13 刘占兰著：《学前儿童科学教育》，北京师范大学出版社 2011 年版。

⑭ 祝士媛著：《学前儿童语言教育》，北京师范大学出版社 2011 年版。

⑮ 王懿颖著：《学前儿童音乐教育》，北京师范大学出版社 2011 年版。

⑯ 黄瑾著：《学前儿童音乐教育》，华东师范大学出版社 2010 年版。

⑰ 李生兰著：《学前教育学》，华东师范大学出版社 2009 年版。

⑱ 鲁道夫・谢弗著，杨汉麟译：《罗素论教育》，人民教育出版社 2009 年版。

⑲ 吴国胜著：《科学的历程（上下）》，北京大学出版社 2009 年版。

⑳ 周念丽著：《0—3 岁儿童多元智能评估与培养》，华东师范大学出版社 2010 年版。

㉑ 华夏著：《学前儿童音乐教育与活动设计》，北京大学出版社 2010 年版。

㉒ 许卓娅著：《学前儿童艺术教育》，华东师范大学出版社 2008 年版。

㉓ 罗素著，杨汉麟译：《罗素论教育》，人民教育出版社 2009 年版。

㉔ 余震球选译：《维果茨基教育论著选》，人民教育出版社 2007 年版。

㉕ 乔・L. 弗罗斯特著，唐晓娟、张胤译著：《游戏和儿童发展》，江苏教育出版社 2011 年版。

㉖ 玛利亚・蒙台梭利著：《蒙台梭利儿童教育手册》，中国发展出版社 2007 年版。

㉗ 玛利亚・蒙台梭利著：《童年的秘密》，中国发展出版社 2007 年版。

㉘ 姚伟主编：《中外幼儿教育名著解读》，南京师范大学出版社 2011 年版。

㉙ 张启福主编：《大师谈儿童能力培养》，重庆师范大学出版社 2009 年版。

㉚ 周宏主编：《大师谈启蒙教育》，重庆师范大学出版社 2010 年版。

㉛ 赵忠心著：《家庭教育学》，人民教育出版社 2009 年版。

㉜ 石大胜著：《美国儿童早期阅读教学研究》，北京师范大学出版社 2011 年版。

㉝ 陈晖著：《阅读世界儿童文学经典》，北京师范大学出版社 2011 年版。

㉞ 唐西胜主编：《大师谈儿童习惯培养》，重庆师范大学出版社 2010 年版。

㉟ 施良方著：《学习论》，人民教育出版社 2010 年版。

㊱ [美] 唐纳德・A. 诺曼著：《设计心理学》，中信出版社 2012 年版。

㊲ [美] 唐纳德・A. 诺曼著：《设计心理学 2：如何管理复杂》，中信出版社 2012 年版。

38 [苏] A. M. 列乌申娜著：《学前儿童初步数概念的形成》，人民教育出版社 1982 年版。

39 朱智贤著：《儿童心理学》，人民教育出版社 1980 年版。

40 詹万生著：《当代家庭教育新理念》，光明日报出版社 2003 年版。

41 J. 皮亚杰著：《儿童心理学》，商务印书馆 1981 年版。

42 吴式颖著：《外国教育史教程》，人民教育出版社 2006 年版。

43 董琦著：《心理与教育研究方法》，北京师范大学出版社 2010 年版。

44 侯玉波著：《社会心理学》，北京大学出版社 2011 年版。

45 王炳照等著：《简明中国教育史》，北京师范大学出版社 2007 年版。

46 [英] 安德斯·汉森等著：《大众传播研究方法》，新华出版社 2004 年版。

47 朱立元主编：《当代西方文艺理论》，华东师范大学出版社 2003 年版。

48 斯蒂芬·李特约翰著：《人类传播理论》，清华大学出版社 2004 年版。

49 [美] 沃纳·塞弗林著：《传播理论起源、方法与应用》，华夏出版社 2000 年版。

50 [澳] 马尔科姆·沃特斯著：《现代社会学理论》，华夏出版社 2000 年版。

51 黄济、王策三著：《现代教育论》，人民教育出版社 2006 年版。

52 徐浙宁：《中国与欧美儿童健康指标体系比较》，《中国青年研究》2008 年第 9 期。

53 李敏宜、霍力岩：《国际学前教育指标体系构建的新趋势》，《比较教育研究》2009 年第 12 期。

54 刘新亮、雷海等：《构建儿童发展评价指标体系的研究》，《中国卫生经济》2009 年第 4 期。

55 陆敏、郭进勇：《中西方教育视野下之儿童观比较》，《当代教育论坛》2012 年第 4 期。

56 单中惠：《西方现代儿童观发展探究》，《清华大学教育研究》2003 年第 8 期。

57 李娟娟：《西方儿童观的发展》，《光明日报》2011 年 7 月 12 日。

58 任永泽：《我们现在需要什么样的儿童观》，《现代教育论坛》2010 年第 4 期。

59 杨朝军：《人性视角下的儿童观及其现实意义》，《内蒙古师范大学学报》2010 年第 12 期。
60 周觅：《皮亚杰与维果茨基儿童观比较研究》，《教学与管理》2012 年第 9 期。
61 陈冬兰：《老庄的儿童观》，《湖南科技学院学报》2012 年第 1 期。
62 尹维祖：《关键在于确立科学的儿童观》，《山西日报》2011 年 12 月 12 日。
63 张喜阶、伍双梅：《对杜威儿童观的认识及其对教学的启示》，《基础教育》2011 年第 7 期。
64 王海英：《20 世纪中国儿童观研究的反思》，《华东师范大学学报》2008 年第 6 期。
65 雷静、谢光勇：《近十年来我国生命教育研究综述》，《教育探索》2005 年第 4 期。
66 许世平：《生命教育及层次分析》，《中国教育学刊》2002 年第 8 期。
67 苏海针：《生命教育内涵之综述》，《继续教育研究》2008 年第 3 期。
68 冯建军：《生命教育实践的困境与选择》，《中国教育学刊》2010 年第 1 期。
69 冯建军：《生命教育与生命统整》，《教育理论与实践》2009 年第 8 期。
70 徐秉国：《英国的生命教育及启示》，《教育科学》2006 年第 8 期。
71 刘茂军：《因材施教原则对创新教育的启示》，《当代教育论坛》2008 年第 5 期。
72 苏春景、毛月明：《因材施教新探》，《天津市教科院学报》2005 年第 12 期。
73 秦旭芳：《因材施教新阐释》，《学前教育研究》2003 年第 4 期。
74 张颖：《因材施教——教育教学的经典原则》，《山东教育学院学报》2003 年第 1 期。
75 王本洋、罗富和：《以人为本与因材施教的探讨》，《中国林业教育》2010 年第 1 期。
76 熊宜勤：《实施因材施教的理论与实践——学习风格与教学策略的研究》，《广西高教研究》2000 年 10 期。
77 刘春梅：《孔子因材施教思想探微》，《河南工业大学学报》（社会科学版）2006 年第 3 期。
78 丁耀明：《孔子因材施教教育思想分析》，《广西民族学院学报》（哲学社会科学版）2002 年第 11 期。

79 梁秋英、孙刚成：《孔子因材施教的理论基础及启示》，《教育研究》2009 年第 11 期。
80 李爱梅、陈宁：《和谐教育理念下的因材施教策略》，《内蒙古师范大学学报》（教育科学版）2009 年第 2 期。
81 贺世泉、黎明：《关于对“因材施教”原则的思考》，《长沙铁道学院学报》（社会科学版）2005 年第 3 期。
82 蒯义峰：《从理论依据和实践方法谈孔子的因材施教理论》，《河北建筑科技学院学报》（社会科学版）2005 年第 12 期。
83 张如珍：《“因材施教”的历史演进及其现代化》，《教育研究》1997 年第 9 期。
84 麻彦坤、叶浩生：《维果茨基最近发展区思想的现代发展》，《心理发展与教育》2004 年第 2 期。
85 袁平、刘荣：《维果茨基最近发展区理论研究》，《科技信息》2008 年第 10 期。
86 王慧：《试论维果茨基“最近发展区”理论的现代教学启示》，《井冈山学报》（哲学社会科学版）2006 年第 7 期。
87 叶荣芳：《细节决定成败——浅谈动漫衍生产品开发中的设计细节》，《包装世界》2010 年第 9 期。
88 邰卡、潘祖平：《未来学前期儿童产品开发走向分析》，《包装工程》2010 年第 2 期。
89 罗碧娟：《探析儿童产品的色彩设计》，《包装工程》2008 年第 1 期。
90 陈旭：《数字环境下的产品设计表达》，《桂林电子工业学院学报》2005 年第 8 期。
91 黄卫星：《全球视野中的产品设计走向》，《美术学报》2010 年第 2 期。
92 沈晓琳：《论产品设计中玩具文化发展趋势》，《现代商贸工业》2009 年第 4 期。
93 李丹：《基于心理学理论的学龄前玩具的艺术创新设计》，《长春大学学报》2010 年第 3 期。
84 曹巨江、程金霞：《基于消费者层次的产品设计接受》，《包装工程》2007 年第 2 期。
85 韩璐：《基于认知发展阶段论的儿童智力产品设计策略》，《大众文艺》2012 年第 3 期。

86 马佳博：《基于情感体验的儿童多媒体娱乐产品设计》，《美术大观》2012 年第 3 期。
87 赵华：《基于最近发展区理论的婴儿产品设计原则浅析》，《设计艺术研究》2012 年第 2 期。
88 陈小美：《儿童玩具优化设计的心理学研究》，《中国商界》2010 年第 4 期。
89 梁宝珍、朱键：《儿童产品设计思路与实例》，《经营与管理》2012 年第 10 期。
90 罗碧娟：《儿童产品的人性化设计》，《包装工程》2006 年第 2 期。
91 刘曼曼：《动物形象在儿童用品设计中的特殊地位及其原因》，《艺术探索》2009 年第 1 期。
92 王玲：《传统儿童游戏与产品设计思维》，《艺术教育论坛》2009 年第 2 期。
93 况宇翔：《4—5 岁儿童产品设计研究》，《内江科技》2007 年第 1 期。
94 朱肖川：《远程独立学习条件下计算机多媒体教学课件设计思路》，《重庆广播电视大学学报》2002 年第 4 期。
95 胡奇光、李正华：《用 Flash 设计基于 Web 的多媒体课件》，《计算机时代》2004 年第 1 期。
96 李康、孔维宏：《现代教育信息资源开发思想探析》，《电化教育研究》2007 年第 6 期。
97 张有录：《试论多媒体课件设计的十大原则》，《教育探索》2003 年第 10 期。
98 李永健、何克抗：《认知工具——一种以多媒体计算机为基础的学习环境教学设计的新思路》，《北京师范大学学报》（社会科学版）1997 年第 2 期。
99 陈瑛琦：《浅谈多媒体课件设计的基本要求》，《现代教育科学》2001 年第 1 期。
100 廖金辉：《基于建构主义理论的多媒体课件设计研究》，《湖南学院学报》2006 年第 4 期。
101 黄晓生、李晓琴：《基于多模态学习理论的多媒体课件设计》，《南昌高专学报》2011 年第 4 期。
102 王英豪：《多媒体学习的认知理论指导下的课件设计》，《现代教育科学》2007 年第

6 期。

103 费建国、张兰芳：《多媒体课件的应用分类与设计原则》，《西南林学院学报》2004 年第 12 期。

104 杨彬：《多媒体课件的设计与制作》，《辽宁行政学院学报》2006 年第 1 期。

105 林众、冯瑞琴：《多媒体教学中的知识建构》，《教育科学》2007 年第 4 期。

106 黄金龙：《多媒体课件的传播特性与设计原则》，《青海大学学报》（自然科学版）2006 年第 6 期。

107 张培芝：《多媒体教学软件的教学设计方式探讨》，《改革与开放》（自然科学版）2009 年第 8 期。

108 陈喜丹、张静：《当代多媒体教学视阈下的教学设计观》，《心智与计算》2009 年第 12 期。

109 陈喜丹、张静：《创新性学习课件若干设计原则的探讨》，《中国电化教育》2006 年第 3 期。

110 罗碧：《中美儿童网站比较研究》，《青年记者》2011 年第 1 期。

111 李舒：《战略视角下的儿童社交网站市场分析——以《摩尔庄园》为例》，《今传媒》2011 年第 6 期。

112 马毓：《提高我国大陆儿童网站信息可理解性的建议》，《情报探索》2010 年第 7 期。

北京师范大学教育学部

简介

百年峥嵘、风雷激荡，历代名师先贤矢志不渝，使教育事业成为国家独立与自强的基石；世纪之交、继往开来，教育学人更应奋发图强，为实现中华民族的伟大复兴再立千秋功业。秉承这种勇于担当的责任心与使命感，北京师范大学解放思想、创新机制、整合资源、凸显特色，以建设世界一流教育学科为战略目标，将原有教育学科相关单位加以整合，于2009年组建了教育学部。教育学部的愿景是将北京师范大学教育学科建设成为中国教育创新的重要策源地，高素质教师的培养基地，未来教育家的摇篮，教育决策的思想库，国际教育交流和中国教育文化产业的重要基地。

教育学部承载了北京师范大学教育学科的辉煌成就。全国最早设立教育学硕士、博士学位授权点，最早设立教育学博士后流动站，最早拥有教育学一级学科博士学位授予权，学科综合实力居全国领先水平。一系列具有里程碑意义的创举为教育学部的持续发展奠定了坚实的基础。秉承厚重的光荣历史，学部继承和发扬原有学科优势，着力推进学科整合和创新，现拥有教育学一级学科国家重点学科，13个博士学位授权点，15个硕士学位授权点，5个本科专业，其中特殊教育学、教育技术学为教育部特色专业建设点。

芝兰玉树教育研究院

简介

在“芝兰玉树集团”整个战略发展框架之下，2010年7月，成立芝兰玉树教育研究院，支持集团内部教育行业资源拓展与基础研究工作。

2013年12月，芝兰玉树教育研究院定位调整，成为专注儿童健康成长与支持高品质学前教育产品研发、应用与推广的非营利性组织。致力于搭建中国儿童教育产品品牌孵化公益平台，促进高等教育科研机构与儿童教育产品研发、生产、推广机构合作，将优秀教育科研成果转化为社会生产力，为儿童、家长、教育系统、以及行业伙伴提供高品质的学前教育服务。

愿景

促进技术与学术联姻，打造高品质学前教育产品与服务

搭建中国儿童教育产品品牌孵化平台，成就民族的就是世界的

使命

深度开启教育智慧，让生命更幸福，让世界更美好！

“多种媒体在学前教育中应用研究”课题组

简介

北京芝兰玉树科技有限公司（含芝兰玉树教育研究院）为了研发高品质的教育内容和教育产品，服务于学龄前儿童的全面成长，并为家长教育子女提供专业的个性化的指导方案。北京师范大学教育学部为了促进理论联系实际，服务幼儿教育改革发展实践，提升教育科研和人才培养的质量与水平。经双方友好协商，合作开展“多种媒体在学前教育中应用研究”课题科研工作。

基本理念：

关注儿童成长，为学龄前儿童及家长提供高质量的教育内容与服务。

课题目标和内容：

1. 构建儿童成长指标体系。

2. 基于儿童成长指标体系，规划、设计教育内容体系。

3. 研究幼儿教育方法体系。

4. 基于教育内容与方法，研究、设计和开发具体教育产品体系，包括软件、多媒体课件、教材和教具等。

5. 合作构建幼儿教育产品评价体系。

6. 共同举办关注儿童成长与教育的深度研讨会、沙龙、论坛、峰会等。

7. 探索儿童多媒体教育产品设计行业标准。

课题组人员组成：

项目策划	顾定倩	张京彬	杨　威				
组　　长	霍力岩	杨　威					
副 组 长 秘 书 长	朱文英						
成　　员	祝士媛	刘美凤	李晓巍	万　舫	王　雁	洪秀敏	李敏谊
	韦小满	朱京曦	郑葳温	洪　博	齐晓恬	余海军	姜珊珊
	孙　冰	冯　景	郑　艳	高宏钰	罗　丽	张晨辉	华春沁
	鲁晓艳	李　程	王　丽	毕中情	董丽丽	李　璐	翁宁娟
	王胜男	胡雯璟	陈智敏	王宝慧	温娇娇	马占潮	刘　伟
	李少林	龚菲菲					

《中国（0—6 岁）儿童成长指标体系》科研项目组

简介

为促进技术与学术联姻，促进学前教育科学研究与成果转化，普惠当代中国儿童与家长，通过校企合作通道，2010 年始，北京师范大学教育学部与北京芝兰玉树科技有限公司建立战略合作。经过双方协商，成立科研课题组《多种媒体在学前教育中的应用研究》，下设关联子课题，以科研项目合作方式进行具体运作。课题组组长霍力岩教授、杨威，课题组副组长兼秘书长朱文英，组成人员为北京师范大学教育学部各学院的教授、副教授、讲师、博士生、硕士生和芝兰玉树教育研究团队成员。北京师范大学教育学部·芝兰玉树教育研究院《中国（0—6 岁）儿童成长指标体系》科研项目组，即为该战略合作科研课题之子课题科研项目组。

编后语

虽然我们竭尽努力整合各方面专业的资源，希望能够尽量全面、系统地整理儿童发展阶段性特征，尽量全面、系统地梳理各个年龄段、各个领域中儿童成长发展指标，但是，在这个特定的时间段内，可接触、可使用的参考文献的制约，以及团队成员能力结构的影响，致使我们不能做到理想中的那么完美。请大家包容这个版本指标体系的不够尽善尽美，同时，也望能够积极地给予继续完善的意见与建议。

儿童的成长是立体的、全方位的，儿童发展阶段性特征的挖掘，以及儿童成长发展指标的梳理，也是一个没有尽头的工作。“中国（0—6 岁）儿童成长指标体系”是一个阶段性成果总结，随着对教育理解的深入，相关知识与经验的积累，我们将继续对其进行修订与完善，预期每隔 2～3 年对该儿童成长指标体系进行一次修订和完善。希望社会各界有志于儿童教育事业的同仁积极参与，共同完善此“中国（0—6 岁）儿童成长指标体系”。

编后记

小河狸贝瓦·爱·公益

创意：朱文英
插画：乔瀚慧